다빈치의
비밀노트

레오나르도 다빈치의

천재성의 비밀을 밝혀주는 100가지 이야기!

Secret Note of Leonardo da Vinci

다빈치의 비밀노트

마리오 타데이 지음 | 이동미 옮김

자유문고

• 레오나르도 다빈치의 모습 •

세상의 모든 아이들이
또 다른 레오나르도 다빈치가 되는
꿈을 꿀 수 있기를 바라며
이 책을 알렉산드로에게 바칩니다.

머리말

내가 태어나고 자란 지리적, 혹은 문화적 영향 때문이었을까? 나는 12살에 박물관에서 처음 만난 레오나르도 다빈치라는 천재에게 매료되었다. 그는 내 인생의 좌표이자 롤 모델이 되었다.

자연스럽게 그에 대해 연구하기 시작했고, 수많은 의문점들을 숨기고 있는 레오나르도의 베일을 벗기기 시작했다. 그리고 오랜 시간 동안 그에 대해 잘못 알려지거나, 혹은 전혀 알려지지 않은 사실들에 접근할 수 있었다. 물론 여기에는 현대 과학기술의 발전이 큰 힘이 되었다.

그가 가진 미스터리는 우리가 단순히 알고 있는 것처럼 〈모나리자〉와 〈최후의 만찬〉에 국한되는 것이 아니다! 그래서 나는 몇 가지의 트릭과 비밀들, 그리고 레오나르도에 대한 의문점들을 책으로 엮어, 작지만 위대한 어린이들이 그와 같은 천재적 영감을 얻을 수 있도록 하면 좋겠다는 생각을 하였다. 그리고 그 방법은 매우 간단하다. 이 책에 밝혀 놓은 레오나르도의 비밀들과 방법들을 따라가기만 하면 되는 것이다!

또한 이 책은 레오나르도 다빈치처럼 되고 싶고, 그 도전에 주저하지 않는 사람들을 위해 썼다. 그리고 자녀들이 인류 역사에 남을 만한 일을 할 수 있는 천재이자, 현대의 레오나르도가 되기를 바라는 부모들을 위한 책이기도 하다.

레오나르도는 세계에서 가장 위대한 예술가 중 한 명으로 알려져 있으며, 특히 모든 시대를 통틀어서 가장 위대한 천재로도 알려져 있다. 레오나르도처럼 된다는 것은 미친 사람들이나 꿈꿀 수 있는 것 같고, 실제로 많은 사람들이 실현 불가능한 일이라고 생각한다. 이 책은 그렇게 생각하는 사람들을 위한 것이 아니다. 이 책은 미친(?) 사람들을 위한 것이며, 정말 다빈치처럼 되겠다는 희망을 가지고 꿈을 꾸는 사람들을 위한 것이다.

이 책은 단지 이런 '꿈꾸는' 사람들에게만, 오직 그들에게만, 믿기 힘든 비밀들과 역사적 호기심들을 털어 놓을 것이며, 그들의 꿈이 예전에는 상상도 못했을 정도로 커지는 것을 보게 될 것이다. 이 책에는 레오나르도처럼 되기 위한 비밀들이 있다. 우리는 이제 이 책을 통해 그의 역사와 작품들을 따라가며 그 비밀들을 밝혀 볼 것이다.

사실, 이 책은 이탈리아보다 한국에서 먼저 출판되는 책이다. 올해 초 한국에서 열린 〈다빈치 코덱스전〉을 계기로 출판사와 인연을 맺게 되었고, 다빈치 전문가로서 한국의 독자들에게 다빈치에 대한 새롭고도 의미있는 콘텐츠를 보여주고 싶었다.

근래 들어 많은 한국인들이 이탈리아를 방문한다고 한다. 필자의 연구실 겸 다빈치 전시관이 있는 밀라노 두오모성당 광장에서 한국인들을 만나는 것은 이제 너무나 자연스러운 일이 되었다. 많은 한국인들이 이렇게 먼 이탈리아까지 오는 이유는 무엇일까? 단순히 유명 유적지를 보고 사진을 찍기 위함만은 아닐 것이다. 아니, 그것만으로 그친다면 그야말로 겉만 맛보고 돌아가는 격이다.

르네상스라는 새로운 시대를 열어간 인물들의 삶과 정신이야말로 이탈리아에서 보고 느껴야 할 귀중한 유산이다. 그리고 그 중심에 레오나르도 다빈치가 있다.

새로운 것은 항상 적당한 긴장과 즐거움, 그리고 영감을 준다. 아무쪼록 한국의 독자들이 레오나르도 다빈치에게서 새로운 세계로 나아가는 자신감과 영감을 얻을 수 있기를 바란다.

이탈리아 밀라노에서
마리오 타데이

이탈리아 밀라노시의 스포르체스코 성

1장

레오나르도 다빈치는 어떤 사람이었을까?

레오나르도는 1452년에 오늘날 이탈리아라고 불리는 나라의 중심 도시인 피렌체 근교의 빈치에서 태어났다. 이탈리아는 항상 가장 위대한 예술가들의 요람이었다. 역사적으로 믿을 수 없을 만큼 번성하였던 시기는 정확히 500년 전이며, 이 시기를 르네상스라고 부른다.

레오나르도는 어릴 때부터 피렌체에서 수학하였고, 다음에는 밀라노로 이전하였다. 그 후에는 이탈리아 전역에서 일하고 여행했으며, 1519년 프랑스에서 죽음을 맞이했다.

이미 그는 자신의 시대부터 유명인사였으며, 위대한 예술가와 공학자로서 추앙 받았다. 레오나르도의 신화는 밀라노 거주 시절부터 시작됐는데, 그 후에도 멈추지 않고 점점 더 위대한 인물이 되었다. 그의 미술작품들과 도식화들은 가치를 인정받기 시작했으며, 그 시대의 정치가들과 수집가들이 열광하였다.

레오나르도는 어떤 사람이었을까? 그리고 왜 그는 가장 위대한 천재라고 알려졌을까? 이제부터 놀라운 방법으로, 그의 기술과 실수들을 숨김없이 하나하나 밝혀보자. 우리는 레오나르도처럼 되기 위해 그의 비밀들과 그만의 방식들을 엿볼 것이다.

안토넬로 다 메씨나가 1430년에 그린 성 제롤라모

2장

르네상스 시대에 태어난다는 것은

500년 전에 이탈리아는 작은 주들로 나뉘어져 있었으며, 서로간에 끊임없는 전쟁과 경쟁이 치열했다. 역사학자 바자리는 십여 명의 예술가들을 분석하면서, 피렌체에서 시작하여 타 지역으로 퍼져 나간 예술의 부활을 보았다. 이것은 역사 속의 가장 저명한 걸작들을 탄생시키고 새로운 기술들을 실험하던 예술가들이 폭증함에 따라 얻어진 "아름다움"의 부활이었다.

르네상스 시대에 태어난다는 것은, 젊은 예술가들에게 고전 작품들을 반드시 모방하지 않고도 표현할 수 있는 가능성을 주었고, 모두가 자유롭게 새로운 방식을 고안하여 예술작품들을 창조할 수 있었다. 오늘날 우리는 인터넷을 통해 국제적인 정보의 시대를 살고 있으며, 컴퓨터나 포터블 기기를 통해 우리가 원하는 모든 지식을 접하고 배울 수도 있다. 레오나르도의 시대에는 오늘날 우리가 누리는 것들이 존재하지 않았다. 전기도 없었고, 컴퓨터도 위키페디아도 카메라도 없었으며, 심지어는 도서관도 흔하지 않았다. 예술가가 되기 위해서는 가족과도 멀리 떨어져서 생활해야 했으며, 기술을 배우기 위해서 관찰하고 그리는 것을 반복하며 공방에서 일해야만 했다. 성 제롤라모가 있는 몇몇의 그림들에서 레오나르도가 일했을 공방과 비슷할 것으로 예상되는 르네상스 시대의 전형적인 공방의 모습을 볼 수 있다. 물건 몇 개와 책 몇 권, 그리고 몇 개의 펜들만 보일 뿐이다. 레오나르도처럼 되기 위해서 꼭 많은 것이 필요한 것은 아니다.

라파엘로 산지오의 아테네 학당

중앙에는 두 명의 철학가, 플라톤과 아리스토텔레스가 있다.

라파엘로가 그린 플라톤과 아리스토텔레스

3장
숨겨진 레오나르도?

피타고라스

아르키메데스

한 설화는, 라파엘로 산지오의 벽화에 레오나르도 다빈치가 그려져 있다고 한다. 라파엘로는 레오나르도를 찬미하던 인물로, 그 역시 위대한 예술가가 되었다. 그러나 사실 그림 속의 레오나르도와 닮은 길고 흰 수염을 가진 인물은 고대 그리스의 철학자이다. 이 벽화는 아테네 학당을 그린 것이며, 예술과 기하학, 수학, 역사, 그리고 철학을 공부할 수 있는 이상적인 학교의 모습을 보여준다. 예술가나 과학자가 되기 위해서는 이 학교에 들어가서 공부하는 것이 이상적이었다. 플라톤과 아리스토텔레스는 두 권의 책, 『티마이오스』와 『에티카』를 들고 있다. 첫 번째 철학자는 하늘을 가리키며 추상적 이념의 세상을, 다른 철학자는 손으로 관념의 세계와 구상적인 이념들을 가리키고 있다. 플라톤은 마치 라파엘로가 그의 스승 레오나르도에게서 배웠던 것처럼, 아리스토텔레스의 제자였다! 이 벽화에서 볼 수 있는 인물들 중 왼쪽에 기하학 서적을 들고 있는 사람은 피타고라스이고, 오른쪽에는 자신의 연구들을 실험해보고 있는 사람은 아르키메데스이다. 레오나르도처럼 키우기 위해서는 선조들의 지식과 지혜가 축적된 책들과 예술과 과학, 실험과 토론이 자유롭게 넘나드는 학교가 필요하다.

• 그리스도의 세례(1475년, 베로끼오의 공방) •

4장
천사에 관한 설화

레오나르도 다빈치는 어릴 적부터 삼촌과 자연을 관찰하며 많은 시간을 보냈으며, 뛰어 놀며 신나는 시간을 보내는 자유를 만끽했다. 자신의 아버지처럼 공증인이 되기 위해서 학교에 가서 라틴어를 공부하는 대신, 피렌체에 있는 안드레아 델 베로끼오의 공방에서 일을 배우기 위해 보내졌는데, 그 이유는 어릴 때부터 그림 그리는 것을 좋아했기 때문이다. 그는 그곳에서 수년간 그림 그리는 것을 배우게 된다. 매일 실질적이고 직접적인 방식으로 조각과 연금술, 역학, 그리고 퍼레이드와 축제를 위한 장치 제작 등을 공부했다.

한 설화는, 그가 베로끼오가 그린 〈그리스도의 세례〉의 왼쪽에 있는 작은 천사를 그렸을 때, 모두가 그의 실력을 알아보았고, 그의 스승은 더 이상 그림을 그리고 싶어하지 않았다고 한다. 사실 이 이야기는 우리에게 르네상스 시대의 그림들이 여러 손에 의해서 어떻게 그려졌는지를 알려주고, 건강한 경쟁은 늘 실력을 향상시킬 수 있다는 것을 깨닫게 한다. 실제로 레오나르도의 많은 동료들이 유명한 예술가가 되었는데, 그 중에는 보티첼리와 기를란다이오 등이 있으며, 각자 자신만의 독특한 스타일을 가지고 있다. 레오나르도는 항상 아침부터 저녁까지 실제 옷감이나 인간의 몸을 모방하여 그리곤 했다. 그는 수백 개의 스케치를 하고, 페인팅을 연습했으며, 스승의 실력에 도달하고 능가할 때까지, 새로운 그림을 그릴 때마다 늘 인내하고 개선해 나갔다. 만약 우리가 다빈치와 같이 되고자 한다면, 바로 이것이 우리가 가야 할 길이다!

레오나르도가 그린 천사

그리스도의 세례(1475년, 베로끼오의 공방)

수태고지를 위한 옷감 디자인(CV 15)

5장
옷감 따라 그리기

위대한 화가가 되기 위해서는 그림 그리는 법을 매우 잘 알아야 한다. 그리고 그림 그리는 법을 배우고 싶다면, 정말 많이, 엄청 많이 그림을 그려봐야 한다. 그림을 많이 그려볼수록 그림 실력이 향상된다. 레오나르도는 어릴 때부터 그림을 그렸고, 피렌체에 있는 베로끼오의 공방에서 가장 많이 하던 일도 그림을 그리는 것이었다. 오늘날의 예술학교에서도 하는 것처럼, 당시의 문하생들은 정물이나 천 또는 모델 앞에 앉아서 자신의 앞에 보이는 것들을 따라 그려야만 했다. 레오나르도가 하던 고전적인 연습은, 헝겊이나 옷감 등을 따라 그리는 것이었다.

옷감을 그리는 것은 처음에는 정말 어렵지만 매우 중요한 것 하나를 배우게 되는데, 그것은 그림을 그린다는 것은 테두리보다는 밝은 곳과 어두운 곳의 표현을 의미한다는 것이다. 빛을 받은 옷감에는 실제로 테두리는 없고, 그림자 부분과 빛을 받은 부분으로 만들어진 수많은 움푹 패인 곳과 접힌 곳들이 있을 뿐이다. 이 연습들은 사물을 다른 시각으로 관찰할 수 있도록 해준다. 모두가 '사물을 그릴 때는 그 테두리를 명확하고 깔끔하게 그려야 한다'는 생각에 익숙해져 있었던 데 반해, 그는 종이에 사물의 착시를 만들어 내는 명암과, 그림자가 진 곳과 빛을 받은 곳의 다양성을 이해했다. 레오나르도처럼 그림을 잘 그리기 위해서는 당연히 그림을 많이 그려봐야 하고, 빛과 그림자의 시점에서 사물을 본 것처럼 고정된 관념에서 벗어나 다른 시각을 가질 필요가 있다.

수태고지를 위한 의복 그림(CV 17)

6장
붉은 종이

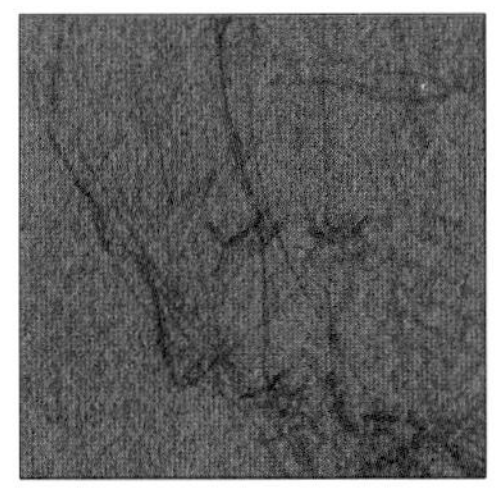
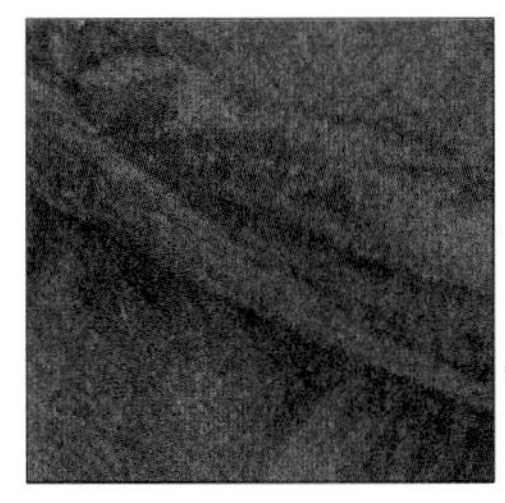
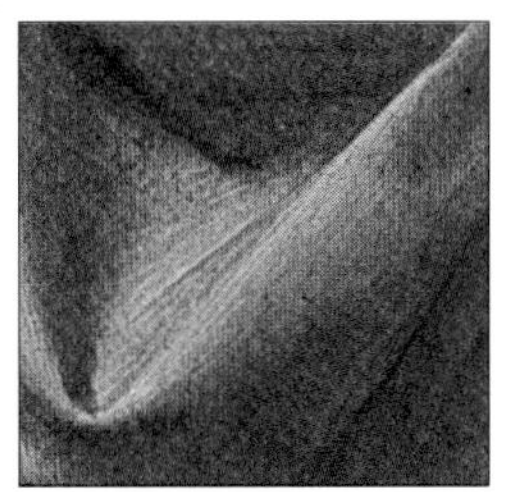

레오나르도의 이 옷감을 그린 그림은 많은 비밀들을 숨기고 있다. 왼쪽 상단을 보면, 살짝 다시 그린 한 여인의 얼굴 스케치를 볼 수 있으며, 밑으로 좀 내려갈 수록 그림은 더 멋지게 그려졌는데, 매우 "실제적"이다.

이 위에서 아래로 이동하는 순서를 통해 우리는 그림을 그리는 순서를 알 수 있다. 처음에는 연필로 아주 가볍게 전체적인 형상을 스케치하고, 그 다음에는 그늘진 부분들을 연필을 사용하여 균일한 선을 긋거나 음영을 넣어서 어둡게 표현한다. 마지막으로 옷 위에 반사된 빛을 표현하면 사실적으로 보이는 완벽한 옷이 마법처럼 나타난다.

어떻게 빛의 반사를 표현할 수 있을까? 당신은 이 종이가 완전히 붉은색인 것을 눈치챘는가? 우연히 고른 것이 아니며, 종이의 색이 무엇인지는 중요하지 않다. 중요한 것은 종이가 흰색만 아니면 된다는 사실이다!

만약에 색이 있는 종이나 회색의 종이에서 그리기 시작한다면, 먼저 테두리를 그릴 수 있다. 그 다음의 올바른 순서는 미술 작품이나 스케치에서 중요한 다음의 두 가지를 그리는 것이다.

그림자 – 더 어두운 색을 사용하여 표현한다.
빛과 반사 – 더 밝은 색을 사용하여 표현한다.

수태고지(1472년, 나무판 그림, 피렌체)

• 레오나르도의 초기 의뢰작품 중 하나이다 •

백합을 들고 있는 수태고지 속의 천사

7장
천사의 소식

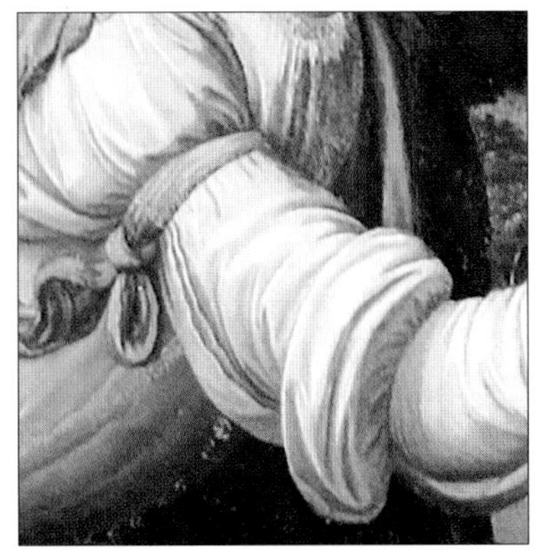

마침내 레오나르도는 전적으로 그에게만 의뢰된 일을 요청 받았는데, 아마도 이것이 그의 첫 번째 작품일 것이다. 이 젊은 예술가는 아직도 베로끼오의 공방에서 일하고 있었고, 아마도 다른 화가들의 도움을 받아 이 첫 번째 걸작을 완성했을 것이다. 이 작품은 매우 크며, 대략 가로 2미터 세로 1미터 정도이다.

레오나르도는 여러 개의 나무 판을 이어 붙여서 하나의 큰 판을 만들고, 그 위에 스케치를 한 다음 색을 칠했다. 레오나르도는 모든 그림들을 나무판에 그렸는데, 이유는 편하고 튼튼하며 안정적이기 때문이다. 오일 물감으로 색을 칠하기 전에 위의 천사의 소매 그림 같이 준비그림을 그려놓고, 이 그림들을 흰색을 미리 칠한 나무판에 올려 놓고 바로 최종 스케치를 한다. 이 작업은 길고 까다로워서 다른 화가들이라면 더 작은 그림을 그렸겠지만, 레오나르도는 이미 "큰" 비전을 가지고 있었다.

원근법의 결함이 좀 있지만 모든 디테일들은 완벽하게 그려졌다. 레오나르도의 첫 번째 작품은 이미 걸작이었다. 산과 호수가 있는 마을 전체가 희미하게 보이는 배경의 경관은 주목할 만하다. 의뢰자가 원한 이 종교적인 테마는, 그림을 팔기 위해서는 의무적인 것이었다!

피렌체에 있는 수태고지의 성모

8장
오랜 준비

오른쪽에 있는 성모의 옷과 그림 속의 모든 옷들은 수태고지 작품의 대부분을 차지한다. 레오나르도는 마치 마술사처럼 갑작스럽게 나무판 위에 이런 그림을 쓱 그려낸 것이 아니다. 그는 각각의 디테일들과 장면에서 보여지는 모든 요소들을 연구하는 아주 오랜 준비기간을 갖는다. 이러한 작품을 그리기까지 수백 번의 그림 연습을 했는데, 그것은 완성된 그림을 보면 알 수 있다. 그가 붓을 들기 전에 몇 번의 테스트와 연습을 했을지 누가 알겠는가. 성서대 역시 베로끼오의 공방에서 만들어진 물건으로, 학생들이 보고 그렸던 것이다. 성서대 위에 있는 투명한 베일은 옷감 그림에서 보았던 흰색으로, 빛의 반사를 표현한 것과 동일한 기법으로 마지막에 그려 넣은 것이다.

일단 바탕을 그리고 나면, 모나리자에서도 볼 수 있는 지속적으로 '베일 입히기'라고 불리는 반투명한 흰색 칠을 몇 번 한다. 가톨릭의 종교적 성격을 살린 이 장면은 르네상스 시대의 정원에서 펼쳐지고 있는데, 이것은 역사적으로는 오류가 있지만 예술적으로는 위대한 성과를 거두었다.

레오나르도의 걸작들은 많은 연구와 수백 개의 습작으로 이루어낸 결과물이다. 무언가를 멋지게 해내고 싶다면, 바로 레오나르도가 했던 것처럼 철저히 준비하고, 최선을 다해 작업해야 한다.

테두리에 작은 구멍이 있는 백합 그림

9장
구멍을 사용한 속임수

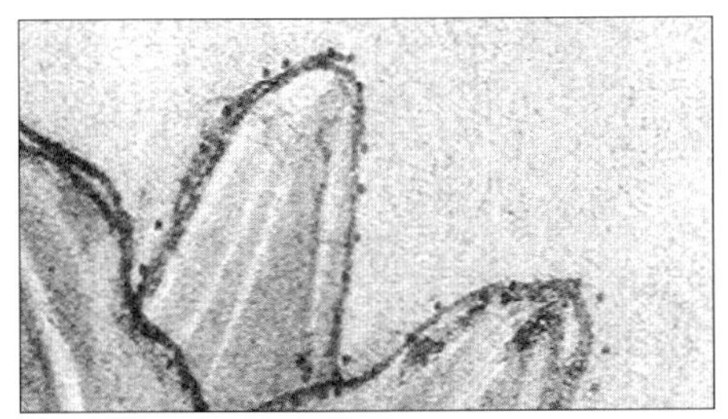

레오나르도가 그린 수태고지 속의 이 천사는 꽃 한 다발을 손에 들고 있다. 그림 속에는 십여 종의 꽃들과 나무들이 있는데, 레오나르도는 꽃들을 핑계 삼아 연습 겸 자신의 식물연구를 보여준 것 같다. 레오나르도는 베로끼오의 공방에서 옷감과 인간의 형상 외에도, 수많은 꽃들과 식물들을 모방하고 연구한 수백 장의 그림을 그렸다. 백합을 그린 종이의 바탕이 흰색이 아닌 이유는, 흰색의 펜을 이용해 빛의 반사를 표현할 수 있기 때문이다. 이 스케치는 그림을 그리기에 앞선 단순한 습작이 아니고, 한 가지 비밀을 숨기고 있다. 이 백합을 가까이에서 자세히 살펴보거나 비춰서 보면, 테두리와 꽃잎들 위에 수백 개의 작은 구멍들이 있는 것을 알 수 있다.

레오나르도는 관찰하고 모방했으며, 모든 르네상스의 기술들을 배웠는데, 그중에는 "르네상스 시대의 복사기"가 있다. 일단 최종 이미지를 그리고 나면, 나무판에 옮겨 그려야 했는데 그때 이 트릭을 사용했다. "복사"하고 싶은 그림에 바늘을 사용해 작은 구멍들을 낸 후에 나무판 위에 올려 놓거나, 벽화를 그린다면 벽면에 붙여 놓는다. 검댕이를 가득 채운 양말을 준비해서 뒤집어 올린 그림의 뒷면을 두들겨 주면, 검은 분말이 구멍을 빠져나가 뒤집힌 점선 그림이 그려진다. 이것을 일명 '가루 뿌리기' 기술이라고 한다.

10장
거울 트릭

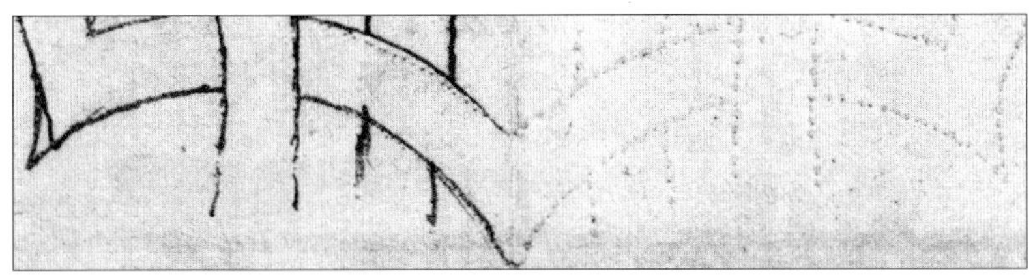

베로끼오의 공방에서 레오나르도가 배웠던 르네상스의 가루 뿌리기 기술은 완벽한 기하학 그림을 그리는 데도 매우 유용하다. 그림에 사용될 준비된 도면이나 판지 등은, 다양한 바탕 위에 그림들과 그 형상을 옮겨 그리기 위해 뚫어놓은 구멍으로 가득했으며, 같은 모양을 여러 개 복사하기 위해서도 사용되었다. 구멍 사이로 검은 분말이 빠져나가면 그림의 테두리가 나타났고, 화가들이 그 형태를 다시 따라 그릴 수 있었다. 종이를 반대로 뒤집어서 양말이나 식사용 냅킨에 검은 분말을 채워 뒷면을 두드려주면 거울로 보듯 반대로 뒤집힌 그림이 나타난다. 레오나르도는 이 기술의 특징을 발견했고, 그것을 다른 목적으로도 사용하였다. 레오나르도는 이 종이의 왼쪽에 매우 선명한 기하학적 그림을 그린 다음, 종이를 반으로 접어서 그림의 테두리를 따라서 바늘로 수천 개의 구멍을 냈다. 그리고 나서 종이를 열면, 문양은 반대편에 거울에 비친 것처럼 "옮겨져서" 그림을 완성시킨다. 거울 대칭 그림을 완성하기 위해 사용된 이 기술은 후에 다른 기술 도식화들을 그리는 데도 사용되었다. 레오나르도가 이 수법을 고안한 것은 아니지만, 일단 배운 후에는 다른 방식과 다른 목적으로도 사용하였다. 이 사실은, 처음에는 기술을 배워야 하지만, 한번 기술이 완벽하게 습득이 되면 다른 분야에서 다른 용도로도 사용될 수 있다는 점을 알려준다.

수태고지의 성모 스케치

11장
아름다운 그림

여기에 완벽하게 표현된 한 여인의 얼굴을 그린 레오나르도의 또 다른 그림이 있다. 머리의 자세는, 베로끼오의 공방에서 제작되고 판매된, 다른 작은 버전의 수태고지 작품들 속 성모의 자세와 비슷하다. 이것으로 공방의 예술가들이 서로를 도와 작업했다는 것을 알 수 있으나, 다른 한편으로는 모두가 레오나르도처럼 그리기 위해서 경쟁을 했을 수도 있다는 생각이 든다.

실제로도 레오나르도의 스케치는 완성된 그림들보다 훨씬 아름답다. 이 스케치의 선들은 매우 가늘고 정확하며, 명암은 가볍고 은은하다. 또한 피부 몇 군데의 반사광은 흰색으로 표현됐다. 이것은 정말 멋진 완성본이며, 그 누구도 이런 그림을 갑자기 쓱 그려낼 수는 없을 것이다. 우리가 앞서 보았던 것처럼, 레오나르도가 이러한 수준의 그림을 그리기까지 수년간 매일같이 그림 연습을 했으며, 이 그림이 완성되기까지 얼마나 많은 습작을 거쳤을지는 아무도 알 수 없다. 다만 잘 그리지 못한 그림들은 거의 남아 있지 않기 때문에, 그 완벽함에 대한 경이로움을 느끼게 되는 것이다.

풍경, 대충 그린 선들과 스케치들(CV 3)

12장

하나의 멋진 그림을 위한 백 개의 습작

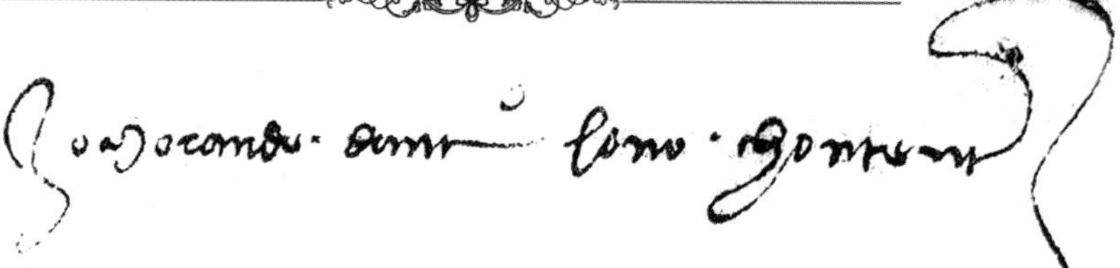

이 그림은 잘 그린 그림인가, 못 그린 그림인가? 만약 이 그림이 레오나르도가 그린 그림이 아니었다면, 가치 없는 못 그린 그림으로 치부됐을 것이다. 단지 레오나르도가 그렸다는 사실 하나만으로 이 그림은 높은 가치를 부여 받았다. 이것이 레오나르도의 그림이라는 것은, 사용한 선과 테크닉, 그리고 그의 손글씨 때문에 증명된다. 또한 이 그림은 그가 젊었을 때 그렸음을 알 수 있는데, 그가 매우 젊을 때 사용하던 글씨체이기 때문이다.

현대에 레오나르도에 관한 책들이 많이 출간되고, 그에 관한 수많은 전시들이 열렸지만, 공교롭게도 그의 가장 유명한 그림들 20~30점들만 늘 소개된다. 레오나르도의 그림은 몇 개일까? 30개, 300개, 아니면 3000개? 오늘날까지 남아 있는 레오나르도의 그림은 6,000장이 넘는다! 많은 노트가 사라졌거나 파손됐고, 일부는 이탈리아, 스페인 또는 프랑스의 어딘가에 숨겨져 있다!

진실은, 레오나르도의 대부분의 그림들, 즉 99%의 그림들은 유명하지 않다는 것이다. 아니, 아예 알려지지 않았다는 것이 옳겠다. 그리고 이 수많은 그림들 중에서 어떤 것들은 정말 못 그린 것들도 있다. 이것은 매우 유용한 정보로써 우리에게 용기를 주며, 레오나르도를 더 인간적으로 느끼게 해준다.

걸작을 만들어 내기 위해서는 수많은 연습이 필요하고, 하나의 멋진 작품을 완성하기 위해서는 최소한 100개의 망친 그림이 있어야 한다는 것이다! 레오나르도에게도 못 그린 그림들이 있다!

사자와 함께 있는 남자의 정면 초상(CV 196)

13장

대칭을 사용한 트릭

이 그림은 붉은 종이 위에 붉은 철광석으로 만든 적색 연필로 그린 것이다. 이 남자는 잎으로 만든 관을 쓰고 있으며, 어깨 위에 사자의 얼굴이 달린 옷을 입고 있다. 그림은 깔끔하고, 밑그림 스케치가 안 보이는데, 이것은 수 년간의 그림 연습을 통해 연마된 레오나르도의 실력을 보여준다. 얼굴은 정면을 향하고 있고, 그 균형과 형태는 완벽하다. 이 완벽함은 얼굴의 대칭 때문에 인식되는데, 우리의 뇌는 선천적으로 대칭적인 형태를 인지하기 때문이다. 다른 그림들이나 자신의 정면 얼굴을 찍은 사진을 가져다가, 중앙에 거울을 놓아 한 쪽을 가려서 그림을 보는 이 재미있는 테스트는, 처음에는 오른쪽을 다음에는 왼쪽을 비추어 봄으로써 두 개의 다른 버전의 얼굴을 볼 수 있다. 이렇게 얻은 두 개의 이미지를 비교해 봄으로써 대칭을 분석할 수 있다. 위의 우리가 분석한 그림을 보면, 왼쪽의 머리카락과 관이 더 어둡고 풍성하다. 이것은 대칭이 완벽하지 않은 요소들은 얼굴을 더 인간적이고, 덜 인위적으로 보이게 한다는 것을 알게 해준다.

옷감, 용, 장치와 스케치들(CV 51)

14장

옷감, 용, 그리고 다양한 낙서들

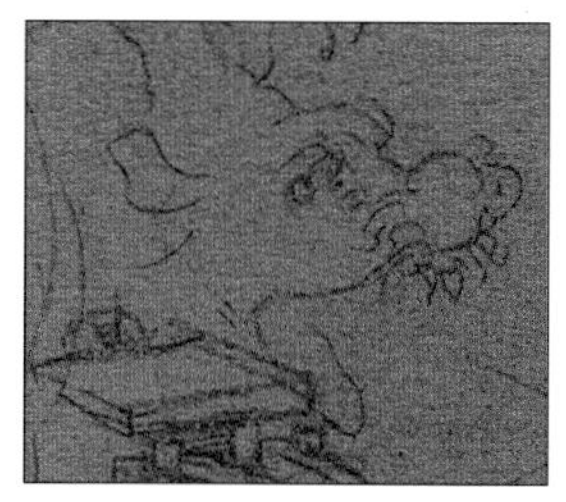

다양한 컬렉션에 흩어져 있는 레오나르도의 6,000장의 노트에는 미술작품을 위해 사전에 그려본 습작들과 그에 관한 연구들, 그리고 모든 종류의 설계도들이 수록되어 있다. 이 붉은색 종이는, 공방에서 다양한 그림 연습과 옷감을 그리기 위해 사용하던 것이다. 레오나르도는 첫 번째로 긴 옷을 입고 어깨에 내려오는 모자를 쓴 남자를 그렸다. 옷을 다 그린 후에 그 주변에 열댓 개의 장치, 수레, 그리고 톱니바퀴 등을 그려 넣었다. 그리고 두 개의 사람 얼굴과 하나의 용머리가 보인다!

이 어수선한 그림들 속에 처음으로 "새로운" 레오나르도가 보인다. 여기에서 기계장치에 대한 호기심이 시작되고, 이미 자신의 스승을 능가하는 완벽함을 구사하고 있는 레오나르도의 상념은, 베로끼오에게서 배운 예술을 넘어 새로운 분야를 탐험하기 시작한다. 젊은 레오나르도는 이 장치들에서 역학에 대한 호기심을 갖기 시작하고, 이 관심사는 1482년 서른 살에 밀라노로 이전하면서 증폭된다. 이 용은 퍼레이드를 위해 만든 굴러가는 장치에 장착될 인형일 수도 있으며, 용 로봇 같은 것일 수도 있다.

레오나르도는 밀라노에서 코덱스를 쓰기 시작했을 때 수많은 장치들을 묘사하기 위해 자신의 예술가적 능력을 사용한다. 어처구니 없는 생각이라고 해도 무방했다. 그는 머릿속에 떠오른 모든 아이디어들을 그림으로 그렸고, 그것들은 이미지 보관소에 쌓여 개인용 아이디어 백과사전의 형태가 되었다. 우리는 문득문득 떠오르는 생각이나 아이디어를 어떻게 처리하고 있는가?

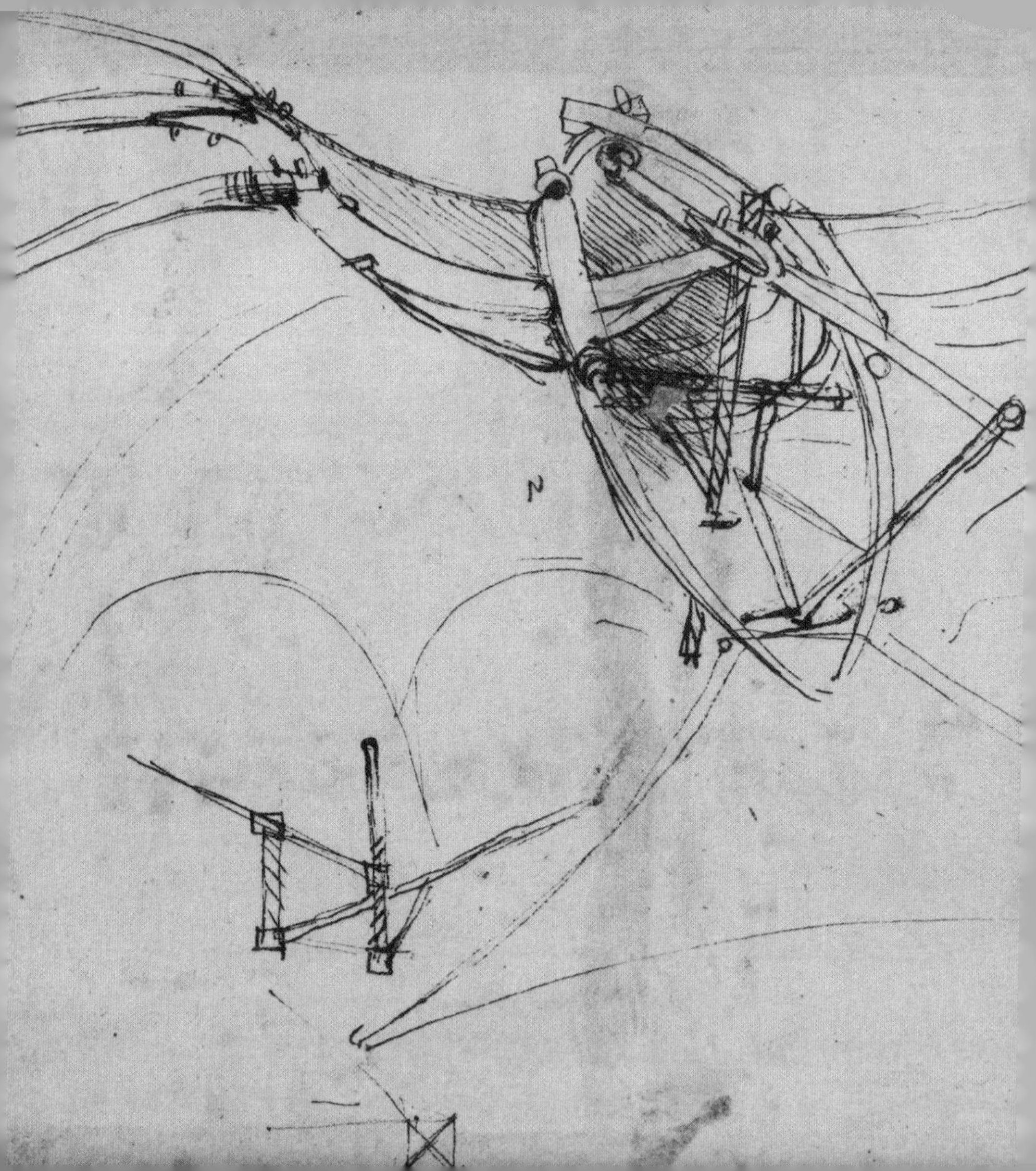

15장
하늘을 나는 배

레오나르도의 꿈 중에 하나는 하늘을 나는 것이었다. 이 그림은 이상하고 우스워 보이는 비행장치의 도식화로, 그가 처음 그린 것들 중 하나이다.

중앙에는 레버가 달린 배의 그림이 있다. 옆에는 박쥐의 날개와 비슷한 큰 날개 장치가 있고, 밑에는 큰 꼬리가 있다. 이 두 개의 날개는 중앙에 연결되어 있으며, 큰 나무 나사로 고정돼 있다. 배의 중앙에 있는 이 큰 나사를 한 쪽으로 돌렸다가 또 다른 쪽으로 돌리면, 큰 날개가 위아래로 움직인다. 그리고 큰 꼬리도 하나의 축에 연결되어 있고, 그것은 배의 중앙으로 향하는 또 다른 축에 연결되어 있다. 이것은 하늘을 나는 배이며, 꿈의 장치이다. 이 단순한 설계도의 역학은 날개를 움직일 수 있지만, 이 박쥐의 형태는 비행기처럼 정말 날 수 있을 정도로 빠르고 효과적이지는 않다.

이 하늘을 나는 배가 진짜 비행의 꿈을 이루기 위한 장치인지, 아니면 퍼레이드나 극장공연용 소품인지는 알 수 없다. 하지만 이런 단순한 설계도를 가지고 발명의 과정을 분석하는 것은 유용하다. 훗날 그는 인생의 대부분의 시간을 이 발명에 투자하였다. 여기서 레오나르도는 서로 관련이 없는 두 가지를 연결했는데, 바로 배와 박쥐이다. 서로 다른 사물들을 이해하고, 그것을 조화롭게 융합할 수 있는 것, 이것이 바로 창의력이다.

지네브라 데 벤치의 초상화(1474년)

지네브라 다메리고 벤치의 초상화(1474년)

16장
피부가 하얀 여인

레오나르도가 나무판 위에 이 그림을 그렸을 때 그는 22세였다. 이 그림은 그가 한 부유한 피렌체 은행원에게서 자신의 딸을 기억하기 위해 주문 받은 초상화이다. 아마도 이것은 처음으로 돈을 받고 그린, 종교화가 아닌 그림일 것이다. 베로끼오의 공방에서 그렸던 천사들의 머리카락과 같은 금발의 곱슬머리라는 것을 알 수 있다. 그의 준비스케치에서 볼 수 있던 손은 실제 그림에서는 아랫부분이 잘려서 보이지 않는다. 피부는 매끄럽고 흰색이며, 볼에는 살짝 붉은 기가 돈다. 이 여인의 얼굴은 매우 선명하게 보이는데, 그 이유는 그녀의 하얀 피부가 뒷배경의 나무의 어두운 색과 대조되기 때문이다. 배경의 나무는 그녀를 그린 후에 그렸으며, 남은 여백을 채우며 그려 넣었다. 오른쪽에는 호수이거나 강의 풍경이 이어진다. 나무판의 뒷면에도 문장이 그려져 있다. 인물의 자세, 머리카락, 식물, 손에 들고 있는 꽃들은 레오나르도가 창조한 것이 아니다. 레오나르도가 그의 스승인 베로끼오의 작품들과 인물의 자세, 디테일 등을 모방한 것이다. 이것은 레오나르도가 하나의 걸작을 만들기 위해 다른 예술 작품들에서 어떻게 영감을 얻는지를 가르쳐준다. 공부를 하면 할수록 더 배울 수 있고, 모방할 만한 작품들을 찾아내면 새로운 창작물을 만드는 데 도움이 된다.

조반나 벤치의 뒤로 보이는 풍경

17장
물은 어떻게 그릴까?

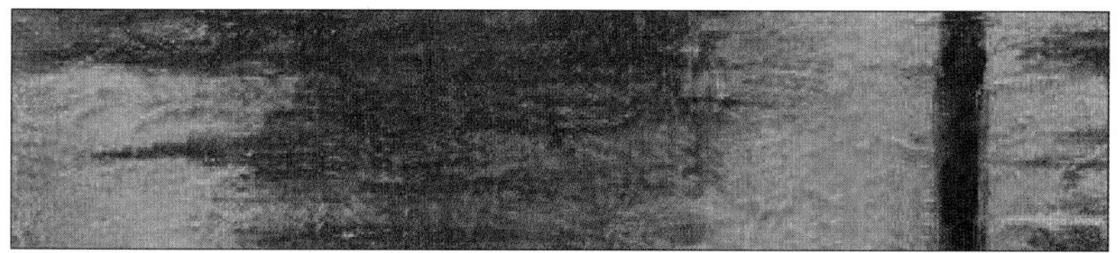

강이나 호수의 물은 어떻게 그릴까?

레오나르도가 그린 죠반나 벤치의 초상화 오른쪽을 보면, 멀리 산과 나무가 있는 자연의 풍경이 있고 아래쪽에는 호수가 보인다. 사실 우리는 물이 있다는 것을 알아차릴 수 있을 정도만의 색이 얼룩져 있는 것을 볼 수 있다. 우리는 어릴 때부터 물을 하늘색으로 그리는데, 이것은 실제의 물색하고는 전혀 관련이 없는 하나의 약속일 뿐이다. 물은 무슨 색일까? 진지하게 생각해본다면, 물은 투명하고 색이 없다는 것을 알 수 있다. 그리고 레오나르도는 투명한 것을 어떻게 그렸을까?

만약에 물이 투명한 것이라면 호수의 바탕은 어두운 색이어야 할 것이다. 실제로는, 아주 낮은 앵글에서 바라본 호수의 표면은 거울과 같아서, 거울로 비춰보는 것처럼 그 위에 있는 모든 것들을 반영한다. 그러므로 물을 그리기 위해서는 실제로 잔잔한 파도 물결처럼 보이도록 가로로 흐트러진 반사된 물체들을 그리는 것이다. 모든 형체들을 거울로 비춘 것처럼 똑같이 그리고 같은 색으로 칠한 다음, 물로 "혼동되게" 가로로 붓질을 한다. 그래서 레오나르도는 노란 나무를 그릴 때, 아래에 똑같은 나무를 뒤집어서 다시 그린다. 하늘색은 하늘을 그린 것이고, 멀리 보이는 산들도 마찬가지이다.

동방박사들의 경배(1481년, 미완성)

큰 나무판에 그린 밑그림

동방박사들의 경배(1481년, 미완성)

18장

끝내 완성하지 못한 걸작

1481년, 피렌체의 수도승들이 레오나르도에게 아주 중요한 작품 하나를 그려달라고 요청했는데, 바로 〈동방박사들의 경배〉이다. 그들은 레오나르도에게 2년간 작업할 것을 요구하는 계약서를 제시했다. 이 사실은 하나의 걸작이 완성되는 데 얼마나 많은 시간이 걸리는지 알려준다. 이 그림은 크기가 매우 큰데, 그 높이가 무려 2.5미터가량 된다.

레오나르도는 결국 이 작품을 완성하지는 못했지만, 매우 아름다운 이 작품은 오늘날까지 보존되었다. 이 그림은 노란색이며 혼란스러운데, 그 이유는 그림을 그리기 시작했지만 완성하지 못했기 때문이다. 하지만 최종적인 색을 칠하기 전에 어떤 작업이 선행되었는지를 분명히 보여준다. 레오나르도는 나무판 위에 그림을 그리기 시작했고, 일부는 어둡게 표현했다. 매우 많은 인물들, 말들, 그리고 주인공들이 보인다. 다음은 땅을 칠했고, 오른쪽의 어두운 부분들과 위쪽에 있는 나무도 칠했다. 그 다음은 아마도 하늘과 인물들을 차례대로 칠하려 했을 것이다. 세밀한 부분들, 투명한 옷, 그리고 마지막에는 반사광 등도 표현했을 것이다. 이 그림은 젊은 레오나르도의 자화상을 숨기고 있다. 그가 어디 있는지 알아볼 수 있겠는가? (오른쪽 아래에 있다)

동방박사들의 경배 그림의 부분(1481년)

19장
뭔가 새로운 것

레오나르도가 그린 〈동방박사들의 경배〉는 미완성된 작품이지만, 하나의 걸작으로 보존되고 있는데, 그 이유는 이미 유명했던 레오나르도가 그린 작품이기 때문이고, 더불어 이 작품이 예전에는 볼 수 없었던 뭔가 새로운 것을 보여주기 때문이다.

이 그림은 전통적인 종교적 장면을 보여주고 있는데, 레오나르도는 기존의 구성들을 모방하지 않고 새로운 것을 선보였다. 주인공들은 성모, 아기 예수, 그리고 3명의 동방박사로 총 5명이다. 하지만 레오나르도는 50명이 넘는 사람들과 10필이 넘는 말들을 그렸고, 기존의 시나리오와 다르게, 마구간 대신 배경으로 보이는 파괴된 회당과 자연 경관을 그려 넣었다. 전체적으로 혼잡스러운데, 일부의 그림들은 원래 그렸던 그림이나 잘못된 그림 위에 다시 그려진 것이며, 밝고 선명한 말의 주둥이처럼 완성된 부분도 있다.

중요한 것은 레오나르도가 뭔가 새로운 것들을 만들어 냈다는 사실이며, 움직이고 있는 사람들로 가득 찬 구성과, 격앙된 말들이 있는 환상적인 시나리오를 짰다는 것이다. 시작만 한 그림이라고 하더라도 가히 걸작이라고 부를 수 있을 만큼, 뭔가 새롭고 대단히 아름다워서, 그림을 주문한 사람들에게 경이로움을 안겨줬다. 레오나르도는 전통적인 방식을 뒤엎고, 예전에는 볼 수 없었던 새로운 것을 보여줄 수 있는 능력이 있었다.

◦ 회개하는 성 제롤라모(1480년, 미완성) ◦

20장
못 그린 그림

이 그림은 못 그린 그림이다. 아무도 이 사실을 말할 수 있는 용기가 없겠지만, 레오나르도의 그림들 중에는 객관적으로 못 그린 것들이 있다. 이 사실은 우리에게 새로운 시각을 선사한다. 그를 천재이기보다는 인간적으로 느껴지게 하며, 설령 우리가 실수투성이로 멋진 그림들을 그려낼 수 없다고 해도, 우리도 그처럼 될 수 있다는 용기를 준다.

인내는 성공의 비밀이다. 이 그림 역시 시작은 했지만, 끝내지는 못했다. 실제로, 그림은 조각으로 잘려졌었는데, 사자와 함께 있는 인물인 성 제롤라모의 머리를 잘라내어 스툴로 만들었다고 한다. 아래에는 오일물감으로 색칠하기 전인, 나무판에 바로 그린 사자가 있다. 인물의 머리와 목은 음영처리가 되어 있어, 실력 있는 화가가 그렸다는 것을 알게 해주고, 근육과 표정은 생기가 느껴져, 만약 완성되었다면 정말 멋진 그림이었을 것이다.

다른 그림들보다는 이 그림에서, 레오나르도가 먼저 배경과 어두운 부분을 칠하고 그 다음에 인물의 상체부터 완성해 나간다는 사실을 알 수 있다. 마치 인물들을 종이에 먼저 그려보지 않은 것처럼 구성이 완벽하지 않은데, 사실 사자의 측면이 잘려 있고, 성자의 주먹은 너무 그림의 테두리와 가깝다. 아마도 연습용 그림이었기에, 다른 연구들과 그림 작업들을 하기 위해 버려둔 것이 아니었을까.

레오나르도가 군주에게 두개골로 만든 리라를 선물하는 장면(1480년)

상상으로 그려진 밀라노의 궁정

Havendo S. mio Ill. visto et considerato horamai ad sufficientia le prove di tutti quelli che si reputono maestri et compositori de instrumenti bellici: et che le inventione et operatione di dicti instrumenti non sono niente alieni dal comune uso: mi exforzerò non derogando a nessuno altro farmi intendere da V. Excellentia aprendo a quella li secreti mei: et appresso offerendoli ad omni suo piacimento in tempi opportuni operare cum effecto circa tutte quelle cose che sub brevità in parte saranno qui di socto notate ~~et ancora in molte più secondo le occurrentie de diversi casi etc.~~

1 Ho modi de ponti leggerissimi et forti et acti ad portare facilissimamente: et cum quelli seguire et alcuna volta ~~secondo le occurrentie~~ fuggire li inimici, et altri securi et inoffensibili da foco et battaglia: facili et commodi da levare et ponere. Et modi de ardere et disfare quelli de l'inimico.

2 So in la obsidione de una terra toglier via l'aqua de' fossi: et fare infiniti ponti: ghatti et scale et altri instrumenti pertinenti ad dicta expeditione.

3 Item se per altezza de argine o per fortezza de loco et di sito non si potesse in la obsidione de una terra usare l'officio de le bombarde: ho modi di ruinare omni forte o altra forteza se già non fusse fondata in su el saxo etc.

4 Ho ancora modi de bombarde commodissime et facile ad portare: et cum quelle buttare minuti ~~saxi~~ a ~~similitudine quasi~~ di tempesta: et cum el fumo di quella dando grande spavento al inimico cum grave suo danno et confusione etc.

9 Et quando accadesse essere in mare ho modi de molti instrumenti actissimi da offendere et defendere: et navili che faranno resistentia al trarre de omni grossissima bombarda: et polvere et fumi.

5 Item ho modi per cave et vie secrete et distorte facte senza alcuno strepito per venire ad ~~uno certo~~ et disegnato ~~loco~~ ancora che bisognassi passare socto fossi o alcuno fiume.

6 Item farò carri coperti securi et inoffensibili: e quali intrando intra li inimici cum sue artiglierie: non è sì grande moltitudine di gente d'arme che non rompessino. Et dietro a questi poteranno seguire fanterie assai illesi et senza alchuno impedimento.

7 Item occorrendo di bisogno farò bombarde mortari et passavolanti di bellissime et utile forme fora del comune uso.

8 Dove mancassi la operatione de le bombarde componerò briccole, manghani, trabucchi et altri instrumenti di mirabile efficacia et fora del usato: et in somma secondo la varietà de' casi componerò varie et infinite cose da offendere ~~et defendere~~.

10 In tempo di pace credo satisfare benissimo a paragone de omni altro in architectura in compositione di edificii et publici et privati: et in conducere aqua da uno loco ad uno altro ~~...~~

Item conducerò in sculptura di marmore di bronzo et di terra: similiter in pictura ciò che si possa fare ad paragone de omni altro et sia chi vole.

Ancora si poterà dare opera al cavallo di bronzo che sarà gloria immortale et eterno honore de la felice memoria del S.ore vostro patre et de la inclyta casa sforzesca.

Et se alcuna de le sopradicte cose a alcuno paressino impossibile et infactibile me offero paratissimo ad farne experimento in el parco vostro o in qual loco piacerà a vostra Excellentia: ad la quale humilmente quanto più posso me recomando etc.

21장
역사 속의 첫 번째 이력서는 가짜였다!

Hauedo S.or mio. Ill.· uisto

레오나르도는 피렌체에서 유명해지기 시작했지만, 그는 수많은 신진작가들 중의 하나였을 뿐이었다. 유명해지고 돈을 더 많이 벌기 위해서, 독립적으로 일할 수 있는 곳을 찾고자 했다. 1482년에 밀라노 시는 부강한 스포르차 공작이 통치하고 있었다. 레오나르도에게는 밀라노에 가서 일하는 것이 꿈만 같은 일이었기에, 그는 공작에게 채용되기 위해서 속임수를 썼다. 역사 속의 첫 번째 이력서가 된 이 편지 한 통을 공작에게 썼는데, 거기에는 자신이 할 줄 아는 것들과 군주를 위해서 무엇을 할 수 있는지의 목록이 적혀 있다. 많은 사람들이 레오나르도가 스스로를 예술가이자 음악가로 소개했을 거라고 생각하겠지만, 실상은 아주 당혹스럽고 흥미롭다. 그는 스스로를 군사 공학자라고 소개했다. 열 개 중 아홉은, 놀라운 무기들, 전쟁용 다리, 함선과 무적의 잠수함 등을 발명할 수 있는 능력이 있다는 내용이다. 또한 구석에 아주 조그맣게 자신이 할 수 있는 마지막 업무를 적었는데, 그가 전쟁 시기에 예술가로서도 일할 수 있다는 내용이다. 이렇게 영악한 레오나르도는 밀라노에 취직하여, 1492년에 피렌체를 떠나게 된다. 그러나 진짜 문제는, 레오나르도가 베로끼오에게서 예술과 건축을 배웠을 뿐이고, 무기와 역학에 대해서는 전혀 알지 못한다는 것이었다. 그는 거짓말을 하고 속인 것이다. 레오나르도는 역사 속의 첫 번째 이력서를 가짜로 만들었다.

• 낫이 달린 전쟁용 마차(CV 80)

• 대형 대포를 만드는 공장(CV 83) •

22장

의뢰인을 놀라게 하다

+ H° anchora mõdi de bombãde cõmodissime

1482년 밀라노에서, 레오나르도는 자신의 고용주인 군주를 속였다. 그는 놀라운 전쟁무기들을 만들겠다고 공작에게 약속한 것이다. 아주 비밀스럽고 강력한 무기들을 말이다. 공작은 이 놀라운 기획에 대해서 물었고, 레오나르도는 비록 자신이 속인 것이었지만, 그는 바보가 아니었으므로 이 문제를 해결하고 군주를 만족시킬 방법을 찾았다.

이미 발투리오의 데 레 밀리타리 같은 전쟁관련 책들과, 죠르죠의 프란체스코와 타꼴라 같은 시에나와 피렌체의 공학자들이 그린 여러 설계도 등이 있었고, 고대 로마인들과 그리스인들에 관한 역사서들이 있었다. 레오나르도는 모든 전쟁 설계도들을 카피하기 시작한다. 밀라노의 군주에게 자신의 발명품인 양 "팔기 위해" 중세와 르네상스 시대의 책들에서 본 모든 장치들을 있는 그대로 카피했다.

레오나르도는 어릴 때부터 드로잉과 회화를 위해서 실물들을 보고 그리는 것을 배웠기에, 이 전쟁 장치들을 카피할 때는, 군주를 속이고 기쁘게 하기 위해서 자신이 가진 예술적 능력을 사용하여, 더 멋지고, 명확하고, 인상적인 그림들을 그려냈다.

모방한다는 것은 배움을 의미한다. 그리고 종종 배운다는 것은, 자신보다 앞서서 한 주제를 연구한 사람들을 흉내 내고 카피한다는 의미이기도 하다. 이렇게 역사와 예술은 진화했다.

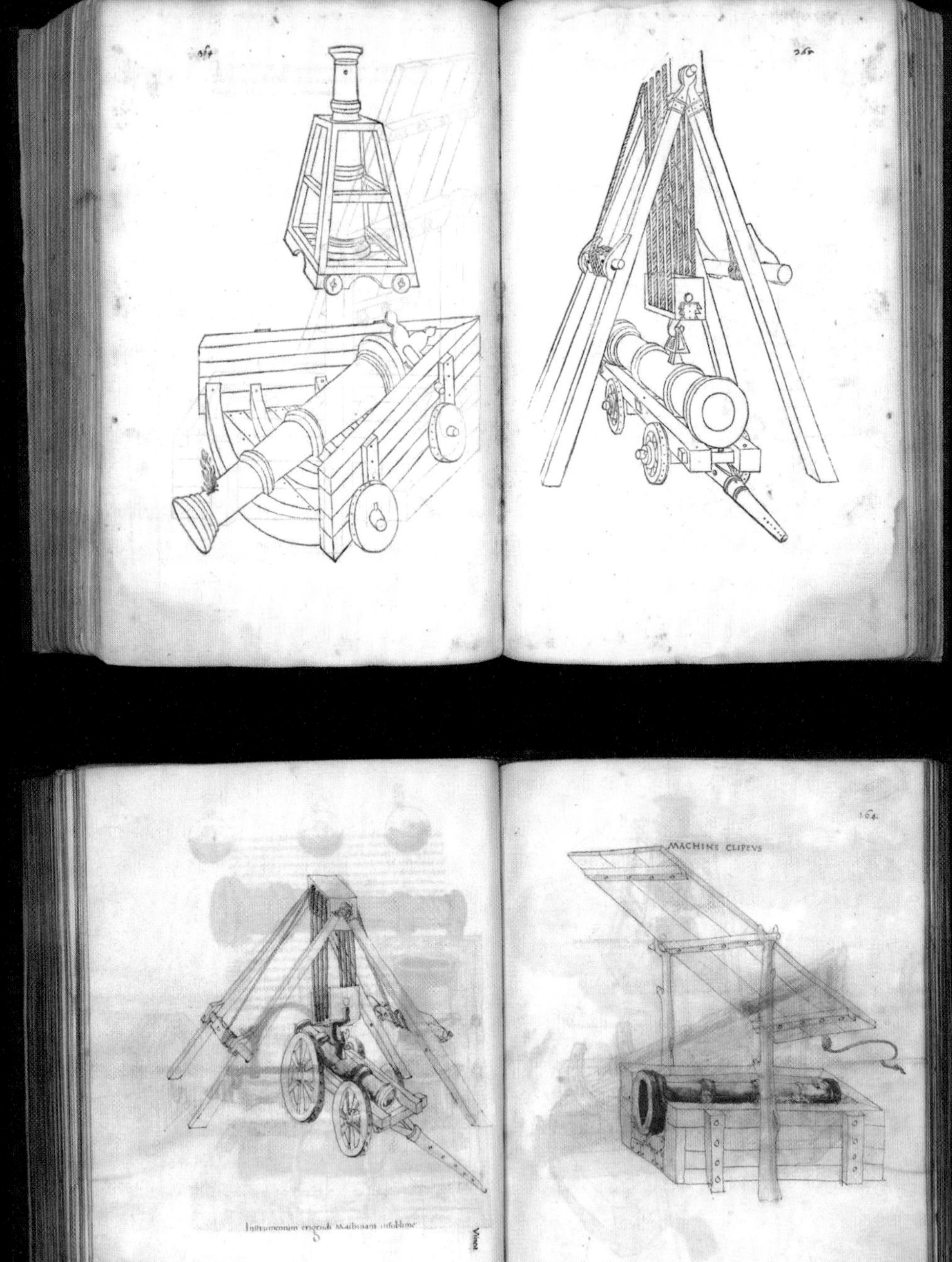

로베르토 발투리오의 군사 장치서(1455년)

HALAE turres sunt ligneæ: quæ apud ueteres propter spectatores e lignis erigebantur q si ex materie larigna fiant: atq; uel ilēs tutissimæ sunt: flammã enim missilem & ictus qualitate materie ac uertigine sua non admittunt. Turres sunt a teretis dictæ: teste uarrone: uel ut aliq teretes sint: & recte hēt enim tam & si quãdoq; quadratæ sint procul tamē uidentibus rotundæ existimant: ideo quia eius cuiusq; anguli simulachrum per longum aeris spacium euanescit atq; consumitur & rotũdum uidetur. Rotundæ itaq; aut poligonæ sũt faciendæ: quadratas enim machinæ celeriter dissipant: in rotundatibusq; ad centrum adigendo lædere non possunt.

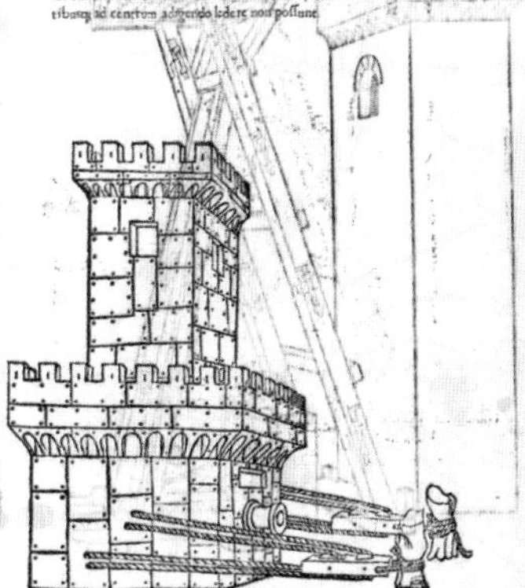

• 암소를 이용한 공성용 교각(CA 1084) •

23장
숨어 있는 암소

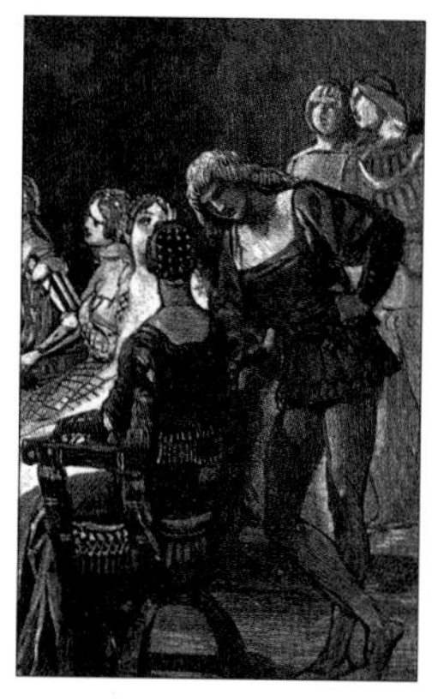

이 그림에는 적의 성을 넘기 위해 필요한 바퀴가 달린 탑이 그려져 있다. 바퀴가 달린 기본 구조 위에, 성에 들어가기 위해 지나가는 동안 군사들을 보호해줄, 삼각형 지붕이 달린 다리가 있다.

레오나르도는 그 당시의 다른 서적들에서 가져온 이 장치를 연구하고 카피하여, 밀라노의 군주에게 보여주려고 작은 세부사항들을 발전시키고 더 멋지게 그렸다. 그는 또한 아주 흥미롭고 비밀스러운 세부사항을 그렸는데, 바퀴가 달린 기본 구조를 자세히 보면 내부의 구조가 보이는 틈이 있다. 돌면서 위 교각의 팔에 묶여 있는 줄을 잡아당기는 나무로 된 축이 하나 있다. 이 방식으로 이 교각을 올리고 내릴 수 있게 하였다. 바퀴 옆에는 암소가 한 마리 있다.

공성용 탑에 왜 암소가 필요한 것일까? 500년 전에는 오늘날의 전차에 장착된 모터가 존재하지 않았기 때문에, 이 큰 탑을 옮기기 위한 동력을 얻기 위해서는 동물의 힘을 사용해야만 했다. 밭에서 쟁기를 끌기 위해서 소가 사용되었던 것처럼, 여기에도 적의 성 가까이로 탑을 옮기기 위해서 내부에 소를 두었다. 레오나르도는 이 장치를 작동시키기 위해 필요한 "모터"와 작동방법을 그린 것이다. 이렇게 하면 그림만 보고도 이해할 수 있기 때문에 특별한 설명을 적지 않아도 된다!

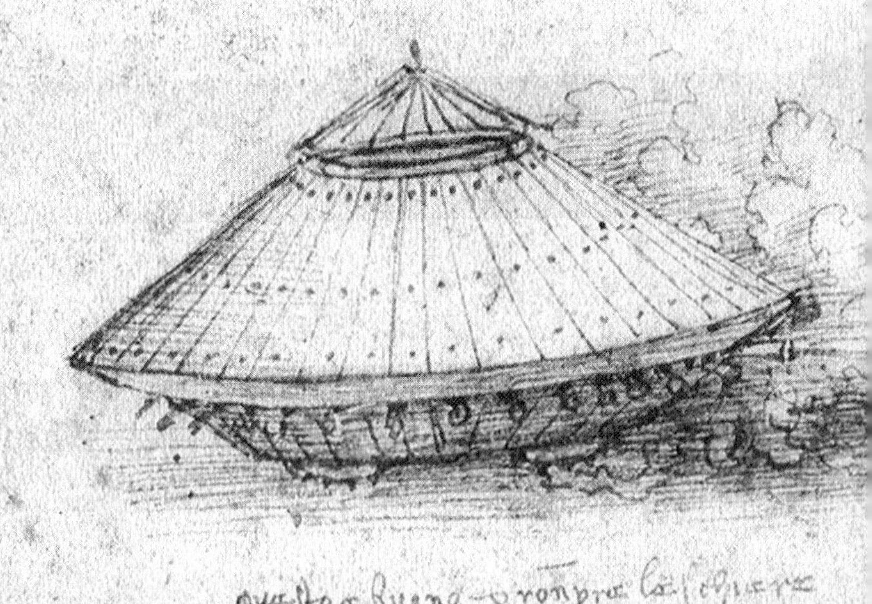

• 낫이 달린 전차와 무장한 전차(CV 78)

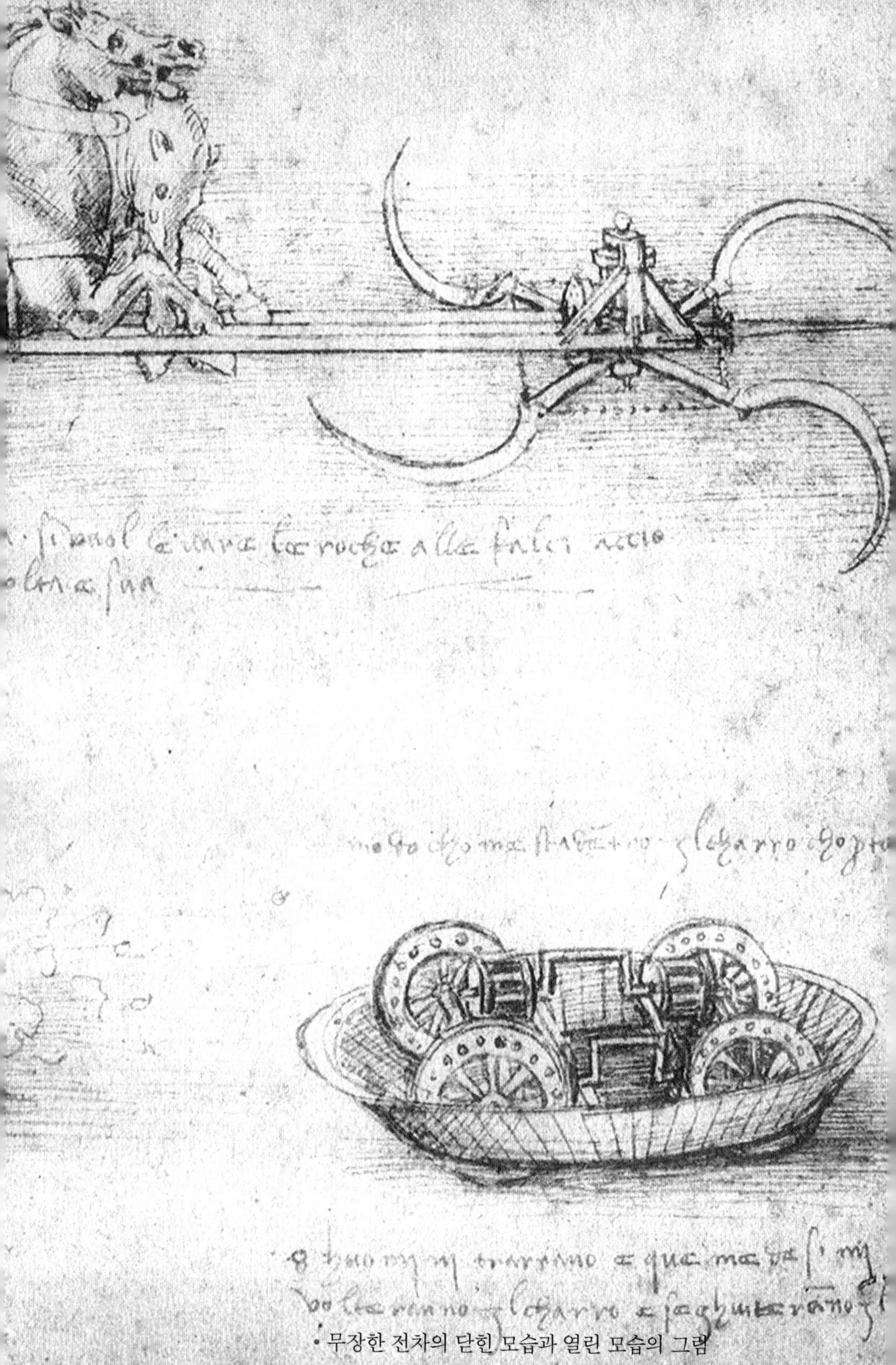

• 무장한 전차의 닫힌 모습과 열린 모습의 그림

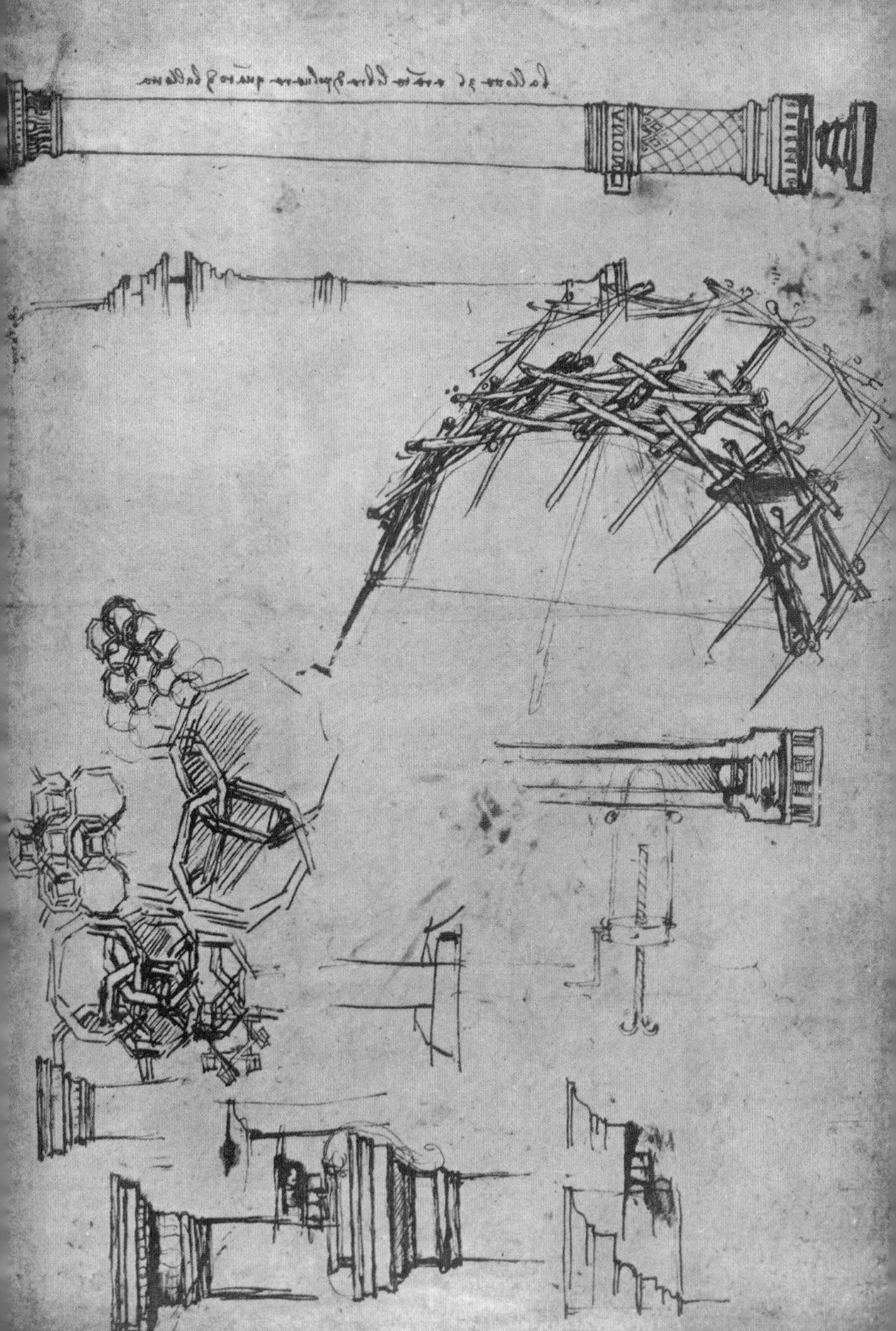

24장

대포를 멋지게 꾸미기

1 Ho modi di ponti leggerissimi e forti & atti ad portare facilissimamente

이 코덱스에는 많은 그림들이 그려져 있다. 위에는 화약과 포환들을 채울 수 있도록 나사처럼 생긴 뚜껑이 달려 끝을 열 수 있는 대포 그림이 보인다. 중앙에는 다리 모양으로 생긴 서로 얽혀 있는 나무막대들이 있다. 이것 역시 군사용 교각으로, 통나무를 이용해서 빠르게 다리를 만들어 강을 건널 수 있도록 한 아이디어다. 통나무들을 이런 방식으로 엮으면, 다리는 스스로 버틸 수 있으며, 끈으로 엮는 등의 다른 작업 없이도 매우 견고하게 만들 수 있다. 하지만 이 아이디어는 고대 중국의 것으로, 레오나르도보다 500년 앞선 것이며, 그는 자신의 군사 프로젝트를 풍성하게 하기 위해 이 아이디어를 사용하였다. 아래에는 대포들을 장식하기 위한 기하학적 모양의 링 같은 다른 그림들도 있고, 다양한 모양의 대포의 포구를 그린 그림들도 있다. 중앙의 오른쪽에 작게 그린 그림은 대포의 한 부분으로, 단면이 보이는데, 이 그림으로 포환을 어떻게 넣는지, 뚜껑을 어떻게 닫는지 알 수 있다.

이처럼 이 페이지는 예술적 장식이 있는 대포의 설계도와 기술적인 부분, 그리고 쌓아서 만드는 군용 교각을 소개하고 있다. 하나의 설계도를 그리면서 더 돋보이게 해줄 장식들을 그려 넣기도 하고, 어떻게 작동하는지를 명확히 보여주는 기술적인 디테일도 담고 있는 것이다.

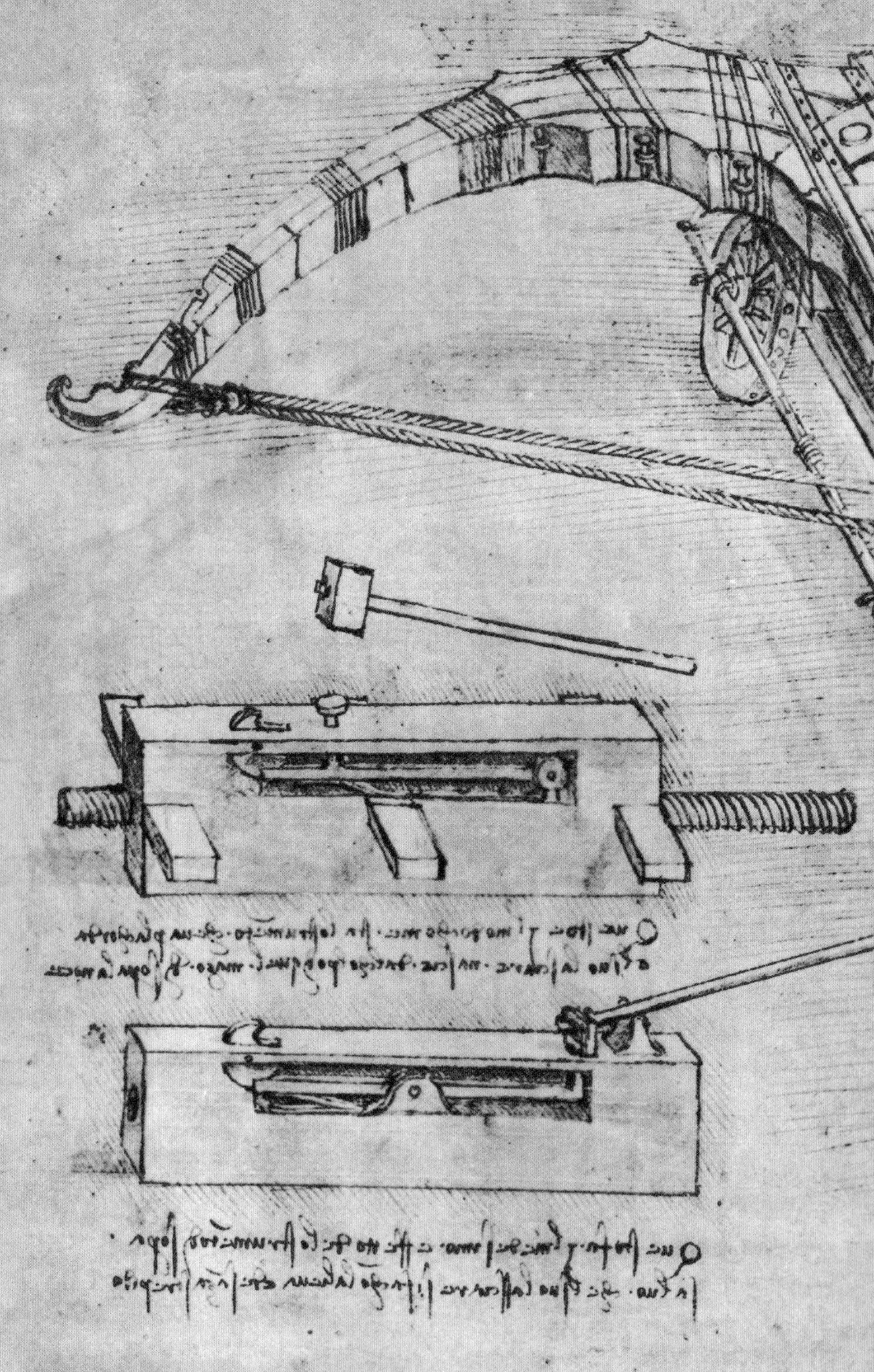

• 6개의 바퀴가 달린 초대형 석궁(CA 149b)

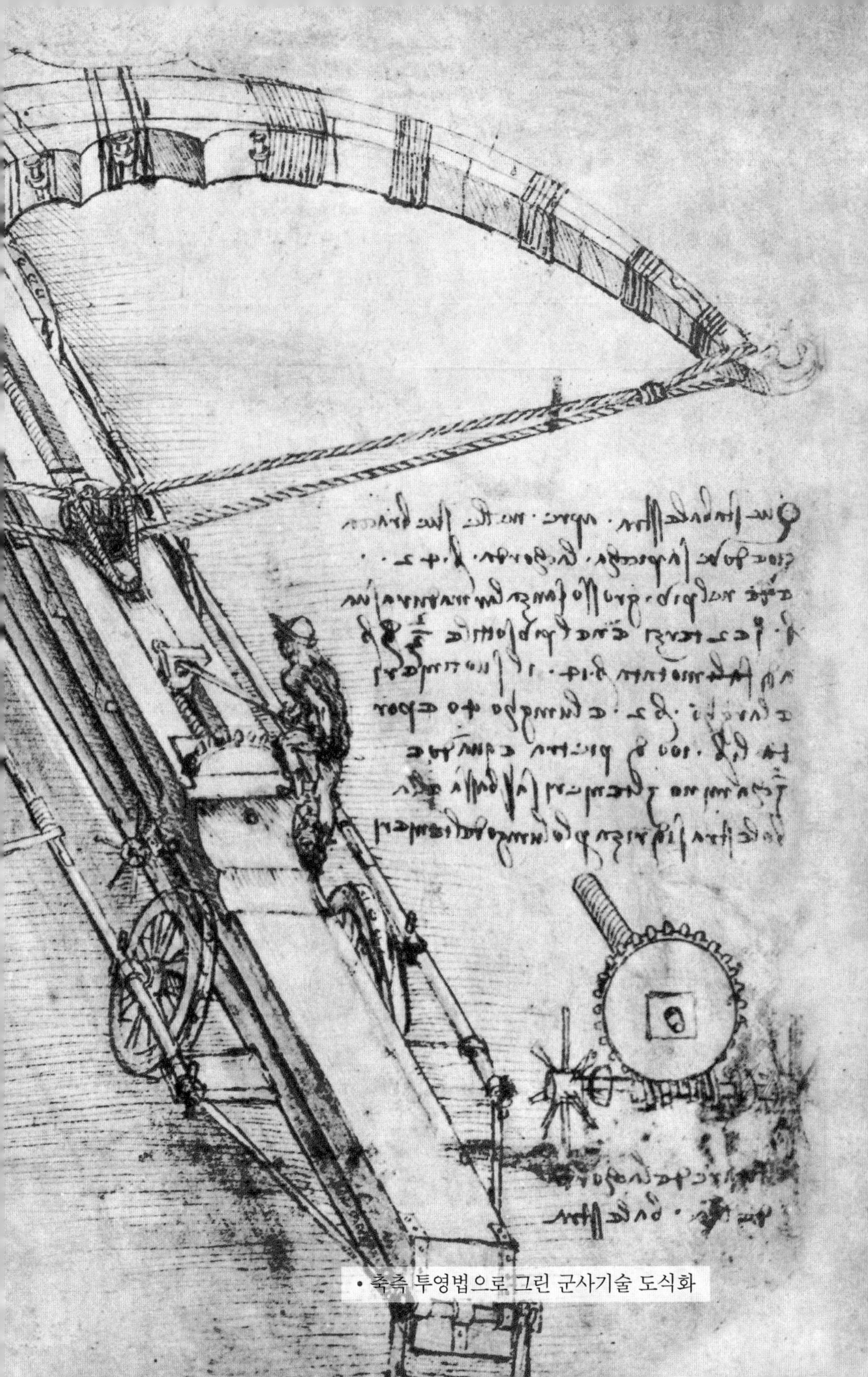

• 축측 투영법으로 그린 군사기술 도식화

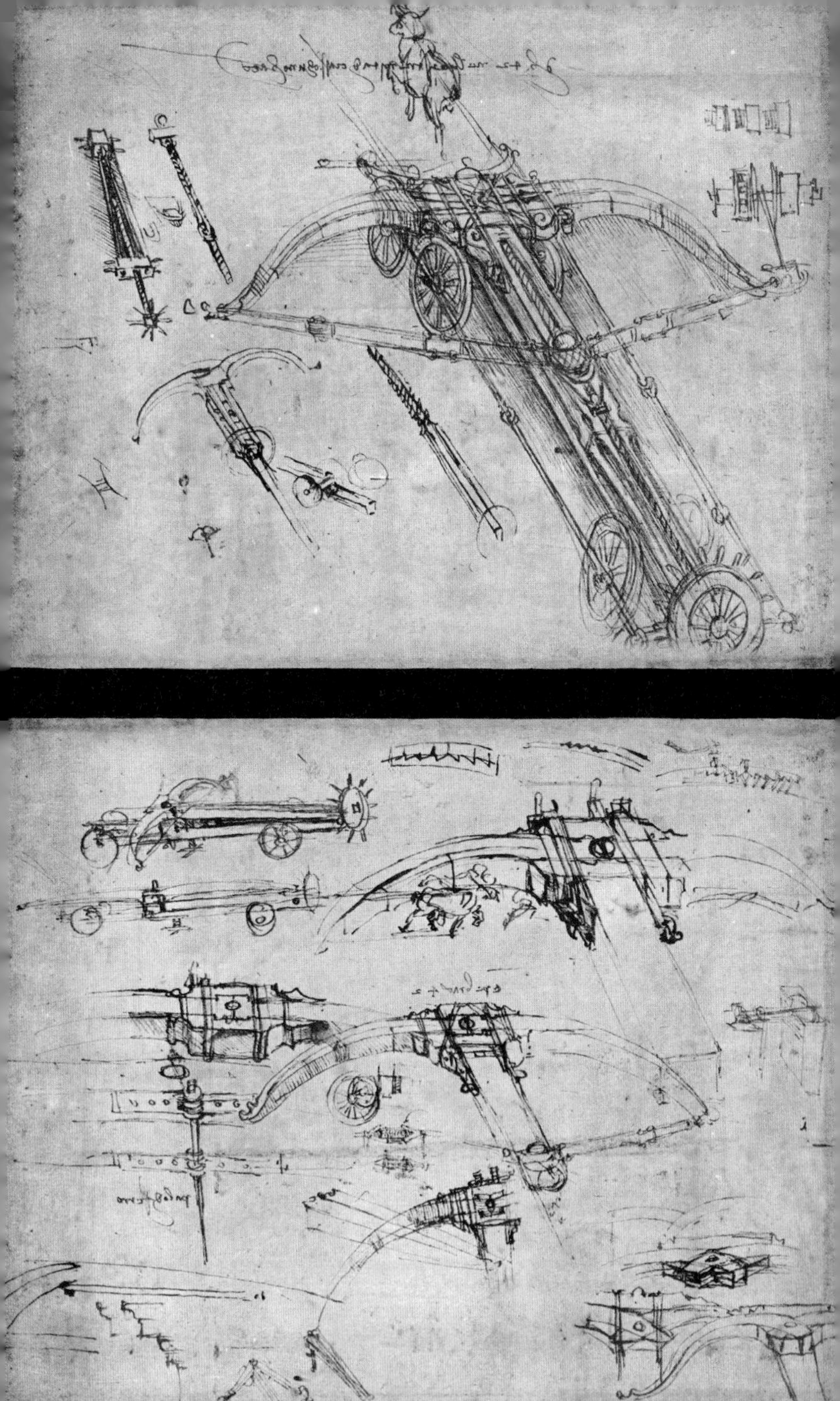

25장
한 걸음씩

레오나르도는 중세시대의 초대형 장치들에서 영감을 얻었다. 아이디어는 매우 단순하지만, 대포, 활, 석궁이나 다양한 무기들을 아주 크게 만드는 것이다. 하지만 공교롭게도 크게 만들어진 것들이 무조건 작동하는 것은 아니며, 클수록 문제도 더 많고 만드는 것 자체도 거의 불가능하다. 이 그림의 예를 보면, 레오나르도는 초대형 석궁을 어떻게 만들 수 있을지 고민했다. 석궁은 활 같은 것인데, 중앙에 틀이 있어, 그 위에 올려진 활을 총처럼 쏘도록 설계되어 있다. 석궁은 활보다 훨씬 강하고 위험하다. 레오나르도는 바퀴가 6개 달린 석궁의 설계도를 멋지게 그렸는데, 밧줄을 잡고 있는 방아쇠를 큰 망치로 쳐야 하는 발사 장치 시스템의 세부사항들과 작동방식을 상세하게 적어 놓았다.

가장 흥미로운 것은 이렇게 멋지고 무시무시한 설계도와 그림을 어떻게 그렸는가 하는 것이다. 그 누구도 레오나르도가 그린 것 같은 이런 설계도를 뚝딱 그려낼 수 있는 사람은 없을 것이며, 레오나르도 자신도 마찬가지이다. 그가 연구를 위해 그린 초기의 그림들과, 문제점들을 연구한 일부 페이지들을 살펴보면 매우 흥미롭다. 여기에는 20개가 넘는 세부사항들을 그린 그림들이 있다. 위쪽에는 암소도 한 마리 있는데, 초대형 석궁을 당기기 위한 것이다.

처음에는 장전용 대형 나사를 돌리기 위해, 배에 달린 핸들처럼, 뒷면에 큰 바퀴를 달도록 설계했으나, 후에 레오나르도는 생각을 바꿔서 그림 속의 최종 설계도가 나올 때까지 세부사항들의 완성도를 높여 나갔다.

아이디어를 바꿔가며 하나씩 하나씩…… 이것이 바로 비밀이다!

• 자동으로 돌아가는 석궁(CA 1070)

• 프레젠테이션 용 설계도

26장
거대할수록 좋은가?

Se ī la obsidione di una terra togliē uia laqua de fossi

레오나르도는 밀라노에서 전쟁 무기들을 연구했다. 그것은 군주에게 새로운 설계도들을 팔기 위해서이기도 했지만, 개인적인 흥미 때문이기도 했다.

수천 장의 코덱스 페이지들에서 무기들을 볼 수 있는데, 레오나르도는 전장에서 실제로 작동하는지에 대한 여부보다는 장치 자체와 장치의 외관에 더 많은 관심을 가졌다. 어떤 멋진 그림에는 계단이 달린 대형 바퀴가 보이고, 그 위를 걸어 오르며 바퀴를 밀어 돌리는 것을 볼 수 있다. 왼쪽에는 방패가 있어 그들을 보호하고 있으며, 장치가 돌아가면서 4개의 대형 석궁을 한 번에 하나씩 쏘도록 설계되어 있다. 매번 4분의 1바퀴가 돌 때마다 각 석궁들은 왼쪽에 있는 방패 밑에 자리를 잡게 되고, 왼쪽을 향해서 활을 쏘는 것이다. 바퀴의 중앙에는 모자를 쓴 석궁사가 앉아 있는데, 보고 있다가 필요할 때마다 석궁을 쏘는 것이다. 모든 석궁들은 중앙축에 감겨 있는 4개의 줄들 때문에 자동으로 활이 장전된다.

늘 그렇듯이, 레오나르도는 심혈을 기울인 최종 완성본을 그리기 전에, 장치를 연구하며 수많은 설계도들을 그리고, 문제점들을 해결하기 위해 많은 스케치를 한다. 예를 들어 앞장에 보면, 더 많은 사람이 올라타 있는 동일한 장치를 볼 수 있는데, 실제로 레오나르도는 이 장치를 돌리기 위해서는 20명의 사람들이 필요하다고 예상했다. 하지만 이 장치가 제대로 작동하기에는 큰 문제점들을 가지고 있으며, 실용적이라기보다는 보기에 좋은 환상의 장치라고 할 수 있다. 이처럼 레오나르도는 최선을 다해 가능한 모든 연구를 시도한 것이다.

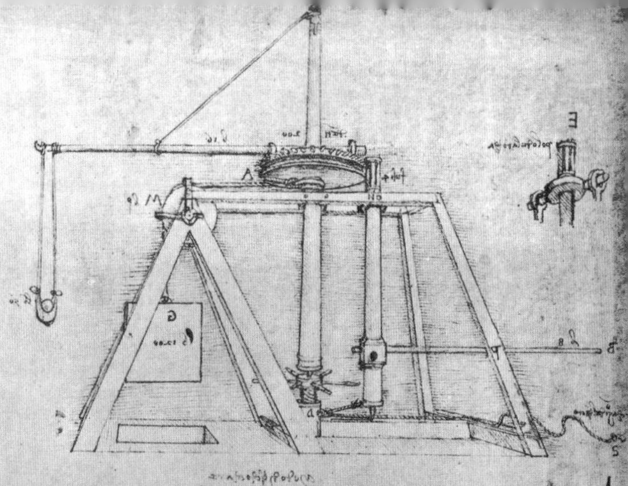

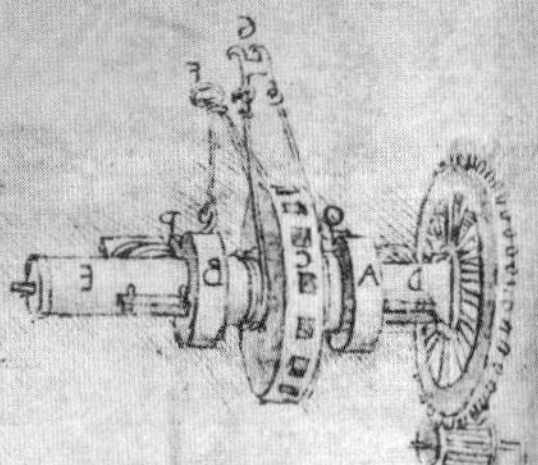

27장

아이디어의 진화

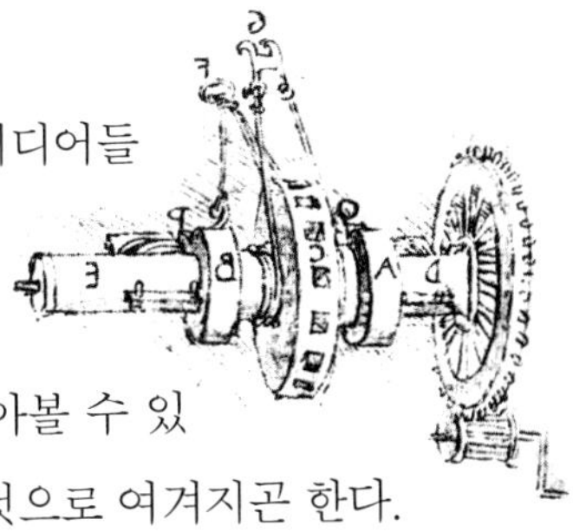

레오나르도는 이미 존재했던 장치들과 아이디어들을 모방하고 연구하는 것에 만족하지 않았다. 실제로 그 시대에 쓰여진 다른 수기노트들을 보면, 그가 모방한 아이디어들을 찾아볼 수 있는데, 그것들은 자주 레오나르도가 발명한 것으로 여겨지곤 한다. 르네상스 시대에는 아이디어들이 자유롭게 통용되었으며, 모든 예술가들과 공학자들은 좋은 아이디어를 발견하면 서로 모방하곤 했기 때문에 다양한 작가들이 그린 수십 개의 동일한 도식화들이 존재한다.

레오나르도는 그보다 앞선 연구자들의 장치들을 모방한 후에, 더 깊이 고민하여 연구 발전시키고자 했다. 단순히 도식화를 그리는 것에 만족하지 않고, 가끔은 지나치게 비현실적으로 보이는 것들도 있긴 해도, 모방한 장치들을 실제로 작동시키기는 방법을 알아내려 노력했다. 석궁들이 달린 큰 바퀴의 예를 보면, 그가 네 개의 대형 석궁들을 돌리기 위해 무게와 역학을 공부한 것을 알 수 있다. 그리고 도식화들을 그리고 난 후에도, 계속해서 연구를 이어갔다. 역학과 기계장치의 능력에 매료된 그는, 그것이 군사용이든 다른 무엇이든 개의치 않고 아이디어들을 진화시키고 장치들을 작동시키기 위해 부속품들을 발전시켜 나갔다. 예를 들어 이 도식화에서는, 만약 이 4개의 석궁을 장착한 장치가 제대로 작동하면, 석궁들을 많이 장착할수록 더 잘 작동할 것이라고 생각했다. 그래서 16개의 석궁이 달린 장치와 석궁을 회전시키고 자동으로 활이 장착되도록 하는 중앙 바퀴의 시스템을 연구하였다. 이와 같이 어떤 한 가지 계획을 실행할 때, 추후에도 계속 발전 진화시킬 수 있다는 점을 놓치지 말아야 한다.

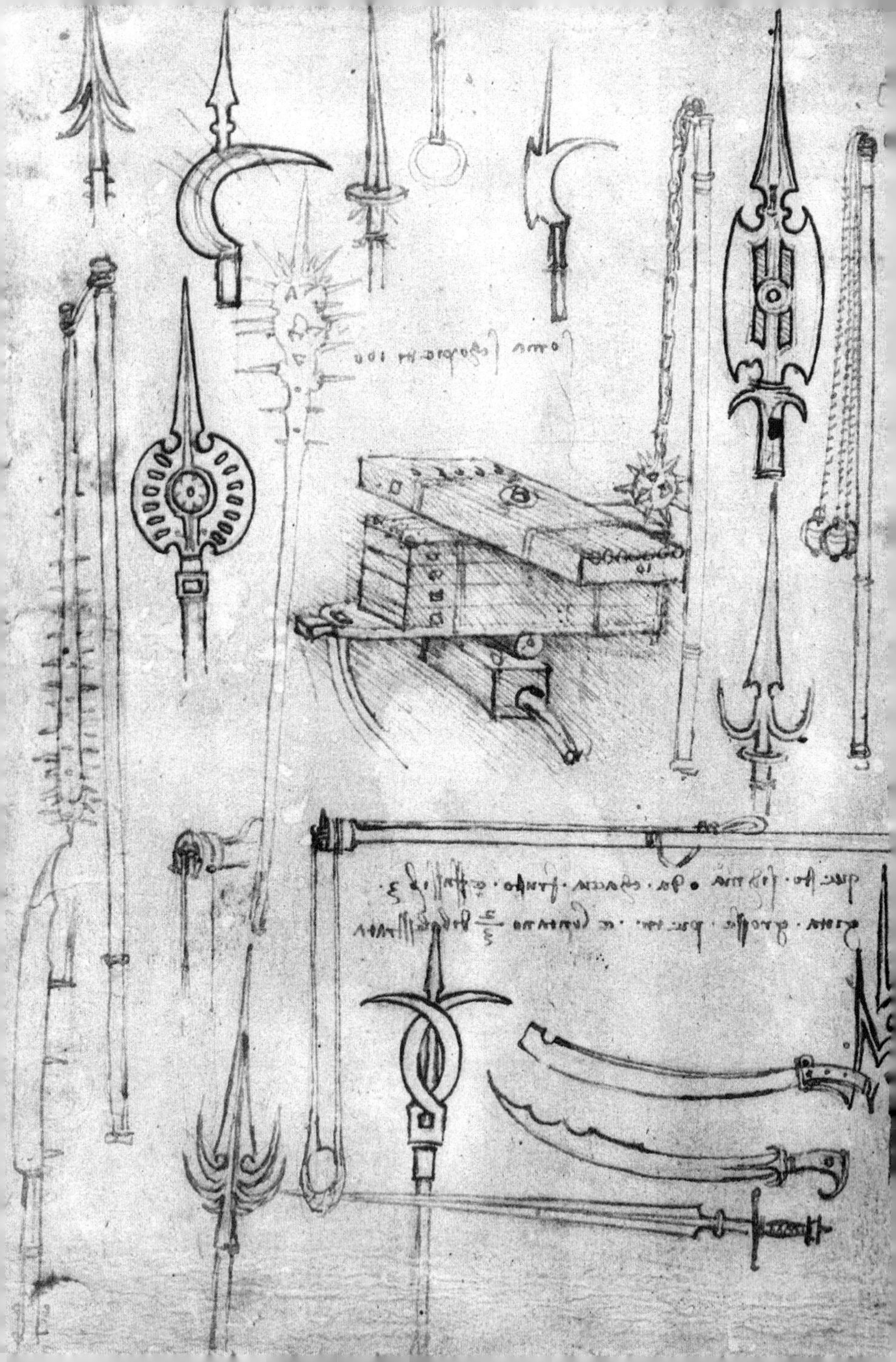

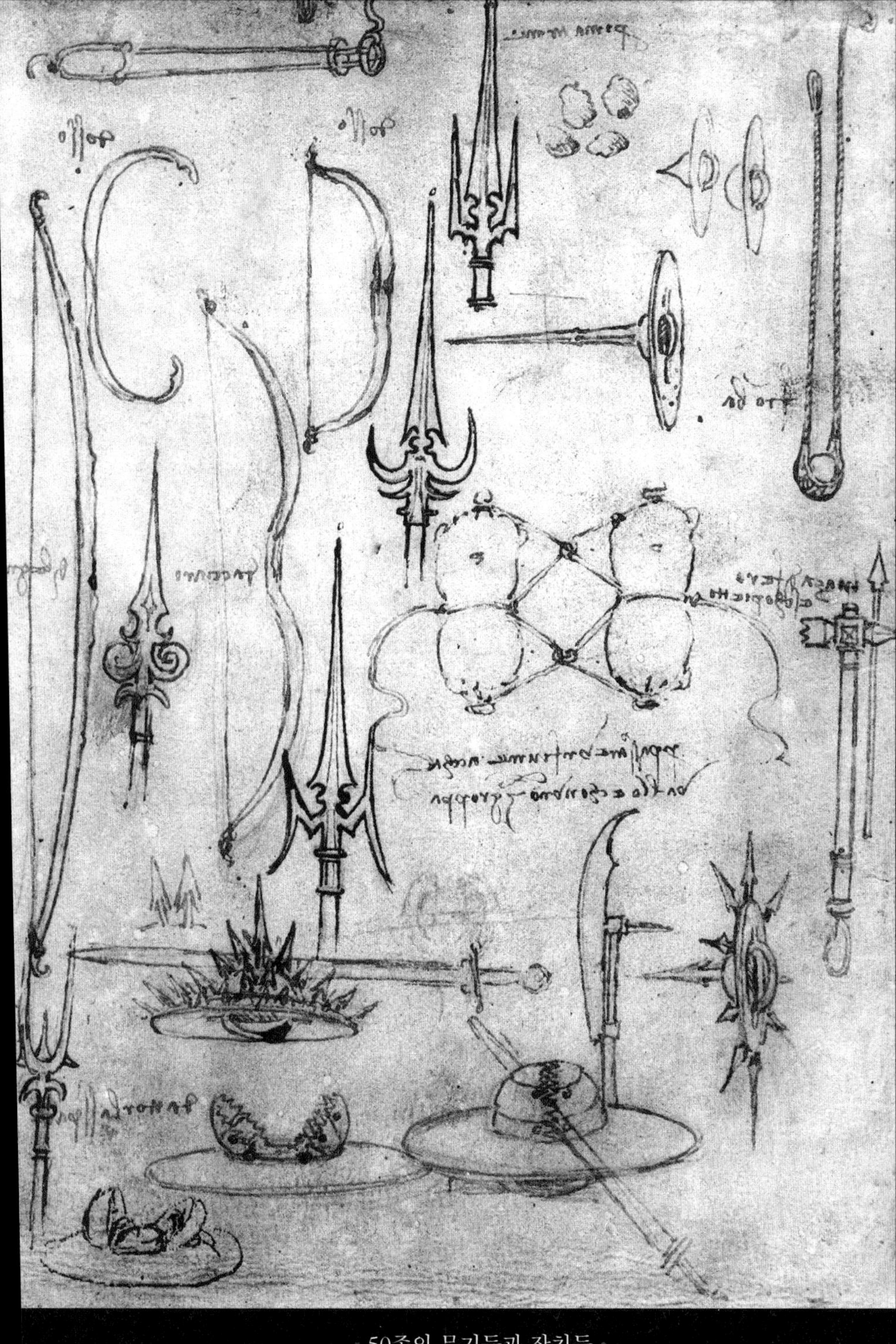

• 50종의 무기들과 장치들 •

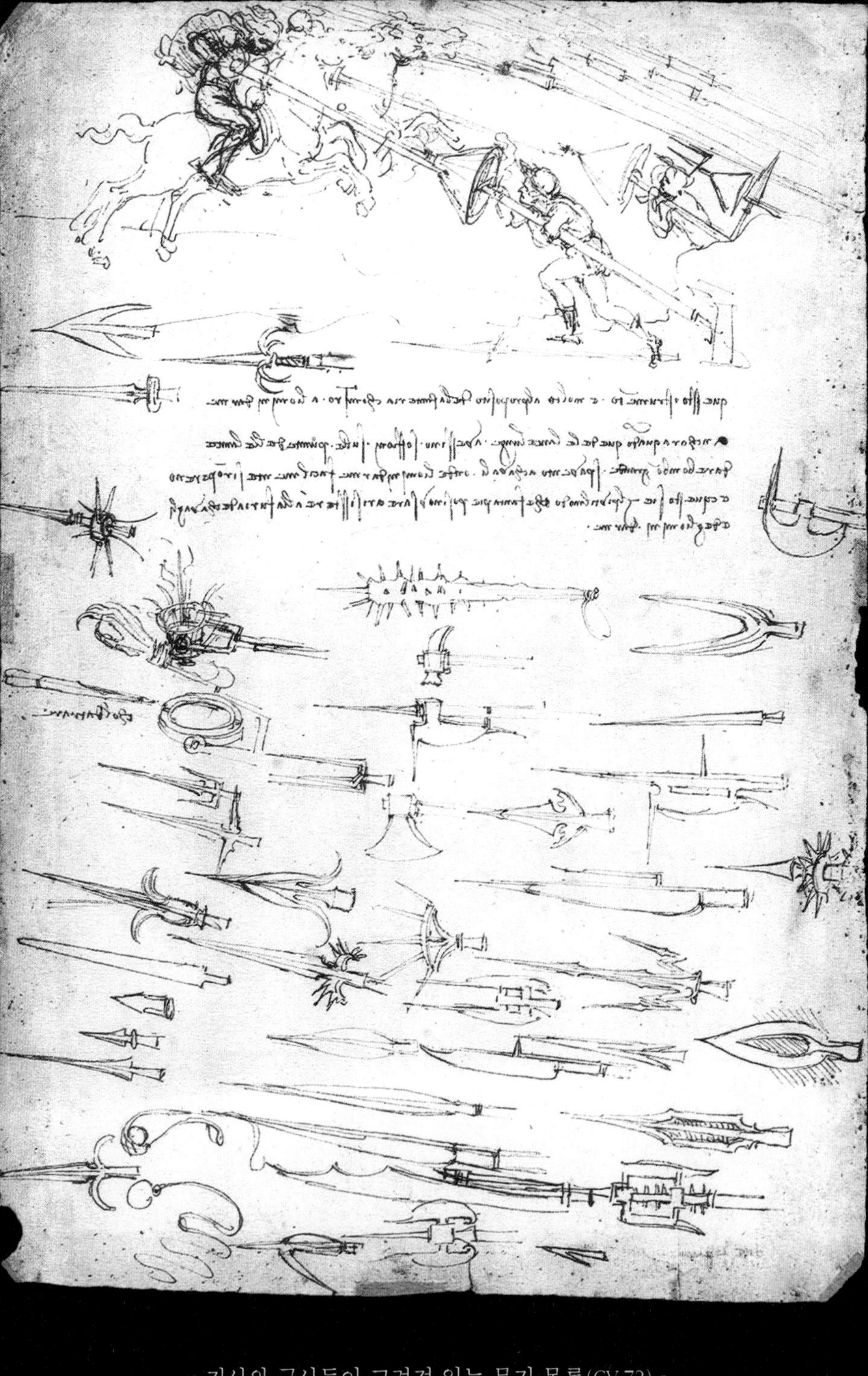

• 기사와 군사들이 그려져 있는 무기 목록(CV 72) •

28장
목록 만들기와 발명하기

레오나르도는 전쟁무기들에도 열정을 가졌으며, 무기의 예술적인 외관에도 관심이 많았다. 예전의 전쟁은 오늘날의 전쟁과는 다르다는 것을 기억할 필요가 있다. 군사들은 종종 전투를 하지 않는 것을 선호했으며, 군주들은 정치적인 책략에 더 몰두하여 실제적인 충돌 없이 적들에게 두려움을 줄 수 있는 가능성을 모색하는 데 힘을 쏟았다. 이것이, 대부분 실제로는 사용되지 않고도 적들에게 공포를 심어줄 수 있는, 초현실적인 무기들을 만들어 낼 수 있었던 레오나르도가 밀라노의 군주에게 유용한 존재였던 이유이다. 레오나르도는 이렇게, 당시에 존재했던 모든 무기들을 연구했으며, 다른 책들을 읽고 공부하여, 수많은 코덱스 페이지에 수천 개의 무기 그림들이 있는 목록을 남겼다. 또한 기발하고 위협적인 모양의 새로운 창들을 발명하고 그렸다. 창들의 모양은 자연에서 영감을 얻었는데, 기괴하고 복잡한 모양들로, 아마도 실제로는 사용이 용이하지 않았을 무기들이 대부분이었다. 아군의 머리를 공격하는 적군의 칼을 옭아 둘 이빨이 달린 모자 같은 흥미로운 아이디어들도 있다. 그림을 하나하나 잘 살펴보면 호랑이의 날카로운 발톱에서 영감을 얻은 흥미로운 무기가 있는데, 이것은 오늘날의 영화 속 울버린 같은 공상적인 캐릭터를 연상시킨다. 레오나르도는 이것을 이미 500년 전에 생각했던 것이다.

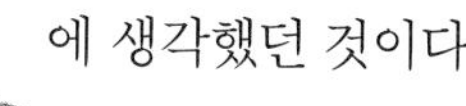

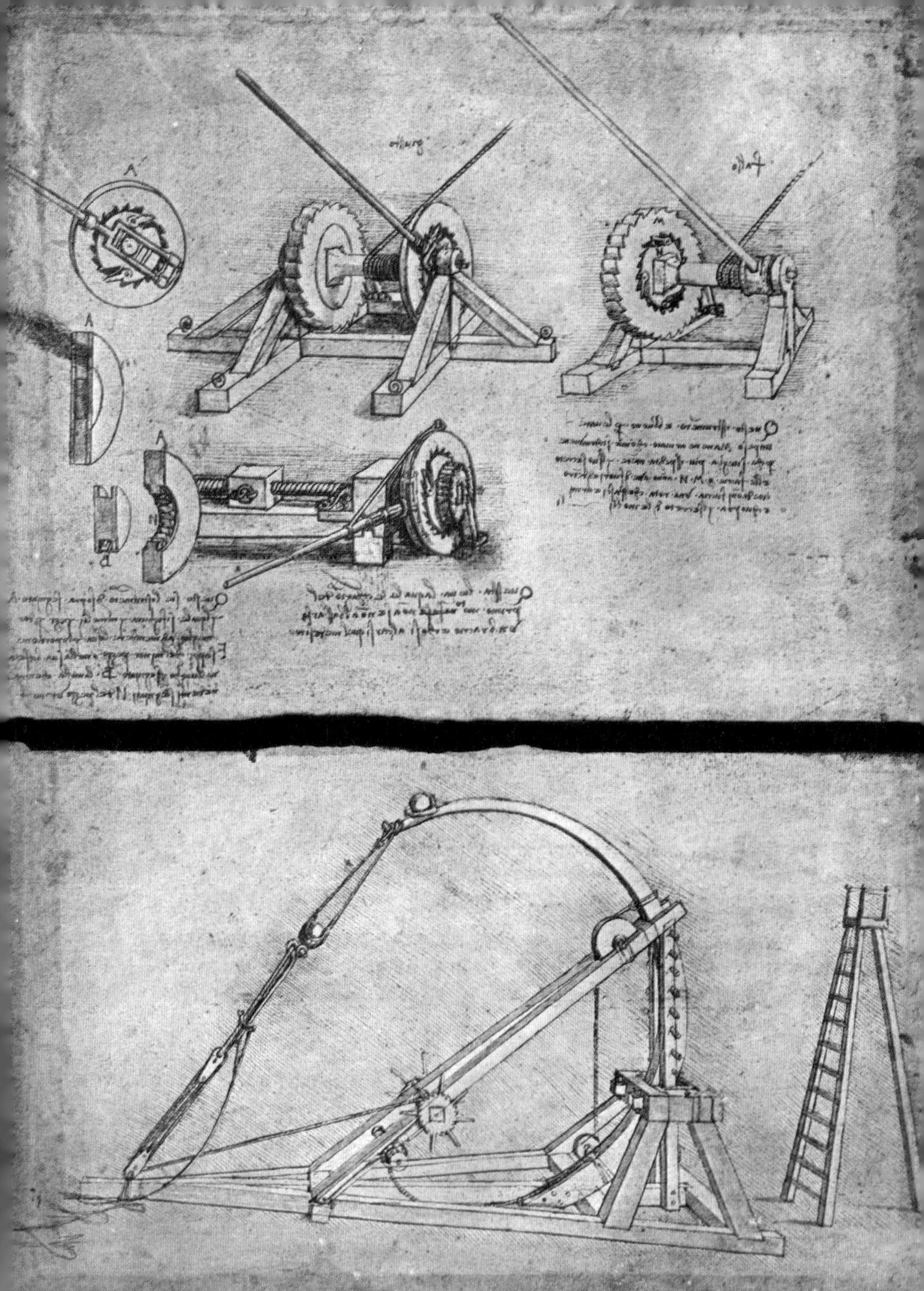

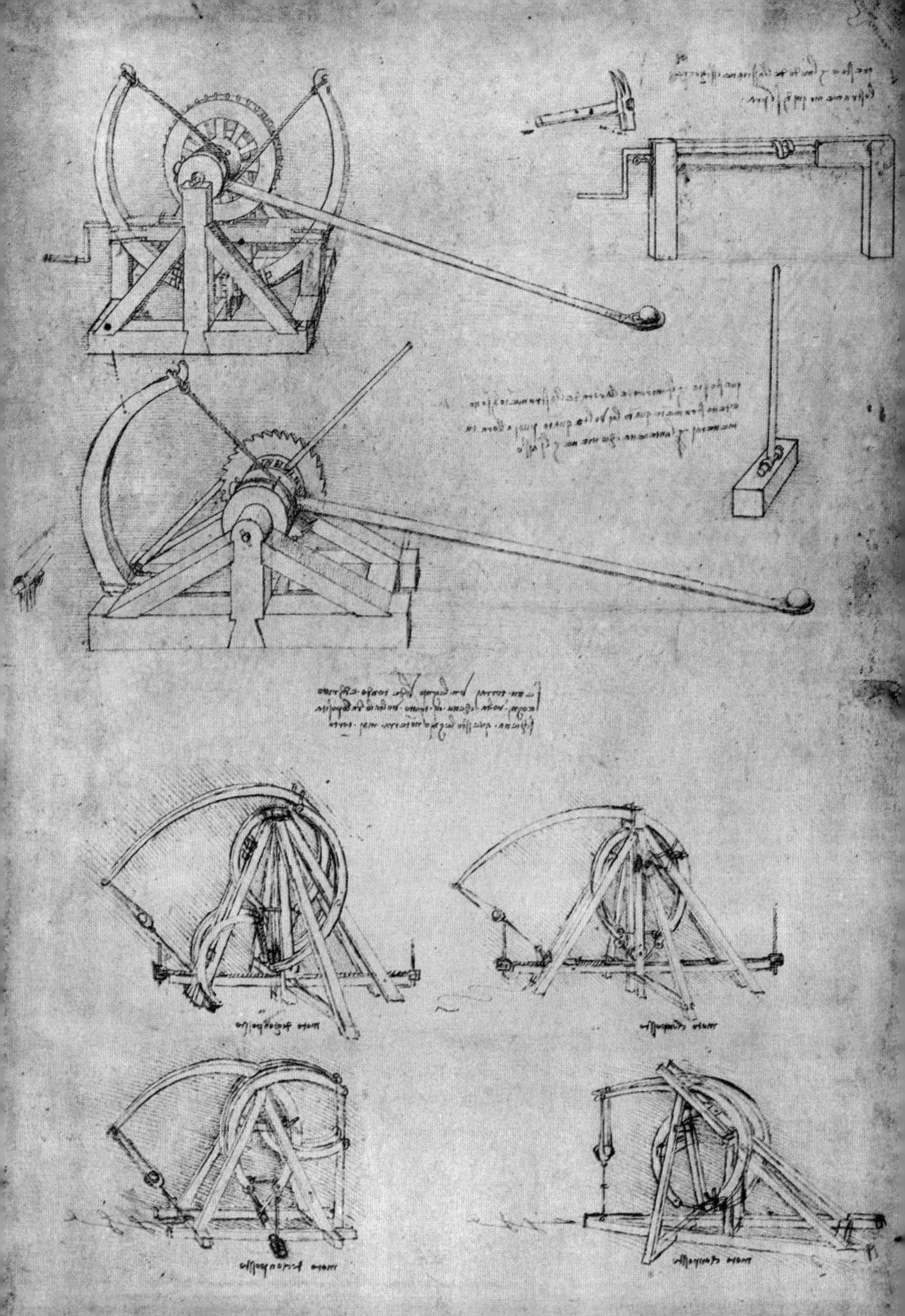

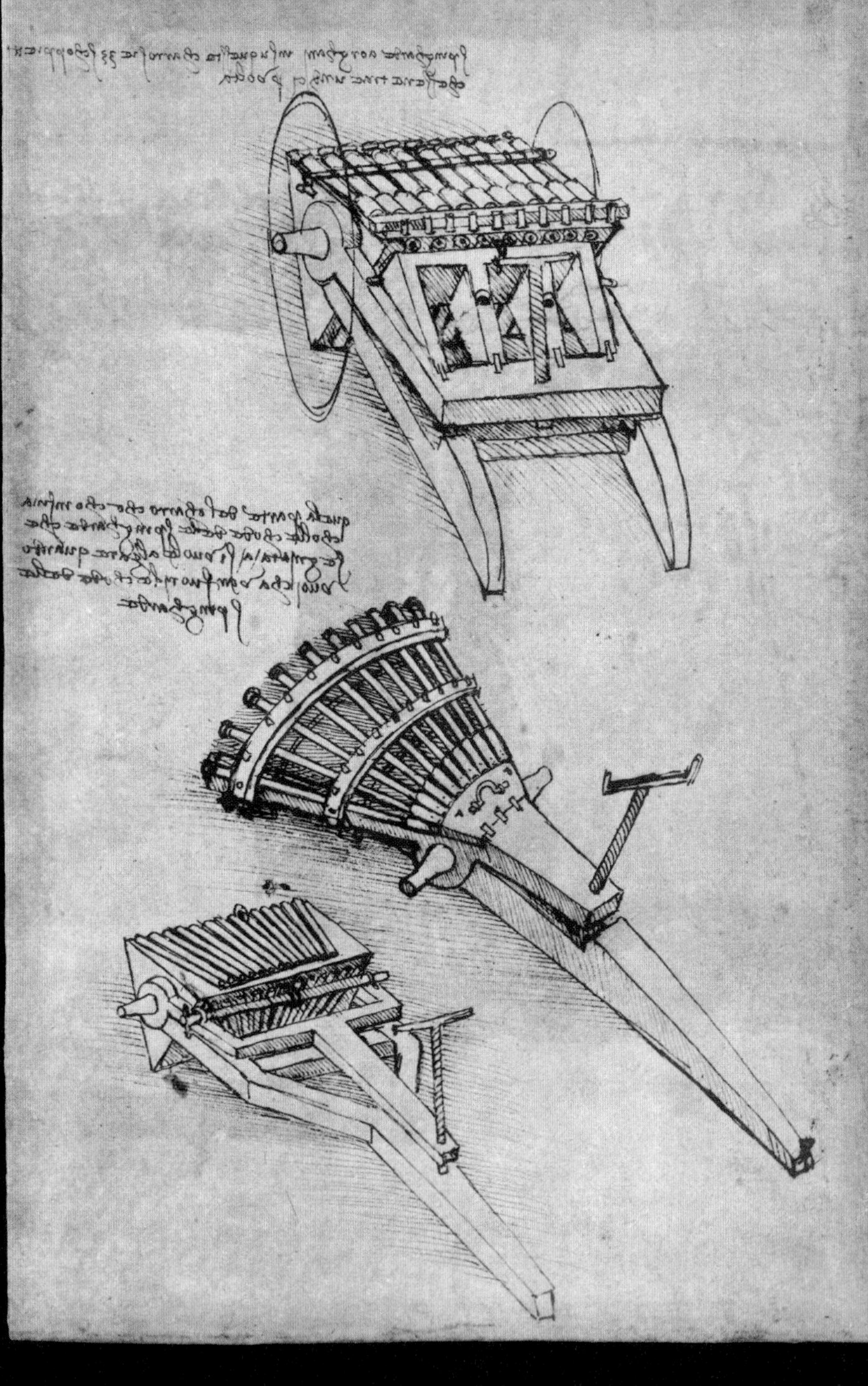

• 기관총(CA 157) •

29장
기관총과 바퀴 없는 수레

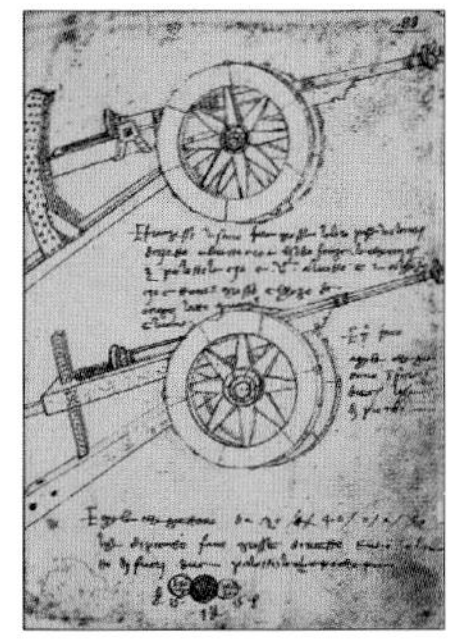

르네상스 시대에는 이미 대포를 장착한 군사용 수레들의 도식화가 존재했으며, 레오나르도 역시 그것들을 연구하여 밀라노의 군주에게 제안했다. 하지만 그의 코덱스에서는 그가 계속해서 이 장치들을 연구한 흔적이 보이며, 새로운 기관총이 달린 수레들을 그린 멋진 도식화들도 찾아볼 수 있다. 이 아이디어는 이미 보편화된 것이었지만 레오나르도는 이 장치의 역학을 발전시키기 위해 노력하였다.

이 그림에는 상단과 하단에 세 줄로 놓여 있는 두 개의 기관총이 그려져 있다. 이 천재적인 아이디어는, 위에 있는 대포들을 한 번 쏘고 나면 수레를 돌려서 이미 장전된 새로운 대포들을 바로 사용할 수 있도록 하였으며, 그 사이에 이미 사용한 대포들을 청소하고 장전할 수 있도록 하였다. 그림 속에는 호기심을 자극하는 것이 있는데, 바로 수레에 바퀴가 없다는 점이다. 위에 있는 그림에는 단지 두 개의 원이 그려져 있고, 아래의 그림들에는 그마저도 없다. 레오나르도가 바퀴 그리는 것을 잊은 것일까? 다른 비슷한 도식화들을 살펴보면, 그가 분명히 그것들을 연구한 것을 알 수 있다. 또한 그가 태어난 즈음인 1455년에 사망한 로렌초 기베르티의 도식화에는 수레들에 바퀴가 달려 있다. 레오나르도는 도식화에 항상 모든 것을 다 그려야 할 필요는 없다고 생각했던 것이다. 중요한 것은 혁신적인 아이디어와 새로운 장치들의 개발이다. 그래서 그는 이 도식화들에서 반드시 그릴 필요가 없었던 바퀴를 그리지 않은 것이고, 이 장치의 역학을 봤을 때 바퀴가 달려야 하는 것은 당연하기 때문에 생략한 것이다. 형식에 얽매어 시간과 힘을 낭비할 필요가 없다.

· 파쇄성 폭탄(CA 33)

• 불 붙여 폭발시키는 공들(MB 4r) •

30장
자연에서 영감 얻기

레오나르도는 자신의 스승들이 쓴 수기노트들과 그 역사를 공부하였는데, 그 이유는 공부를 하면 할수록 더 많은 것들을 알아낼 수 있다는 사실을 알았기 때문이다. 더 많은 것들을 알게 되면, 더 많은 것들을 이해할 수 있게 되고, 더 많은 것들을 발명할 수 있게 된다. 중세의 무기들을 연구한 수기노트들에서, 그는 불이 붙은 큰 폭탄을 발사하는 그림들을 보았다. 이 무기들은 공상적인 것들로, 실제로 살상을 위한 것이라기보다 적을 겁주기 위한 것이었다.

레오나르도는 연구정신 외에도 천재로 인정받을 만한 다른 비밀이 있었는데, 그것은 '자연을 관찰하면 원하는 모든 답변을 얻어낼 수 있다'는 것을 알았다는 점이다. 자연을 통해서 수많은 것을 배울 수 있으며, 많은 것들을 발명할 수 있다. 예를 들어, 단풍나무 씨의 껍질이나 호두를 싸고 있는 껍질을 관찰하여, 이 나무들의 씨처럼 작동하는 무기들을 구상하는 데 영감을 얻을 수 있었다. 이 껍질에 싸인 씨들은 바닥에 떨어지면 껍질이 열리면서 씨들이 땅으로 흩뿌려진다. 레오나르도는 이와 같은 방식의 폭발하는 큰 공들을 구상했으며, 이 공들은 발사되면 열리면서 불 붙은 "씨"들을 사방으로 날려보낸다. 그는 내부에 화약이 감추어진 날아가는 발파공의 도식화를 그렸으며, 존재하는 가장 악랄한 무기를 만들기 위해서 고대 그리스식 화염의 혼합방식을 연구하였다. 적의 머리 위로 발사된 공은 터지면서 그리스식 화염을 사방에 쏟아낸다.

"자연은 지식의 스승이다!"

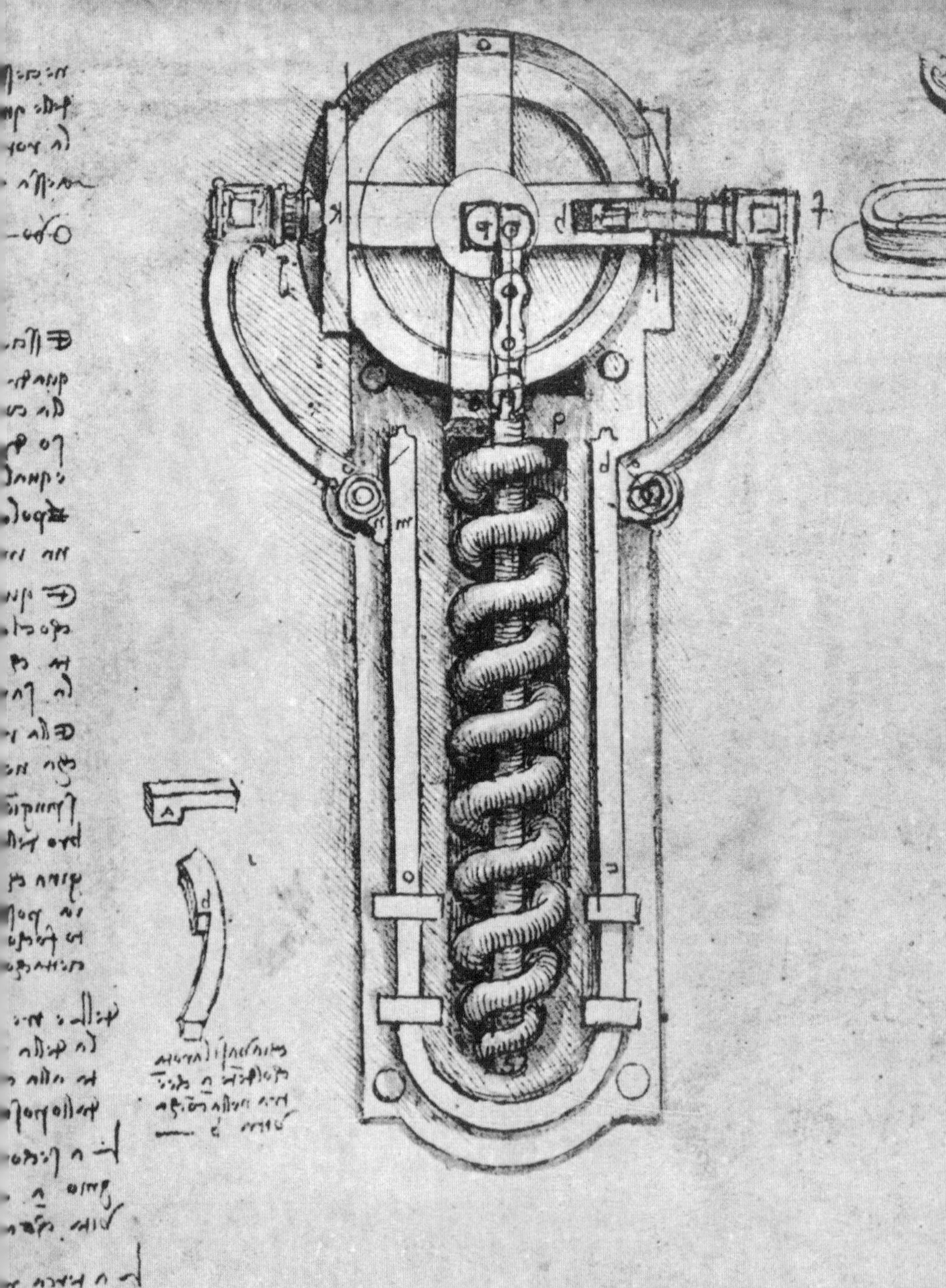

• 도화선 점화를 위한 태엽 장치(CA 158) •

31장

곡선의 아름다움

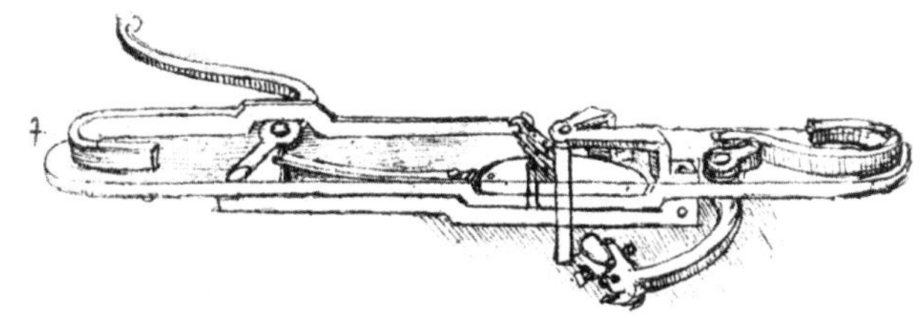

이 그림을 자세히 살펴보면, 곡선의 아름다움에 매료되고 만다. 한 부속 장치의 내부에 나선 하나가 보이는데, 그림만 보고서 이것이 무엇인지 생각해보자. 나선형의 스프링은 위에 있는 큰 바퀴의 중앙에 사슬로 연결된 중앙 축을 따라 감겨 있다. 이 스프링은 상당히 크고 강력하기 때문에 압축시키려면 매우 강한 힘으로 당겨야 할 것이다. 결과적으로 이 스프링은 위에 있는 바퀴를 매우 강한 힘으로 살짝만 돌린다. 바퀴의 측면에 두 개의 팔이 달려 있는데, 왼쪽의 팔은 라이터처럼 부싯돌을 달고 도는 바퀴를 친다. 반면에 오른쪽의 팔은 스프링을 압축하기 위해 큰 바퀴 안에 끼워져 있다. 이것은 불꽃을 만들어 내는 데 필요한 스프링식 라이터이다. 이 손으로 작동되는 장치는 불이나 도화선을 켜는 데 필요하다. 레오나르도는 여기에 모든 동작들을 알 수 있도록 작은 글씨로 자세한 설명을 첨부하였다.

이 도식화는 레오나르도가 수없이 연구하고 시도적으로 그려본 많은 다른 스케치들의 최종본이다. 도식화에 대각선의 작은 선들로 표현한 명암은 그림을 입체적으로 보이게 한다. 이렇게 멋지게 그려진 도식화는 장치의 기능보다 더 중요하다고 할 수 있는데, 그것은 복잡하지만 멋지고 매력적인 장치의 이해를 돕고 쉽게 이목을 집중시켜 주기 때문이다.

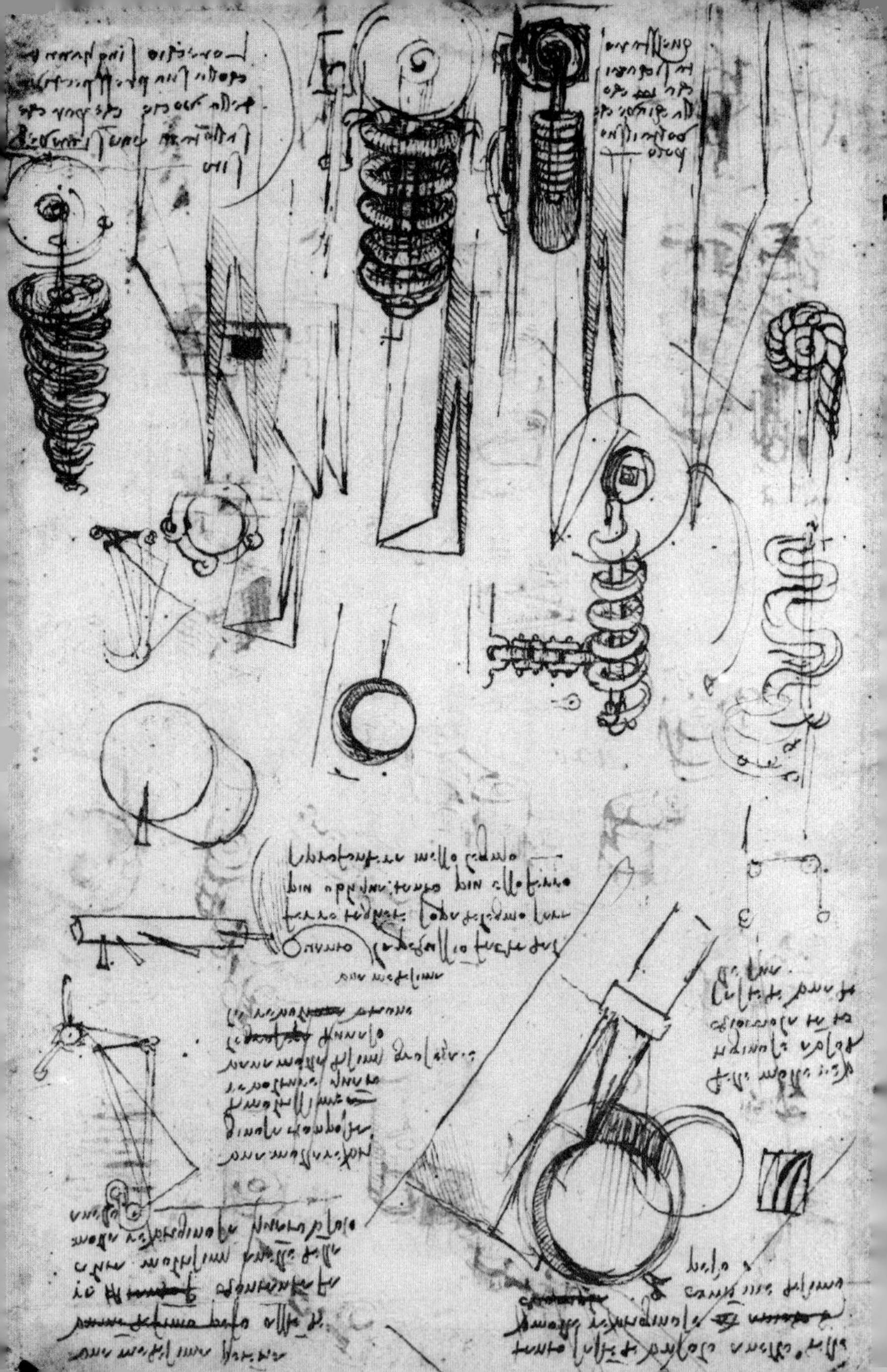

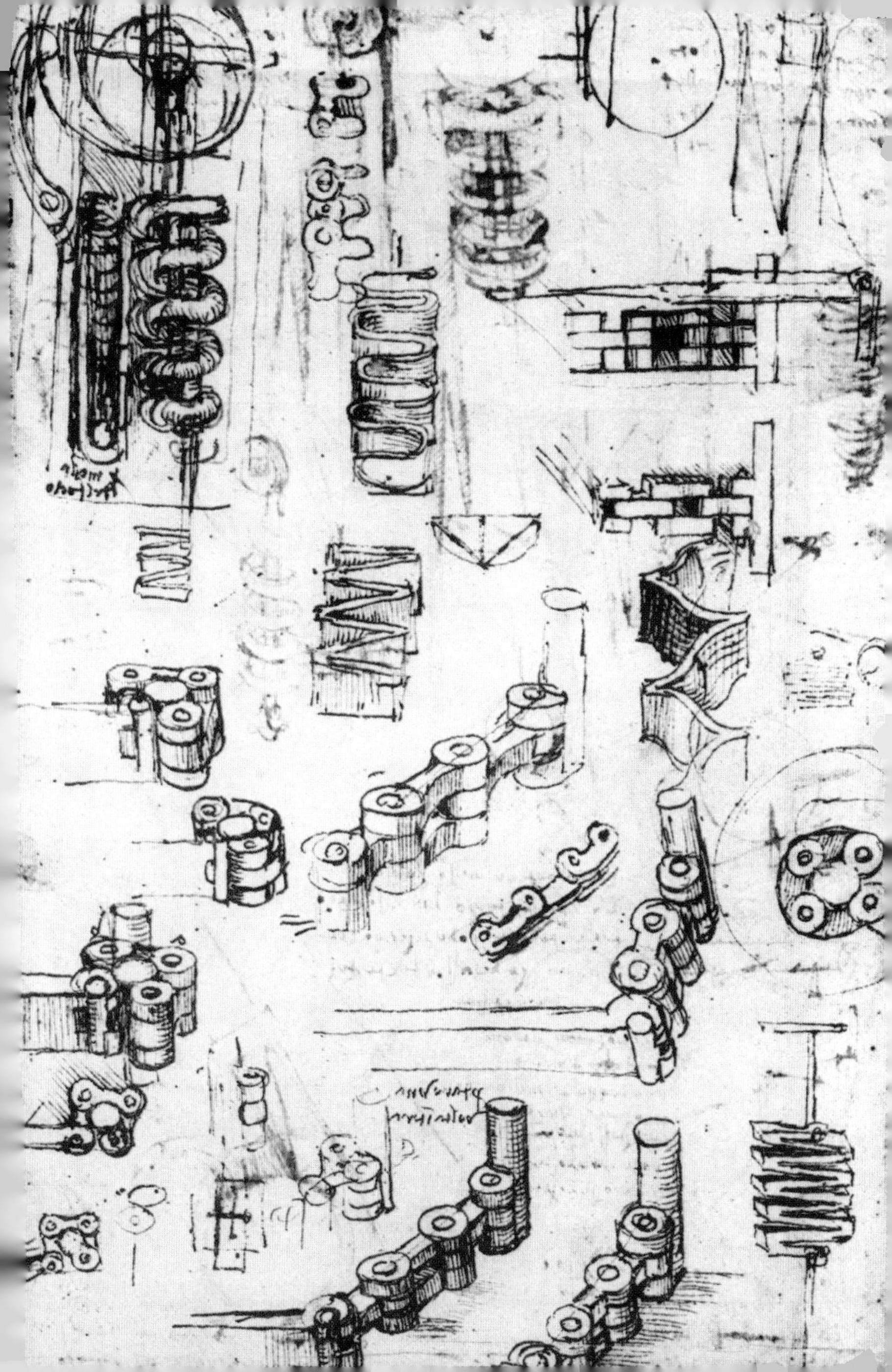

• 낫이 달린 전차(CV 80)

• 전차의 소개용 최종 도식화

• 죽음과 질투(Cv 100) •

32장
전쟁, 죽음, 삶, 그리고 평화

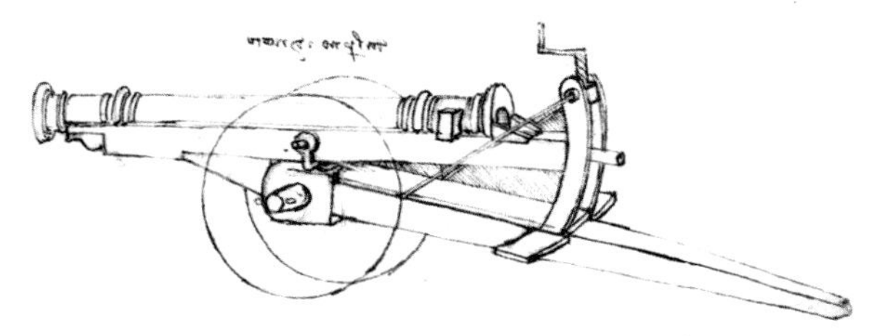

레오나르도는 평화주의자였고 전쟁을 증오했다고 전해지며, 그는 "전쟁은 야만적인 광기다"라고 쓰기도 했다. 하지만 동시에 수많은 악랄한 무기들을 기획하고 그리기도 했다. 낫이 달린 전차 같은 몇몇의 전쟁장치 도식화들을 그린 보고서에는 부상당하거나 잘려진 군사들이 함께 그려져 있다. 레오나르도는 평화주의자였을까? 아니면 전쟁광이었을까? 이것은 애초에 잘못된 질문이다. 왜냐하면 레오나르도는 역사 속 다른 시대에 살았으므로 이런 류의 도덕적 심판을 하는 것이 옳지 않기 때문이다. 레오나르도는 가장 중요하고 가장 많은 무기를 고안해 낸 군사공학자였다. 레오나르도 시대의 이탈리아는 늘 전쟁할 준비가 되어 있는 작은 주들과 공작령들로 나뉘어져 있었다. 밀라노의 공작은 비밀 무기들을 만들게 하려고 레오나르도를 불렀다. 비록 매일 전투가 있었던 것은 아니었다고 해도 평화의 시대는 아니었다. 레오나르도에 의해서 기획된 많은 공격용 무기들도 있었지만, 더 중요한 것들은 방어용 건축물들이었다. 인간과 동물의 생명은 레오나르도에게 중요한 문제였지만, 잔인한 무기들을 만들기 위한 목적으로 인간의 몸을 연구하기 위해 시체들을 해부하는 것도 전혀 문제되지 않았다. 그는 삶과 죽음을 동일하게 존중했다. 레오나르도의 비밀 중에 하나는, 끝도 없는 호기심과 모든 것들을 실험하고 알아내려는 욕구였다. 그에게 금기란 없었다. 그는 죽음을 두려워하지 않았는데, 죽음이 자연의 법칙이었기 때문이다.

• 밀라노에 있는 레오나르도와 파촐리

루도비코 스포르차 공작

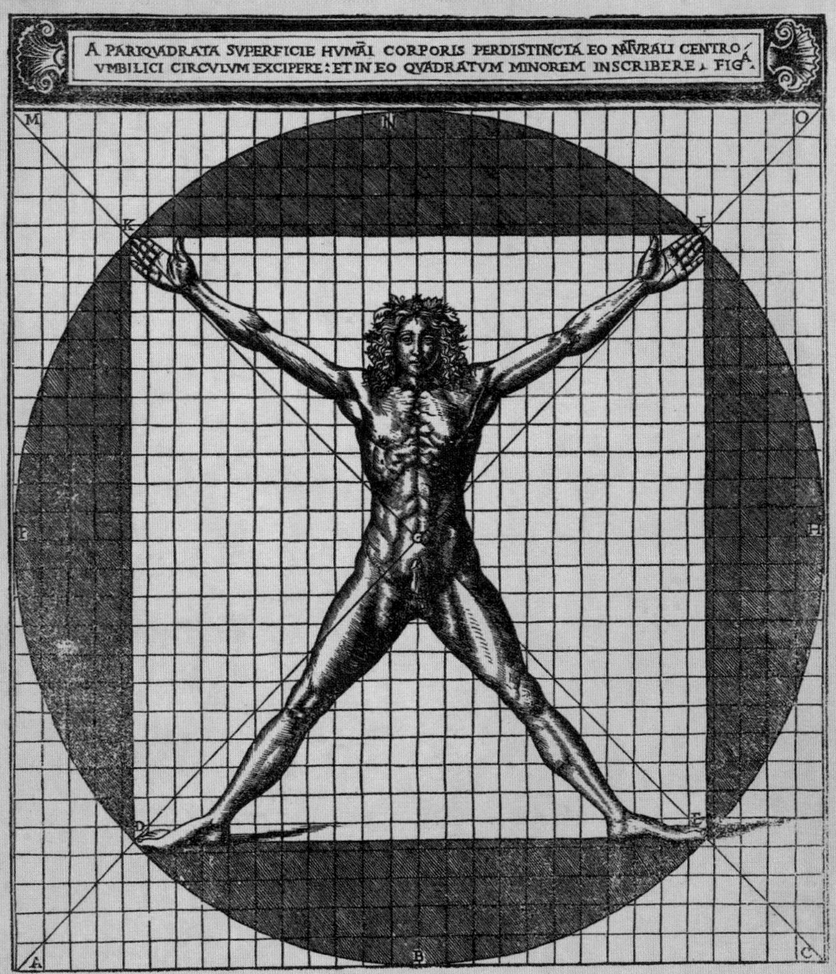

¶ Aduncha ſi la natura ha coſi cõpoſito il corpo del homo: Queſte lectione ſi forſe altramente le uoleſſe qualcuno fuſſeno diſtincte p ordine: como alcuni phiſici hano ſcripto: Ma per le ſupradicte: ſi etiam per le pſente ratione che Vitruuio qua inſeque: mi pareno aſai explicate: Ma conſiderando che potreſſemo fare grandiſſima ſcriptura in explicare la inſequentia de quiſti numeri: le quale coſe a me pareno facile: & coſi penſo debeno eſſere a tuti li periti de Arithmetica: cum ſia apertamente ſi tracta per la compoſitione de li numeri ſimplici: potere peruenire a formare uno compoſito de qualũq; quantita uoglia ſi ſia: Poi de epſo ut alias ſupra diximus: per potere epſa quantita diuidere proportionatamente in diuerſe portione in le quale ſi dice conſiſtere la ſymmetria: Et di queſto Vitruuio da lo exemplo præcipue in li noſtri humani corpi trouarſe: uel per epſo potere perducere tute le ratione de li numeri & proportione de le ſymmetrie tanto per potere componere quanto etiam diſcomponere una integra quantita numerabile: ſi como in uno corpo de uuo animale: uel de uno homo cõmenſurare ogni membri principali: & intendere le in apparente coſe & internodatione & altre parte como molti phiſici hano deſcripto: ut puta da uno brazo uno cubito: & dal cubito: la mane: & da epſa li di-

Aduncha ſi la natura ha coſi compoſito il corpo del homo ſi como cõ le proportione li menbri de epſo reſpondeno a la ſũma figuratione. Cum ſia li antiqui ſi uedeno hauer conſtituito quella: acio che ancho ra in le perfectione de ciaſcuni membri de le opere le figure habiano a la uniuerſa ſpecie la exactione de la cõmenſuratione. Aduncha cũ

• 건축학의 비트루비오 - 황금비율(역: 비트루비오의 사람) •

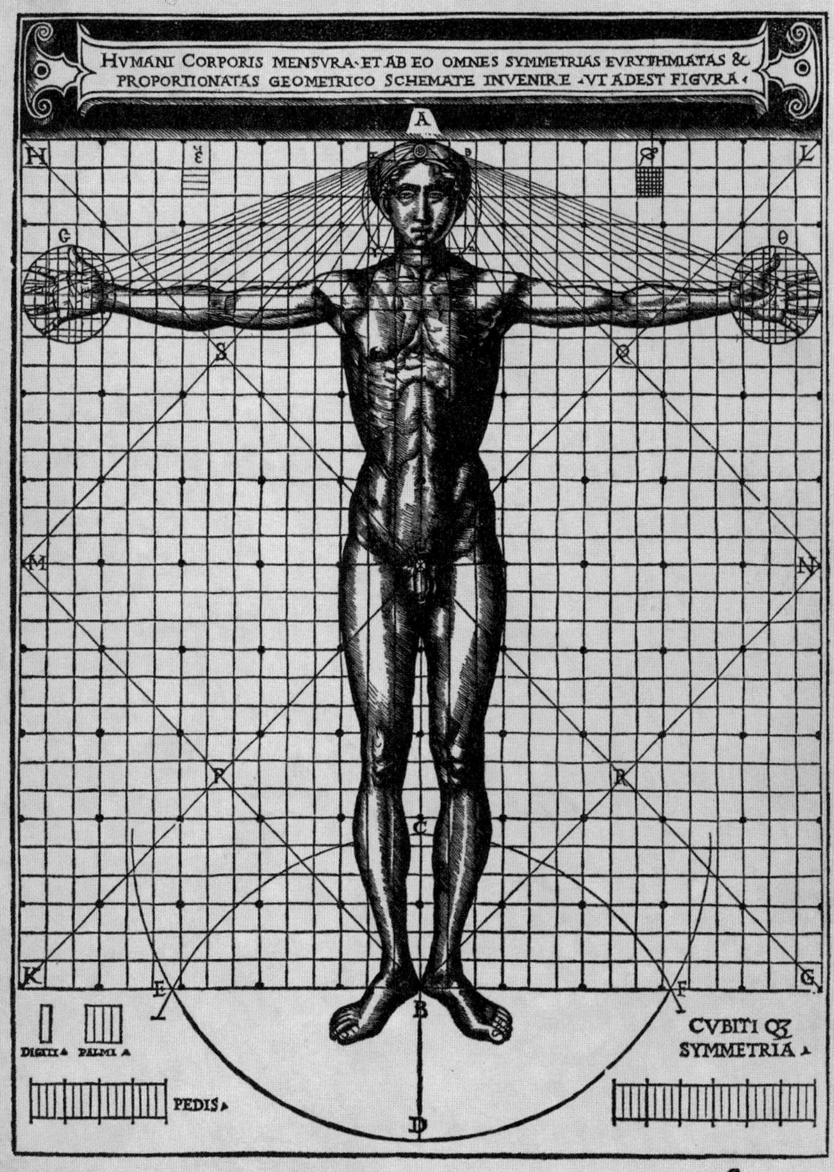

건축학의 비트루비오 - 황금비율(역: 비트루비오의 사람)

33장
비트루비오의 사람(황금비율)

레오나르도가 그린 가장 유명한 그림 중 하나에는 비밀이 있다. 모두가 겹쳐진 둥근 원과 사각형 안에 있는 남자의 그림이 레오나르도의 아이디어라고 생각하지만, 사실 이것은 건축학자 비트루비오의 아이디어이다. 바로 이것이, 이 그림의 이름이 "비트루비오의 사람"인 이유이다. 많은 화가들과 인쇄업자들도 이 그림을 그렸는데, 레오나르도가 다른 이들에 비해 뛰어나게 잘 그렸기 때문에, 비트루비오보다 훨씬 유명해진 레오나르도가 저작권을 훔친 셈이 되었다. 레오나르도는 예술적 목적과 인간 신체의 치수를 이용한 건축물들을 만들기 위해, 도식화와 텍스트에 있는 인간의 신체비율과 크기를 연구하였다. 사실 사각형 안에 사람을 하나 그려 넣거나 원 안에 팔과 다리를 쭉 펴서 원주에 닿도록 하는 그림을 그린다는 것은 특별한 의미가 있는 것은 아니다. 중앙에는 모든 동물들이 그렇듯이 배꼽이 있다. 이 신체비율에 관한 연구는, 비율이 좋은 그림들을 그리기 위해 유용하고 기본적인 요소가 되었다. 이 페이지는 그림과 텍스트의 편집이 매우 잘되어 있어서 그 자체가 거의 예술적인 장식이라 할 수 있다. 실제로 레오나르도의 이 코덱스 페이지의 편집이 주는 아름다움은 다른 모든 황금비율 그림들을 능가하여, 자신의 것이 아님에도 불구하고 이 아이디어의 주인으로 알려지기에 이른다.

아이디어를 소개하는 방식은 이렇게나 중요하고 강력하다.

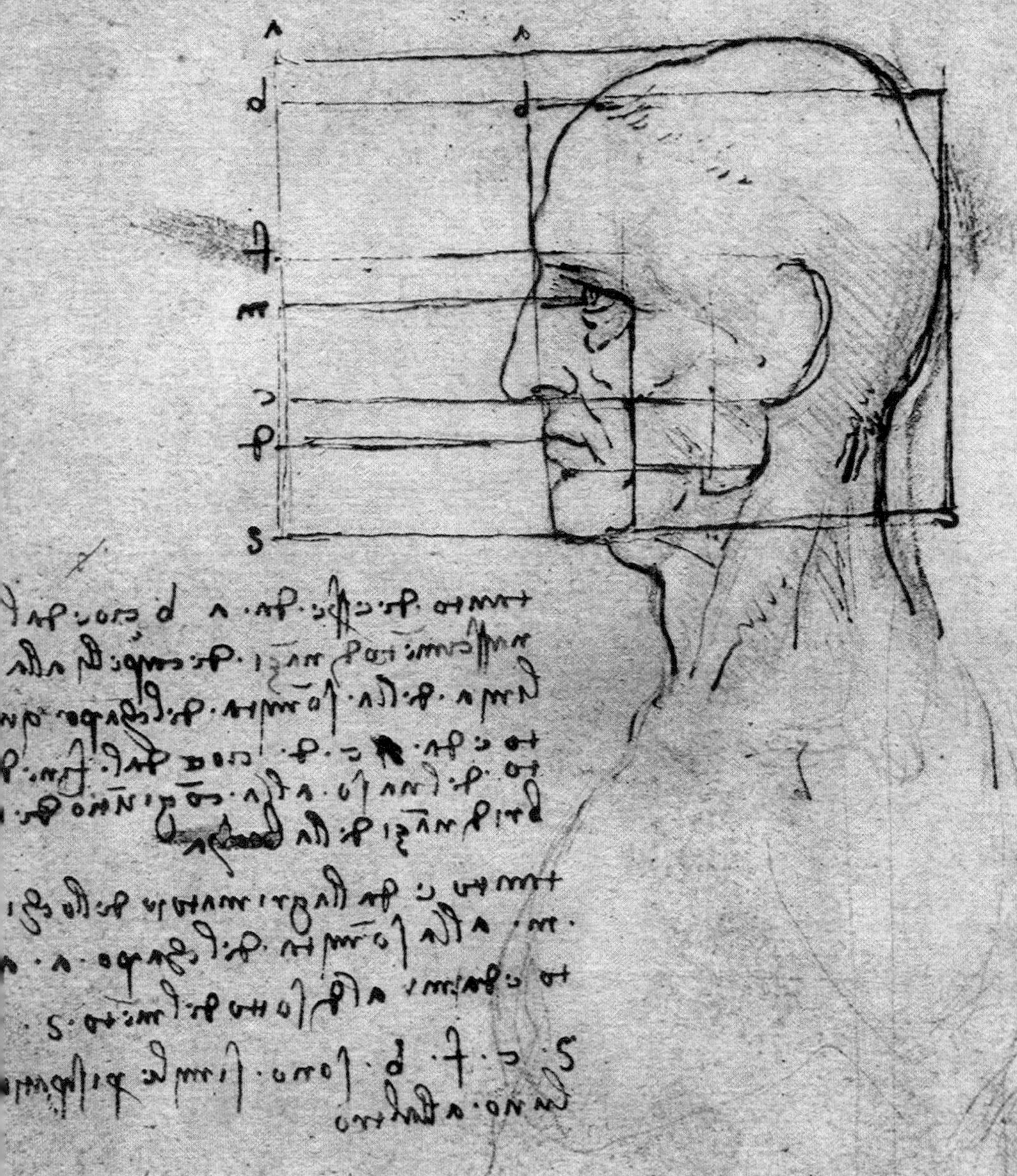

• 인간 얼굴의 해부학적 비율(CV 282) •

34장
얼굴 분석

레오나르도는 베로끼오의 공방에서 젊을 때부터 실물을 보고 모방하여 그리는 법을 배웠다. 이렇게 이 예술가는 계속 그림을 그리면서, 몸과 다양한 신체 부분의 크기와 비율을 표현하는 것이 중요하다는 사실을 깨닫게 되었다. 특히, 눈 앞에 모방할 만한 실제 모델이 없을 때나 눈으로 볼 수 없는 몸을 상상해야 할 때, 비율에 맞추어 굴곡을 그리는 것이 기본이 되는 것이다. 분명히 많은 실험을 통해서 얻어졌을 이 지식은 더 나아가 과학이 된다.

레오나르도는 다양한 신체부위의 비율을 정리한 목록을 만들고, 이미지로 쉽게 볼 수 있도록 황금비율과 같은 그림들을 많이 그렸다. 그는 오늘날 예술가들을 위한 해부학 책 같은 내용을 고안하고 그렸던 것이다. 모든 신체부위는 중요하다. 입의 위치를 조금 바꾼다든지, 눈을 조금 옮긴다든지 하면 아름다운 얼굴은 곧 괴상하게 변한다. 레오나르도는 그림을 더 잘 그리기 위해서나 스스로의 과학적 관심을 위해서, 예술가들을 위한 해부학적 묘사를 담은 책들을 썼다. 그는 완벽함의 이면에는 지식과 과학, 그리고 기하학이 기본적 요소로 존재함을 보여준다.

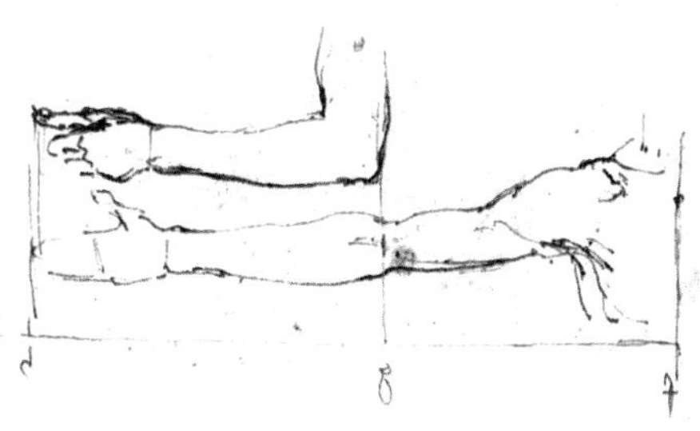

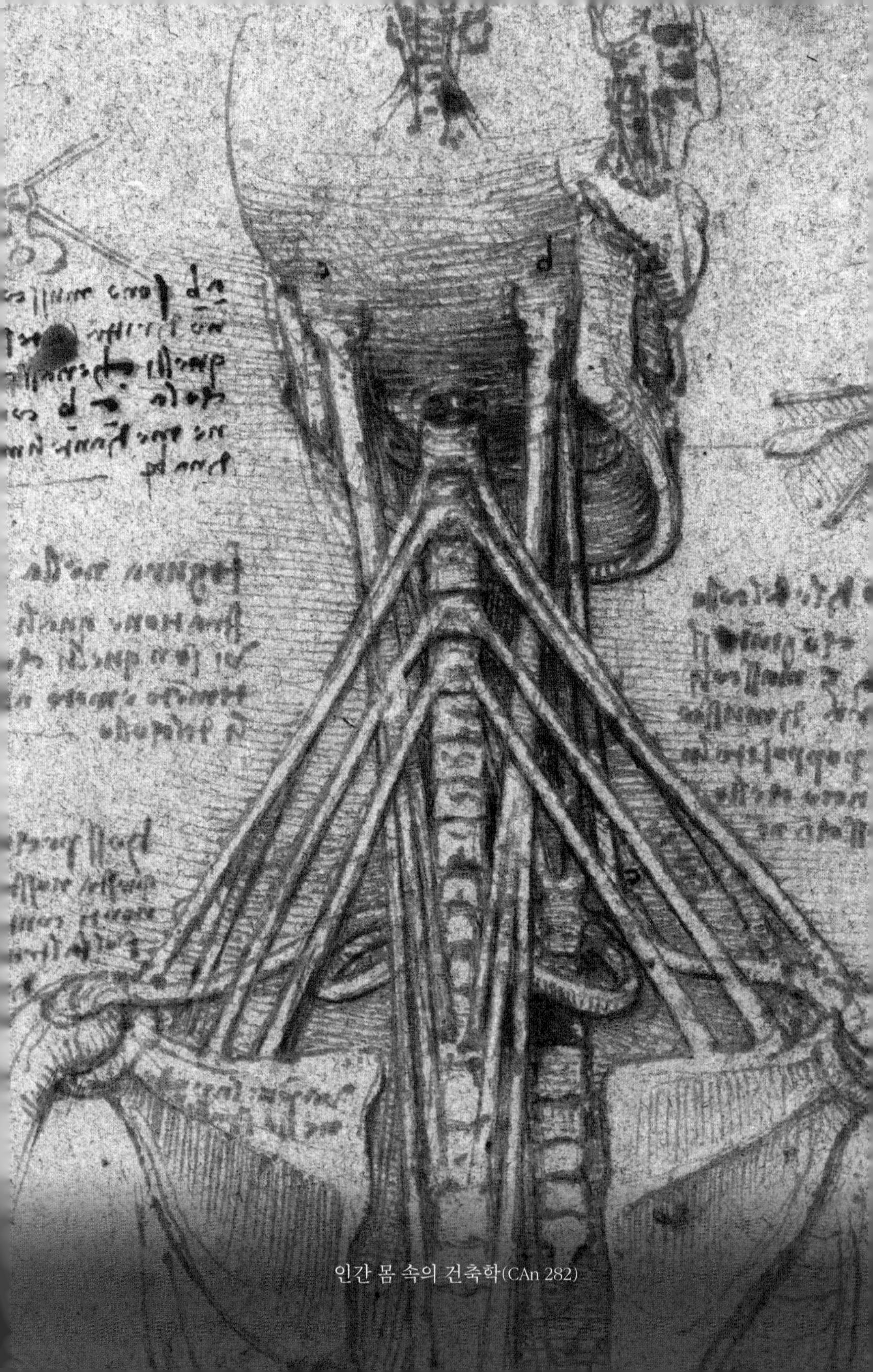

인간 몸 속의 건축학(CAn 282)

밀라노 두오모 대성당의 건축(CA 850)

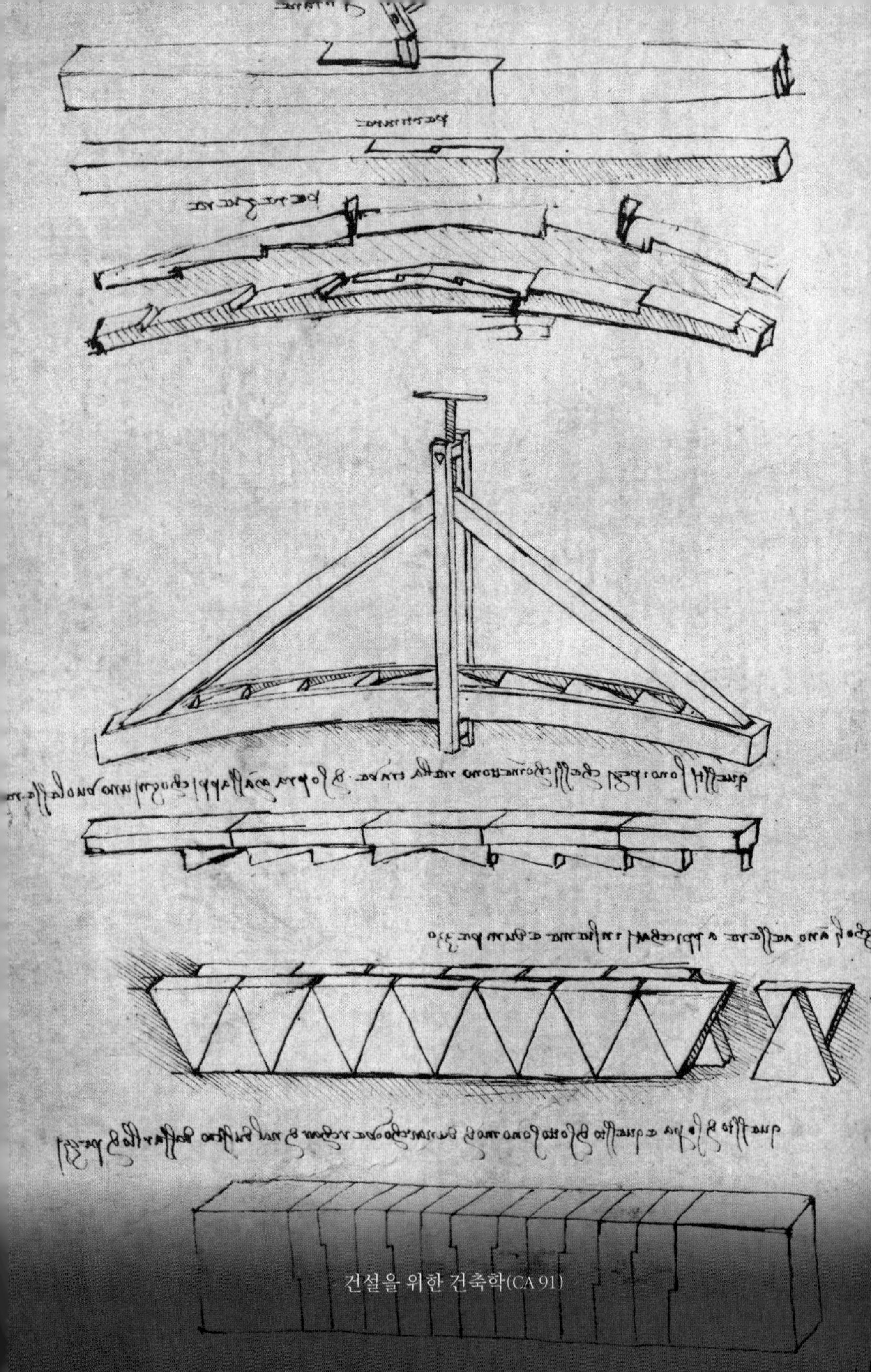

건설을 위한 건축학(CA 91)

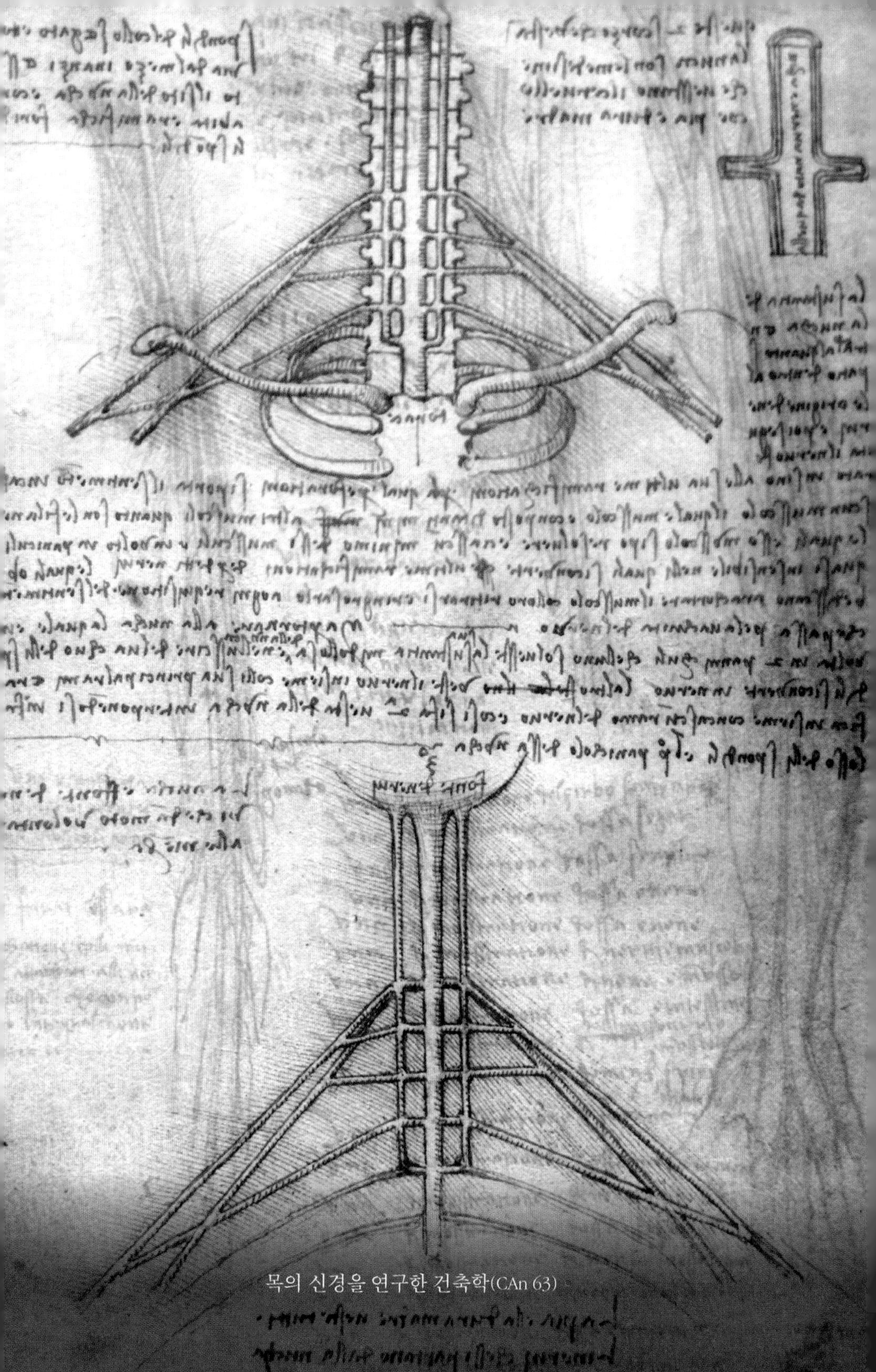

목의 신경을 연구한 건축학(CAn 63)

인간의 신체건축구조와 그 위에 그려진 인조 건축물

35장

인간의 몸과 그 외 모든 것의 건축학자

레오나르도는 사람의 몸과 신경, 뼈의 구조 등을 연구한 수백 개의 해부학적 도식화들을 그렸다. 그는 인간 신체의 건축학적 구조가 그것의 완벽함에 상응하는 가장 복잡한 것이라는 걸 깨달았다. 레오나르도에게 있어 인간의 몸은 분리하고, 연구하고, 이해하여야 할 매우 신비롭고 복잡한 장치였다. 신체 연구에 대한 과학적 접근은 그의 걸작들을 실현시키기 위한 근본적인 작업이었다. 〈모나리자〉나 다른 초상화들도 중요한 작품들이지만, 그의 진짜 걸작들은 과학과 예술이 만나는 도식화들이다. 그의 해부학 도식화들은 오늘날에도 절대적이다. 인간 신체 구조의 건축학 연구나, 건물들과 장치들의 건축학은 자연에 대한 세계적인 지식이 되었다.

인간의 신체를 연구하고 그 비밀들을 파헤치다 보면, 다른 분야의 새로운 것들을 발명하기 위한 지식이 얻어진다. 인간 몸의 뼈와 신경을 그린 그림 옆에 건축물 도식화를 놓고 관찰해 보는 것은 매우 의미가 있다. 이 두 가지는 매우 비슷하며 거의 일치된다. 뼈와 신경들이 인체를 받치고 서 있을 수 있도록 돕는 것처럼, 대들보와 이음보는 건물이나 대성당을 지탱한다. 그 형태 역시 매우 비슷하다. 레오나르도는 인체를 연구하면 훌륭한 건축가가 될 수 있다는 것을 보여준다. 자연은 모든 섭리를 다 갖추고 있으므로, 그것을 알아가고, 관찰하고 이해하기만 하면 된다.

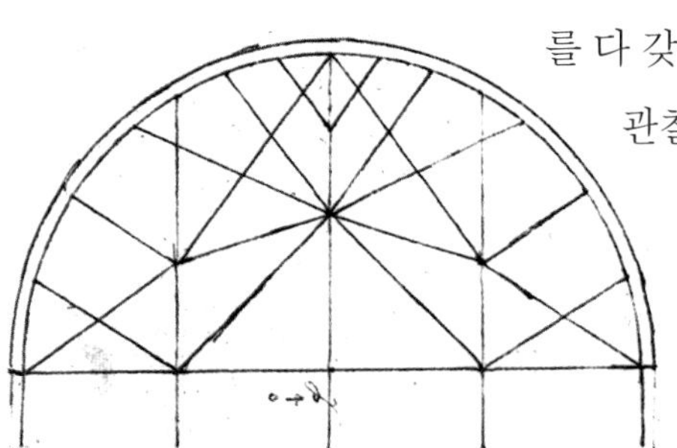

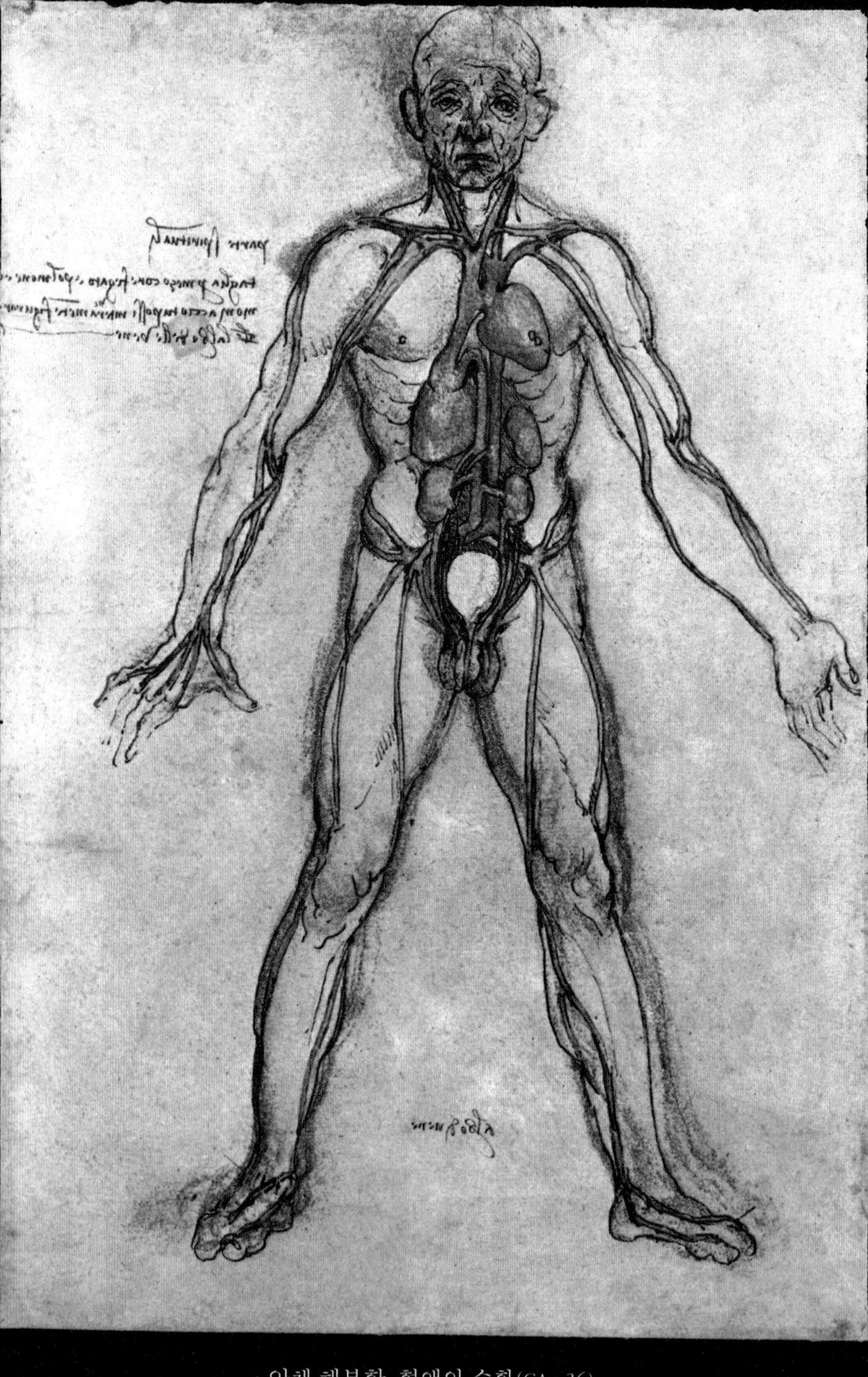

• 인체 해부학, 혈액의 순환(CAn 36) •

36장
생명의 공학자

레오나르도의 인체에 대한 예술가적 관심은 그의 인생 전반에 걸쳐 변화되고 진화했다. 처음 젊은 시절에는 그림을 그리기 위해 인체를 관찰했다. 그 다음 점점 그림 실력이 늘자, 그의 관심은 역학장치와 자연에 대한 지식을 습득하는 쪽으로 옮겨갔으며, 새로운 시각으로 인체를 바라보기 시작했다. 그는 또한 그의 장치와 기기 연구의 해답을 얻기 위해 동물과 식물들을 연구하기 시작했다. 그러나 그 어떤 동물들보다 가장 탐구하기 어려운 동물은 바로 '인간'이었다. 그는 장치 연구에 있어서도 인체를 연구했던 과학적 접근 방식을 동일하게 사용하였다. 그리고 그는 매우 뛰어난 그림 실력을 가지고 있었다. 그는 시체를 연구하는 것에 두려움이 없었으며, 보이는 모든 것을 그리곤 했다. 여기에 한 예로, 내장기관이 보이는 인체의 도식화가 있는데, 심장과 혈액 순환 시스템이 보인다. 그의 그림은 매우 정확하며, 이전에는 그 누구도 시도한 적이 없었던 거의 입체적인 그림이다. 인체의 내부를 연구하는 것은 단지 호기심 때문이 아니며, 레오나르도를 인체 공학자이자 자연 공학자로 탈바꿈시킨 작업이었다. 혈관 그림은 거꾸로 그린 나무 같으며 레오나르도 역시 "혈관 나무"라고 기술하였다. 이렇듯 자연의 모든 것들은 서로 연관되어 있다.

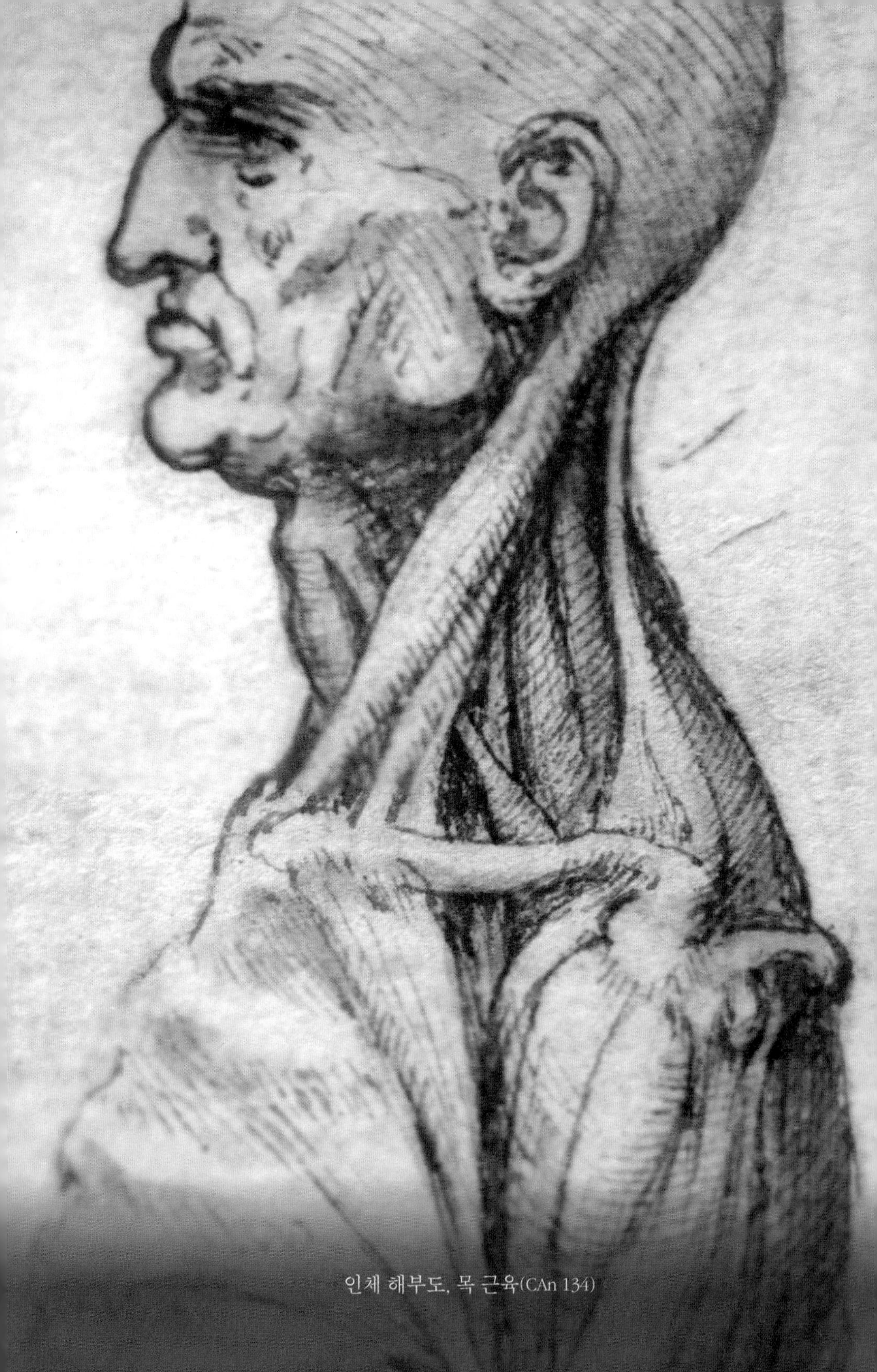

인체 해부도, 목 근육(CAn 134)

37장
근육의 유연성

레오나르도는 인체의 세부를 꼼꼼히 연구하였고, 근육과 신경들을 그린 십여 개의 도식화들을 남겼다. 이 작업을 하기 위해서 그는 시체를 사용하였으며, 직접 절개하는 일에 두려움이 없었는데, 그는 단지 인체가 어떻게 작동하는지 직접 알아내고 싶을 뿐이었다. 손에 피를 묻히고, 연구와 그림에 시간을 할애했다. 의료 해부학적 관점에서는 피부 밑에 있는 근육들을 연구하는 것은 그다지 유용하지 않지만, 예술가들에게는 매우 유용하다. 근육의 튀어나온 곡선, 명암, 그리고 유연성은 인체의 동작, 긴장, 표정들이 어떻게 만들어지는지 보여준다. 인체를 완벽하게 그릴 수 있는 화가가 되기 위해서는 신체의 모든 근육을 다 기억하고 있어야 한다. 얼굴 역시 근육과 신경들로 가득 차 있으며, 그것들을 제대로 알고 있으면 초상화를 그릴 때 표정을 표현하는 것이 쉬워진다. 사람의 동작이나 그 표정을 그리거나 묘사하기 위해서는 먼저 피하의 근육을 표현할 수 있어야 하기 때문에, 근육조직 하나하나를 알아야 하는 것이다. 〈모나리자〉와 〈최후의 만찬〉 같은 그림들은 풍부한 표정들을 가지고 있는데, 그 이유는 레오나르도가 피부라고 불리는 "포장지"에 싸인 근육 하나하나를 알고 그렸기 때문이다.

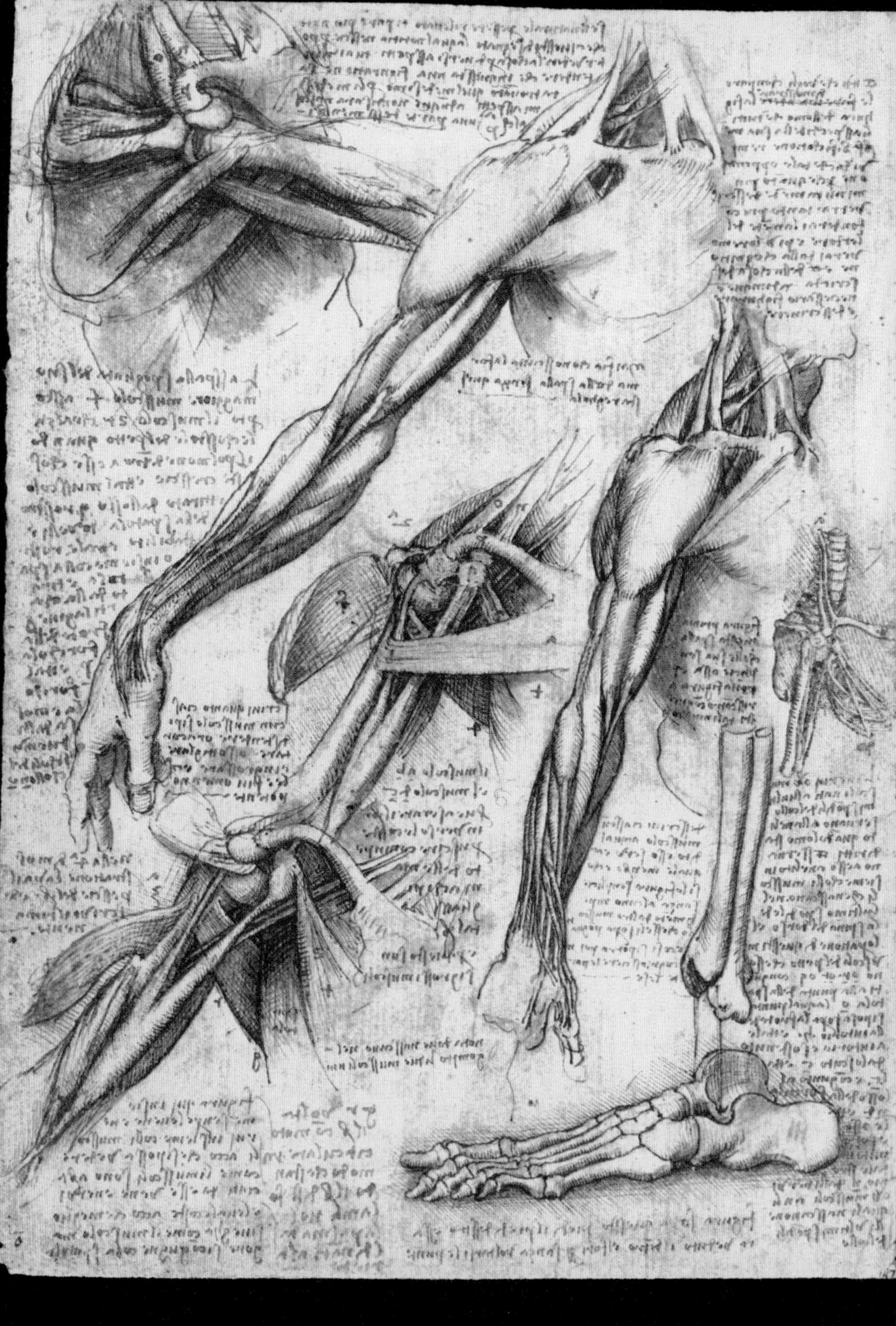

• 인체 해부도, 어깨(CA 144) •

38장

인체장치를 3D로 관찰하기

인체와 근육 그리고 뼈를 연구하는 것은 화가들에게는 가장 기본적인 공부이다. 레오나르도는 그 정도를 넘어서서 인체를 과학적이고 해부학적인 관점에서 연구했으며, 새로운 표현방식을 고안해냈다. 그는 피부 밑에 있는 모든 근육조직이 보이는 수백 개의 그림을 그렸다. 이 근육과 장기,신경들과 같이 복잡하게 얽혀 있는 입체적인 대상을 묘사한다는 것이 얼마나 어려운 것인지 짐작할 수 있는데, 그는 이것을 360도로 시각화 하였다. 그는 한 장의 코덱스에 8개의 모서리가 있는 별을 그렸는데, 이것은 복잡한 대상을 3D로 그릴 때 모든 방향을 기억하기 위한 도구이며, 이렇게 하면 한쪽 팔을 그릴 경우 8개의 시점으로 돌리면서 그릴 수 있도록 돕는다. 장치와 역학 연구를 할 때처럼 분해도를 그렸는데, 피부 밑에 숨겨진 것들을 그리면서 마치 열어서 볼 수 있는 장치의 부속품들처럼 근육 들을 열어 놓은 그림을 그렸다. 인간의 몸은 존재하는 것들 중 가장 복합적이고 복잡한 장치로, 레오나르도는 이것을 더욱 연구하고, 밝혀내고, 설명하고자 했다. 이해하고 풀어내기 더 어려운 것일수록 보통 더 중요한 것이기 때문이다.

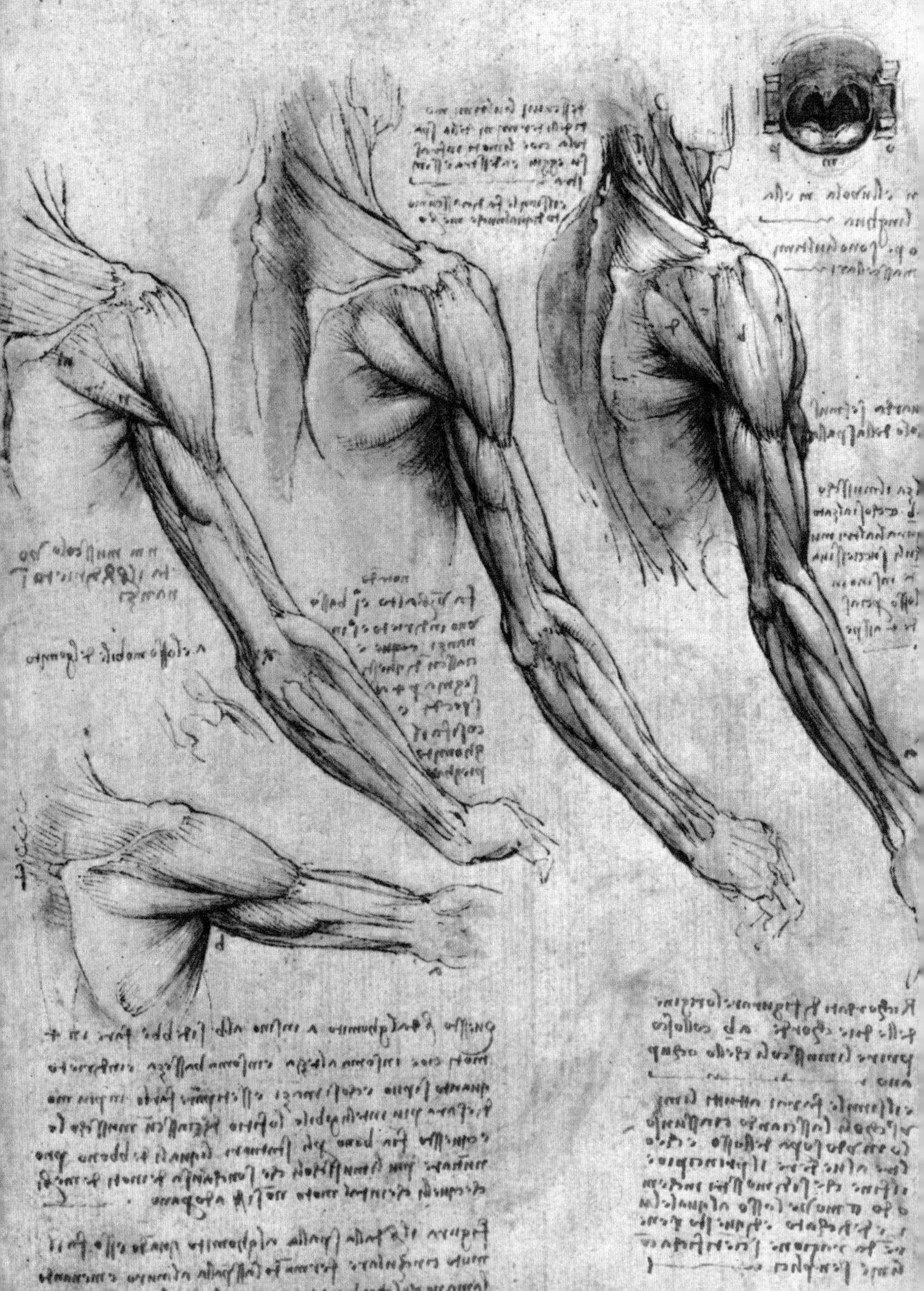

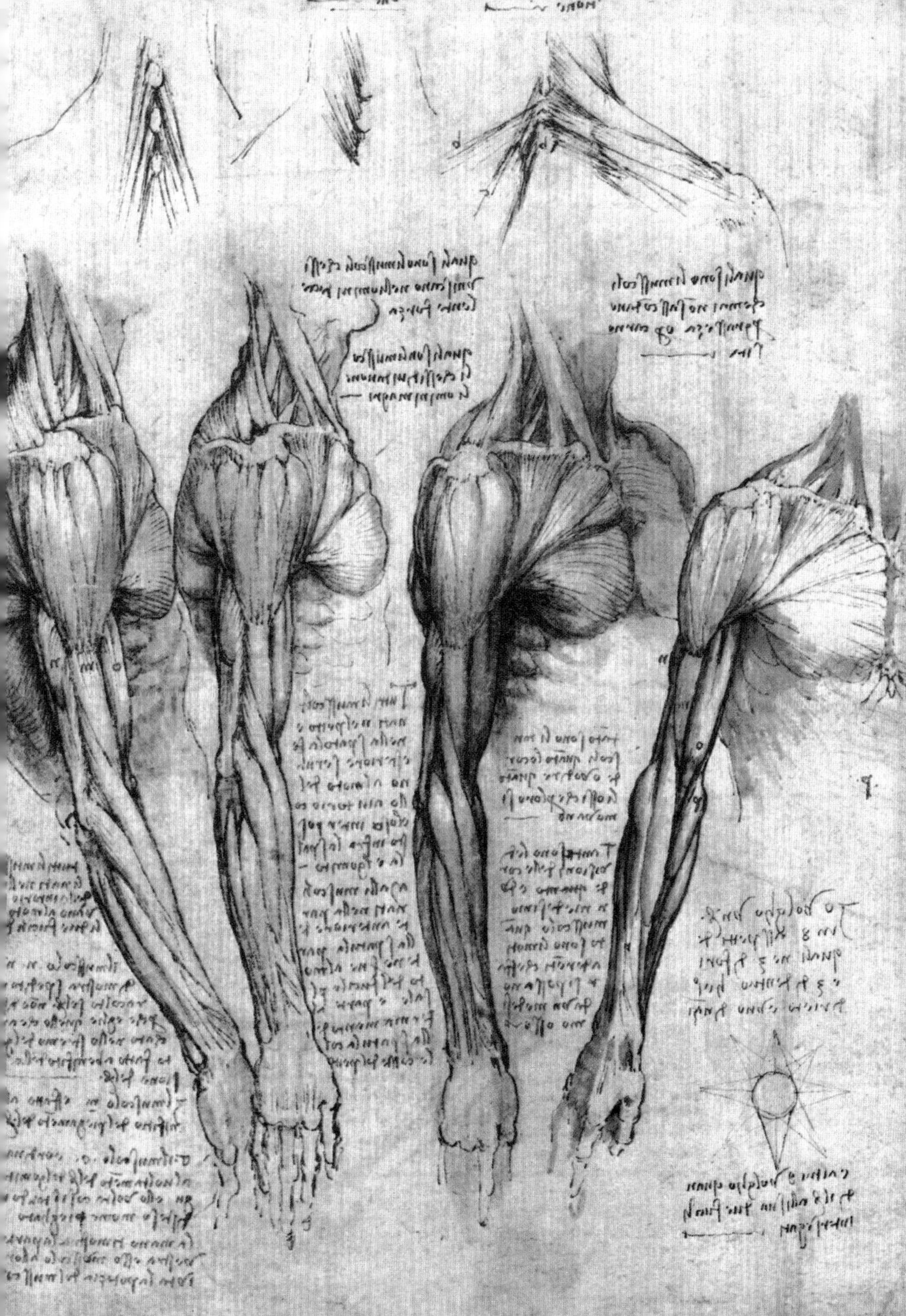

• 인체 해부도, 두개골 부분(CA 43)

39장

정신의 동굴

인간의 골격을 연구하는 것은 예술가들에게는 필수적인 일이다. 연구를 통해 신체부위의 회전하는 지점들이 어디인지를 알 수 있고, 비율을 정확하게 이해하면 형상을 표현할 때 최고의 결과물을 얻을 수 있게 된다. 레오나르도는 인체의 골격을 하나하나 세부적으로 연구하였으며, 모든 시점에서 관찰하여 묘사하였다. 그는 예술가이며 동시에 과학자였던 것이다. 사람의 두개골을 연구하며 그는 끝까지 포기하지 않을 또 다른 도전을 한다. 그는 두개골에는 영혼이 위치한 곳을 찾아낼 때까지 파헤쳐야 할 만큼 수많은 터널들과 동굴들이 있다는 것을 깨달았다.

두개골이 어떻게 생겼는지를 연구하기 위해서는 두개골을 자르고 그 안을 들여다 봐야 한다. 레오나르도는 시체 안치소에서 혼자 시체들을 자르는 용기와 힘을 가지고 있었으며, 두개골들과 신체부위들을 톱질하였다. 절단된 시체들을 손질하고 연구하였다. 그는 믿을 수 없을 만큼 복합적인 두개골 속의 터널들을 발견했으며, 이 형태를 부분별로 멋지게 그려서 묘사했다. 대포나 여러 장치들의 기술 도식화를 그릴 때처럼, 그 내부가 어떻게 생겼는지를 보여주기 위해 절단면들을 그렸다. 이미 그는 그림에 있어서는 장인이었기에, 결점 없는 매우 정확한 그림들을 그려냈다. 내부를 더 어둡게 표현하기 위해서 그는 대각선의 작은 선들을 더 촘촘하게 그려 넣어 어두운 부분을 묘사했다. 치아 하나하나를 포함한 모든 부위의 연구가 모두 중요했다. 그는 결국 생명과 생각이 위치해 있고, 그 중심에서 모든 감각을 주관하는 뇌의 중요성을 깨닫게 된다. 레오나르도는 그 안에 무엇이 숨겨져 있는지 알아내기 위해 매우 복잡하고 어려운 두개골 속의 모든 동굴들을 탐사하였다.

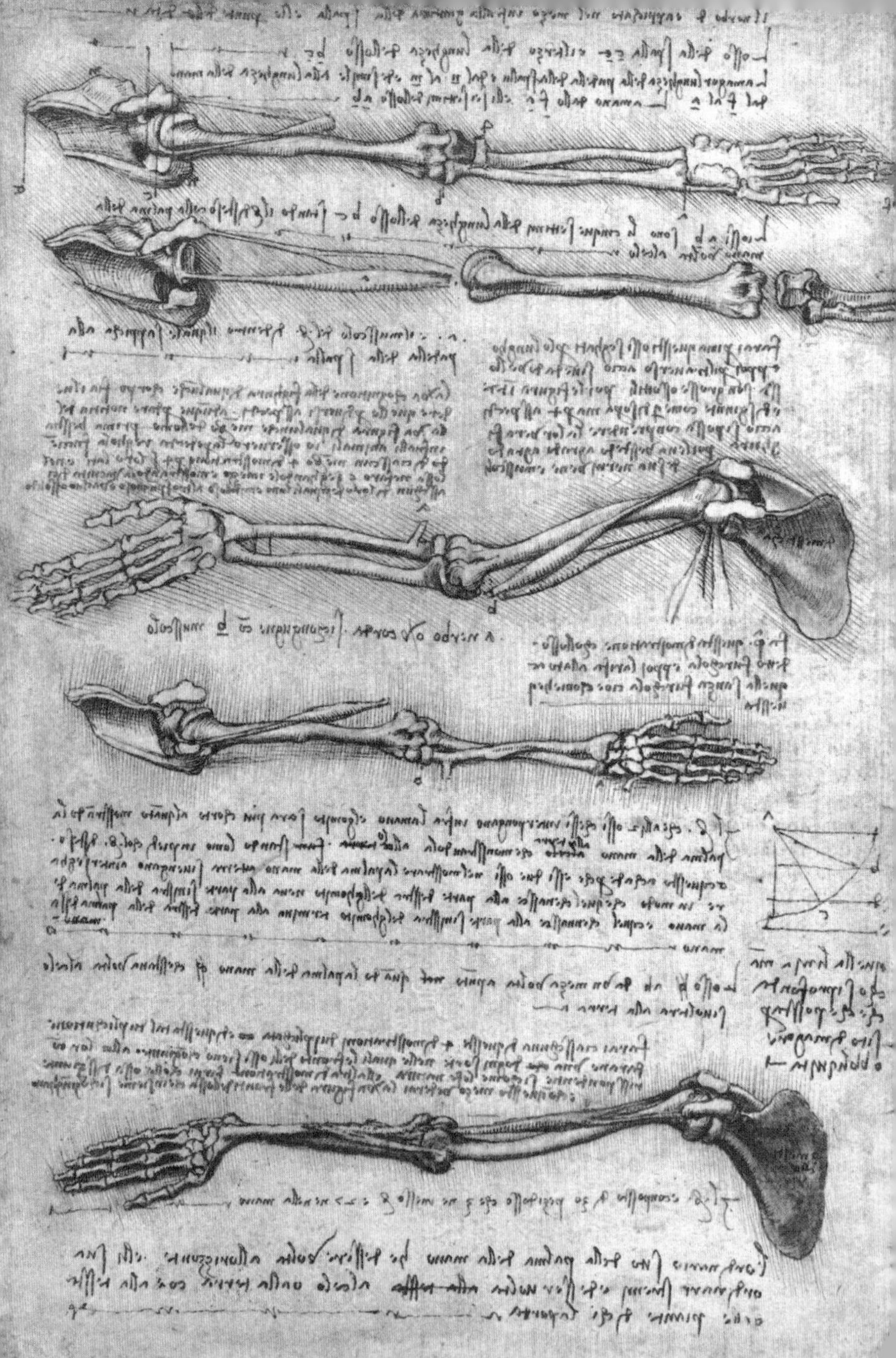

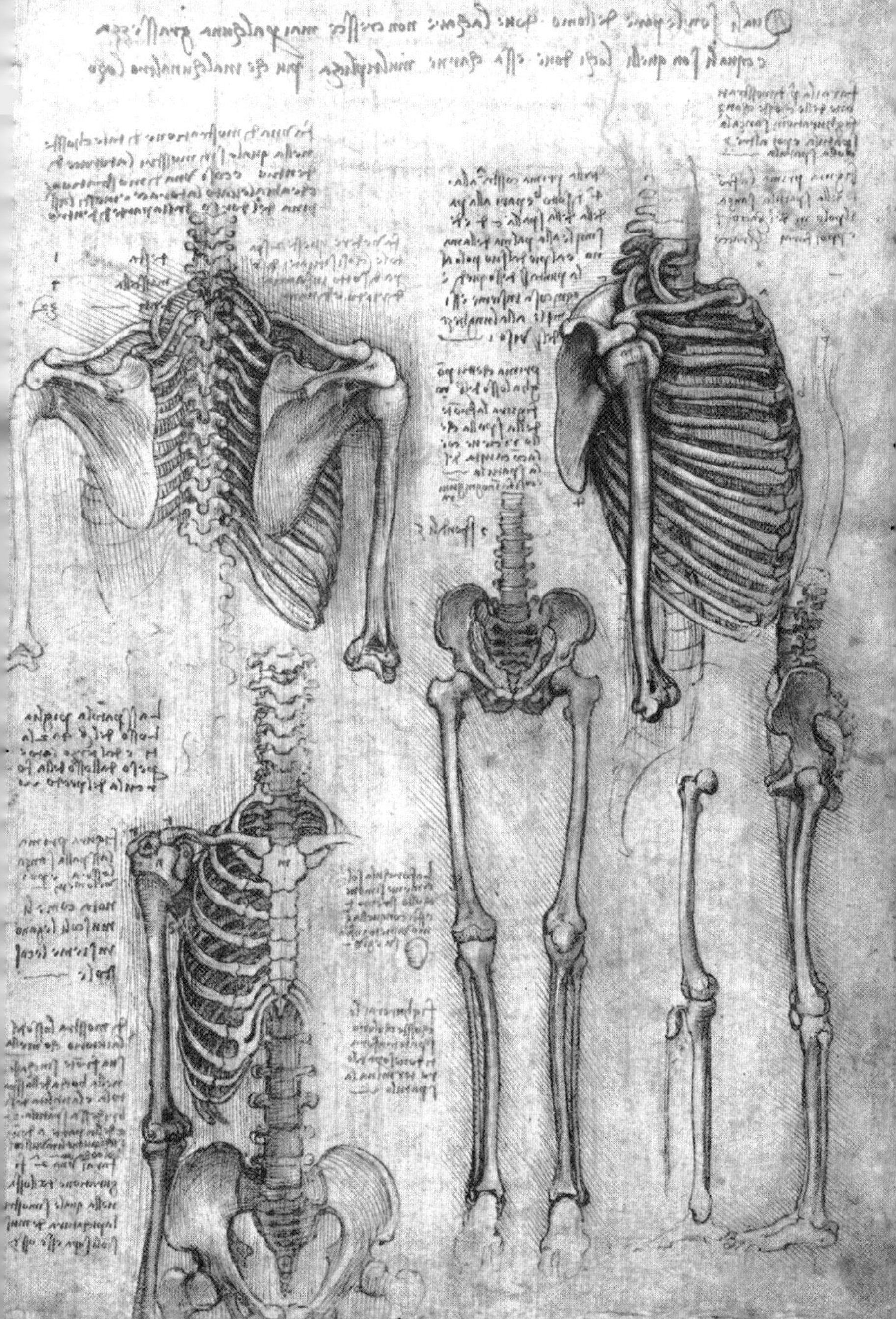

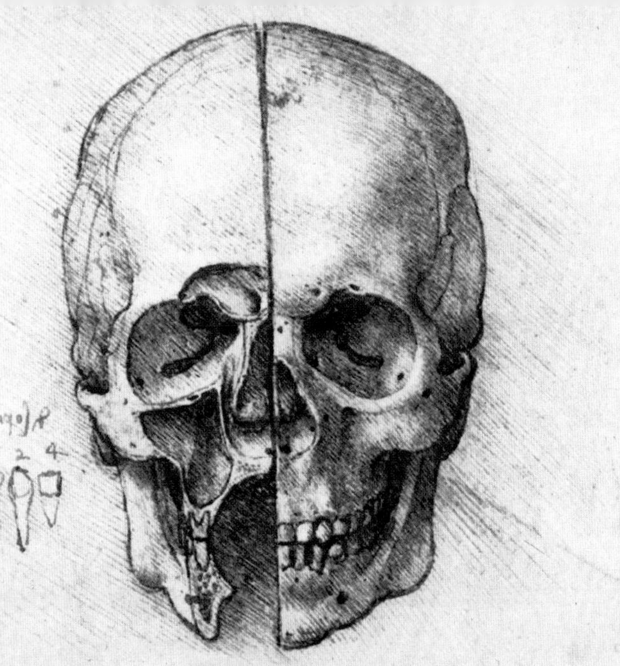

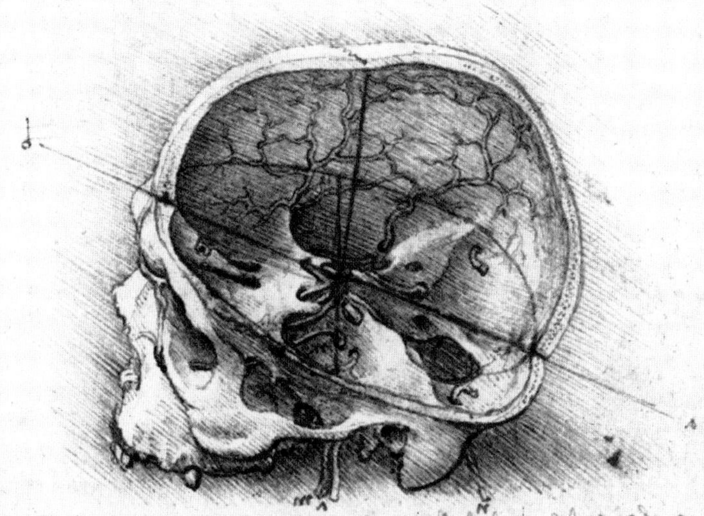

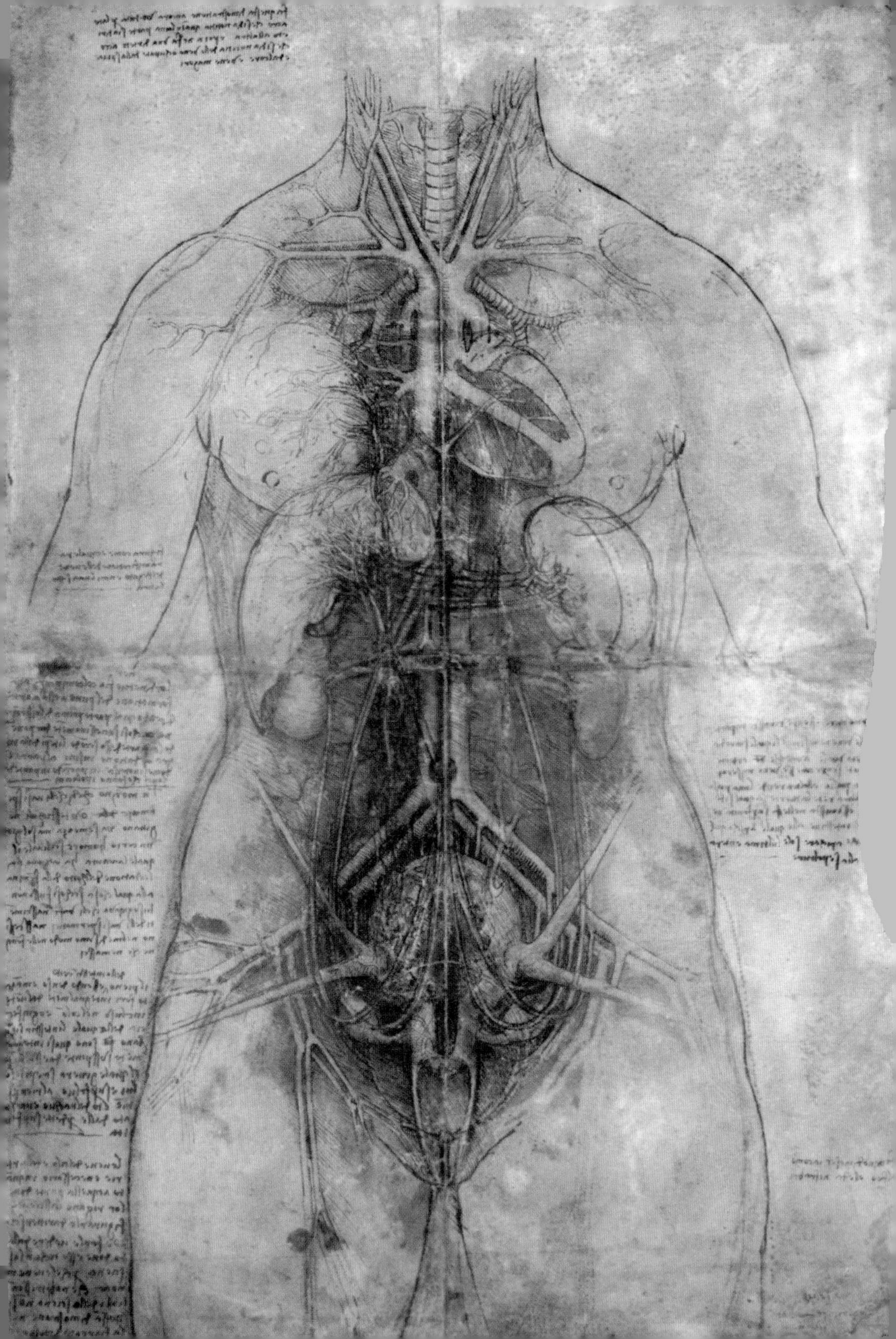

• 수천 개의 작은 구멍들(CAn 122의 후면) •

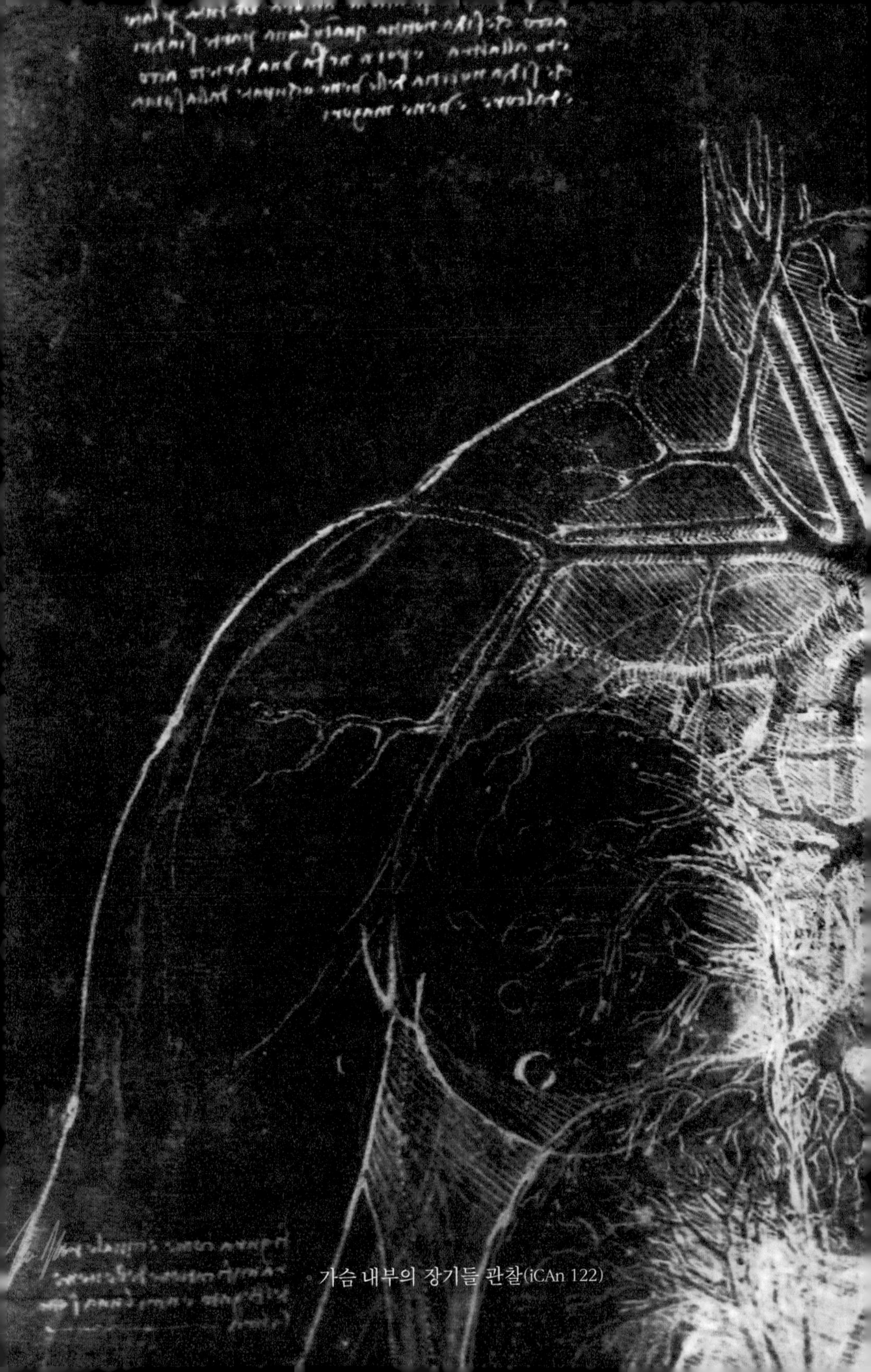

가슴 내부의 장기들 관찰(iCAn 122)

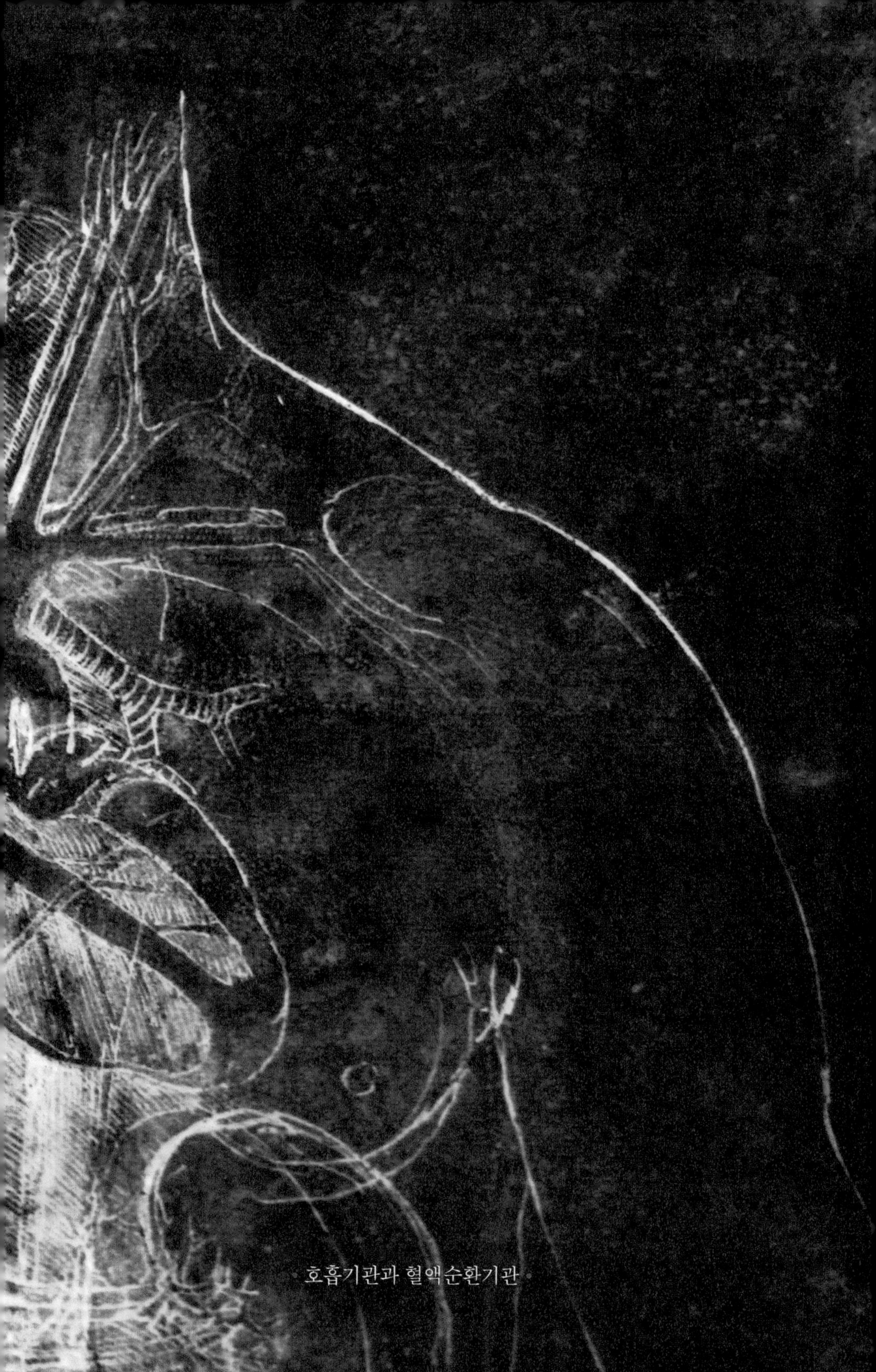
호흡기관과 혈액순환기관

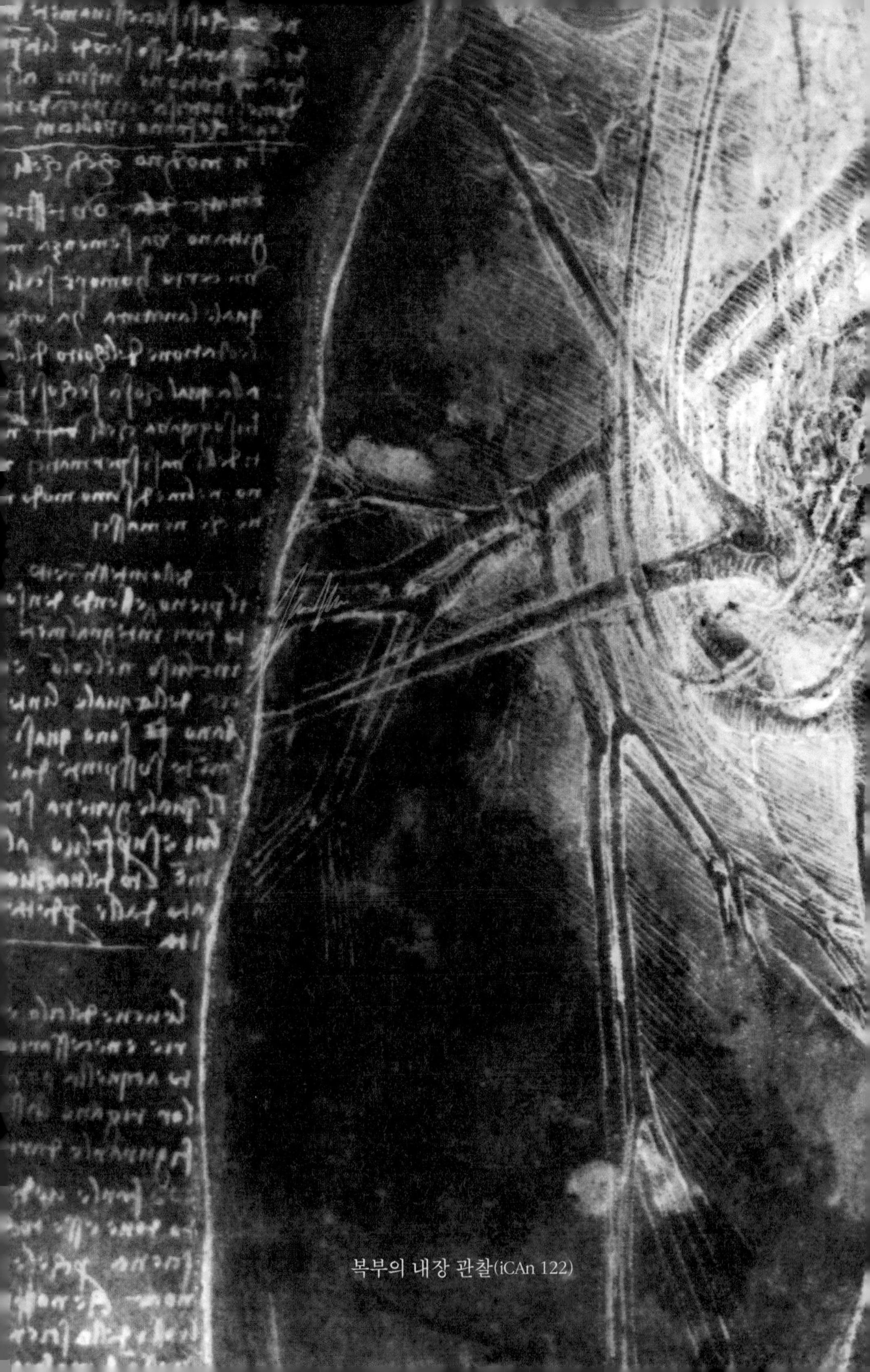

복부의 내장 관찰(iCAn 122)

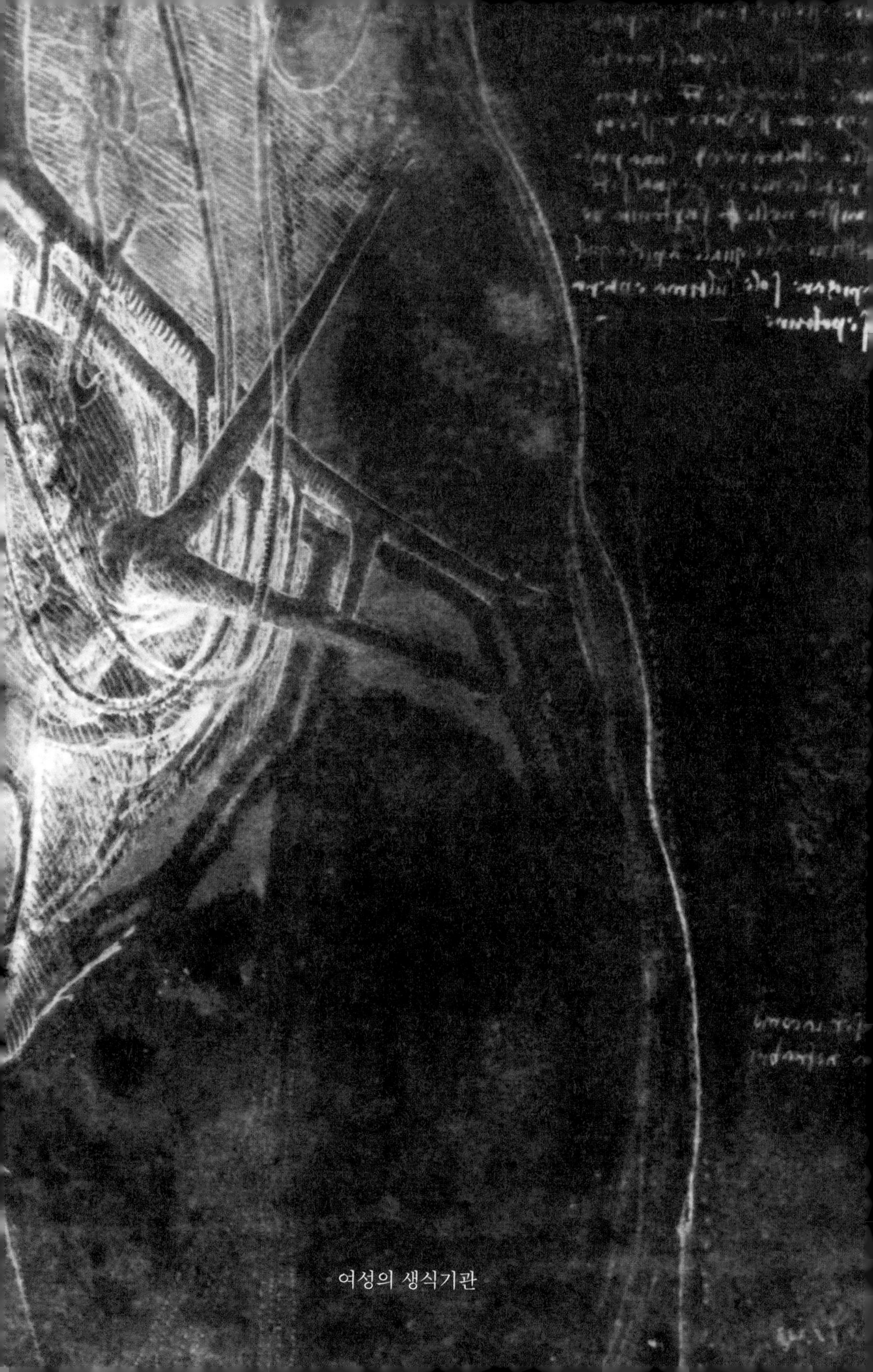

여성의 생식기관

• 인체 해부도, 그 주변의 작은 구멍들(CA 36) •

40장
입체적인 해부도

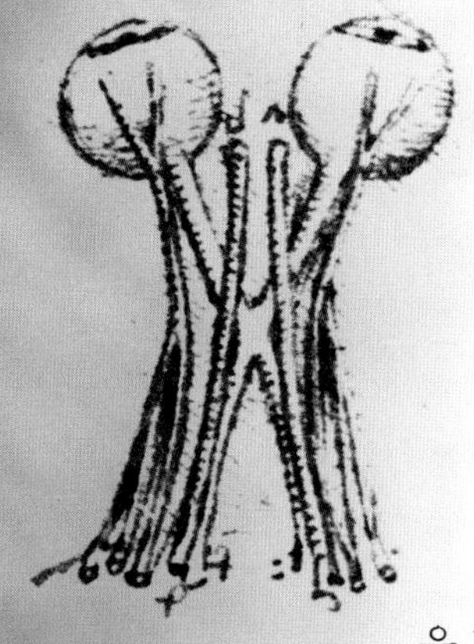

이 거대한 코덱스 페이지에는(해부학의 코덱스 122) 비밀이 있다! 레오나르도는 중간 크기의 종이에 수백 개의 해부도를 그렸다. 하지만 이 큰 코덱스 페이지는 4장의 종이를 합친 크기로, 매우 독특하다. 이 그림은 여성의 내장기관들과 혈관들을 관찰하여 놀라울 만큼 자세하게 그려 놓은 것이다.

혈관들은 그 형태의 입체감이 느껴질 정도로 명암을 넣어 세밀히 표현되었다. 디지털로 그림의 색을 바꾸어보면 현대의 X-Ray 이미지처럼 극도로 세밀하다. 페이지의 뒷면에는 그림을 따라 뚫려 있는 수천 개의 작은 구멍들이 보인다. 아주 가까이에서 보면 명확히 보이고 검은색이다. 레오나르도는 베로끼오의 공방에서 배웠던 가루 뿌리기 기술을 사용한 것이다. 구멍을 뚫은 종이를 올려 놓고, 검은 가루를 채운 양말을 두드려주면, 복사기로 복사하는 것처럼 그림이 옮겨진다. 왜 이 방식을 사용했을까?

그는 벽화를 그리려던 것이 아니다. 믿을 수 없을 만큼 놀랍고 훨씬 더 중요한 과학적인 무언가를 그리려고 이 테크닉을 사용한 것이다. 바로 내장기관들을 단계별로 그린, 입체적인 인체의 지도를 그리고자 했던 것이다. 이것은 르네상스 시대의 홀로그램이라 할 수 있겠다. 레오나르도는 무언가를 연구할 때 다른 분야의 기술들을 새로운 방식으로 적용하면 놀라운 것들을 발명할 수도 있다는 점을 보여준다.

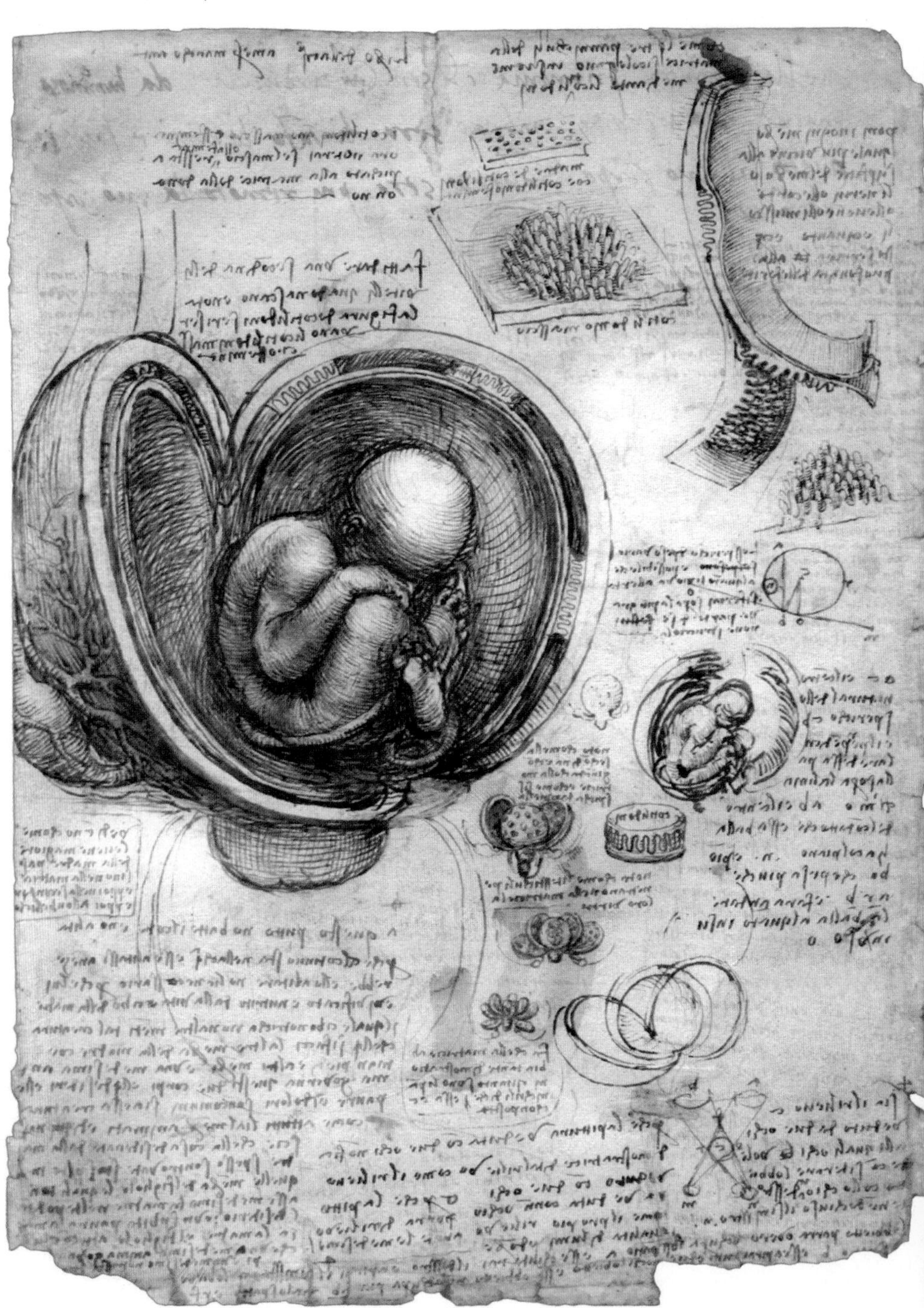

• 인체 해부도, 태아(CA 198) •

41장

내부의 생명 그리기

레오나르도의 연구에는 금기란 없었다. 자연을 알고자 하는 그의 여정에서 빠진 것은 아무것도 없다. 그가 인간의 몸이 어떻게 작동하는지 알고자 했을 때는, 시체를 절단하고 손을 더럽히는 것마저도 거리낌이 없었다. 과학자라면 한계를 가져서는 안 된다. 이러한 이유들로 레오나르도는 수많은 문제제기를 받았지만, 그는 굴하지 않고 연구를 이어갔다.

이 그림은 엄마의 뱃속에 계란처럼 움츠리고 있는 태아를 그린 것이다. 이 페이지의 뒷면에는 내장기관의 세부적인 내용들을 연구하고 그린 그림이 있으며, 다른 동물들을 이용하여 동일한 연구를 하도록 제안하는 내용이 있다. 500년 전에는 그 누구도 태아가 엄마의 뱃속에서 어떤 자세를 취하고 있는지 볼 수 없었는데, 레오나르도가 이 놀라운 그림들을 그림으로써 이렇게 처음으로 태어날 생명을 보게 된 것이다. 직접적으로 관찰할 수 있었던 근육이나 뼈의 연구와는 다르게, 이 그림은 태아가 어떻게 계란 모양으로 움츠리고 있을지 상상하여 그린 것이다. 그가 가진 해부학적, 기하학적 지식은 상상을 통해 입체적으로 시각화한 이 작업을 가능케 해주었다.

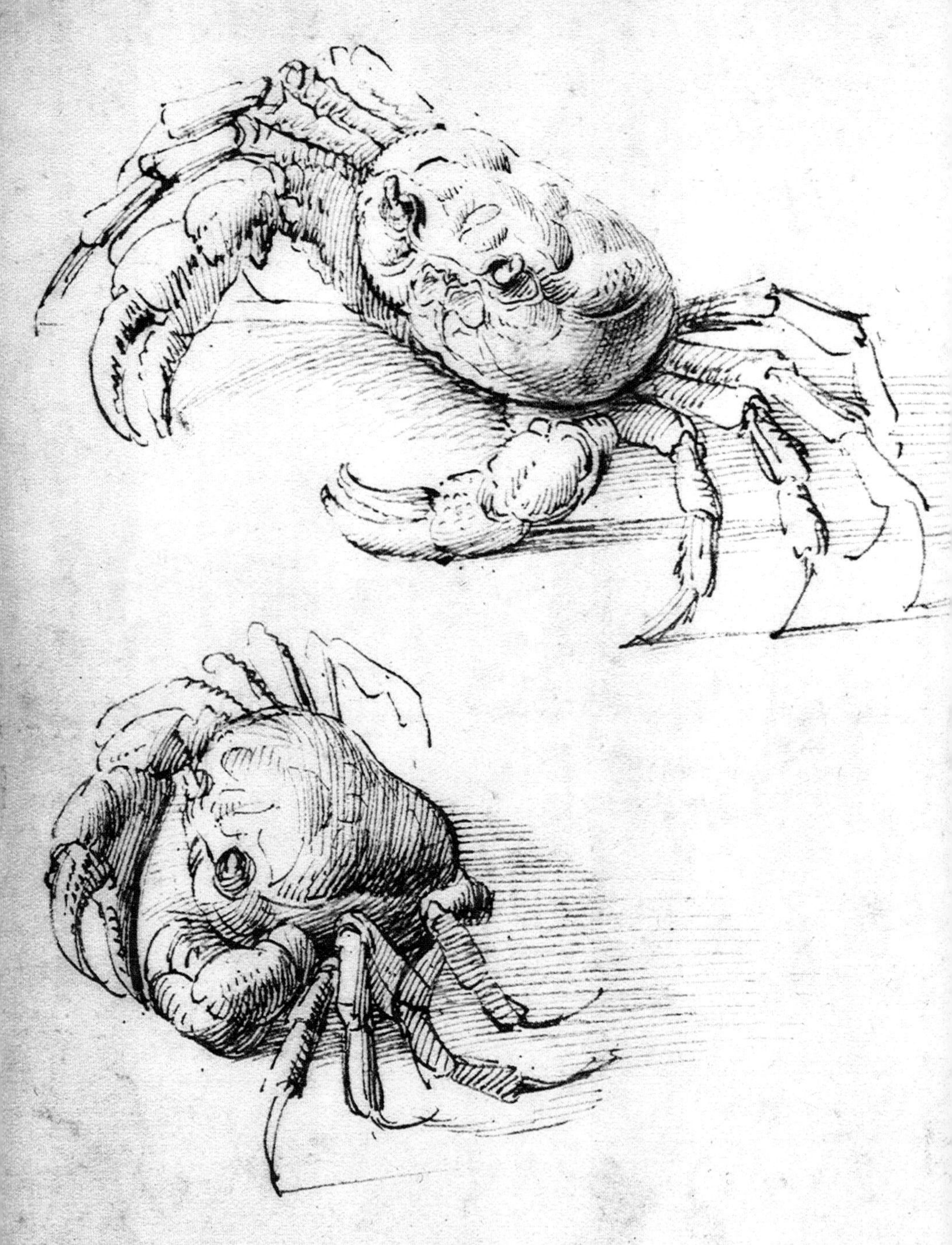

• 두 개의 시점에서 바라본 한 마리의 게(RV 63) •

42장
게 이야기

"어느 날 한 마리의 게가, 작은 물고기들이 강에서 헤엄치는 것보다 바위 주변을 조심스럽게 도는 것을 좋아한다는 것을 알아냈다. 물은 공기처럼 깨끗했고, 물고기들은 그늘과 햇빛을 즐기며 평화롭게 헤엄치고 있었다. 이 게는 밤이 되기를 기다렸다가, 아무에게도 들키지 않게 바위 밑으로 숨어들었다. 마치 저승사자가 그 소굴에서 먹이를 염탐하는 것처럼 숨어 있다가, 물고기들이 지나가면 낚아채서 잡아먹었다. '네가 하는 짓은 맘에 안 드는군!' 바위가 투덜댔다. '너는 이 아무 죄 없는 불쌍한 물고기들을 잡아먹기 위해서 나를 이용하고 있다고!' 게는 바위가 하는 말을 듣는 척도 하지 않았다. 그는 매우 만족스럽게 이미 맛본 물고기들을 쫓아가 잡아먹기에 여념이 없었다. 하지만 어느 날 갑자기 홍수가 났다. 강물은 크게 불었고, 강한 물살이 바위를 치자, 바위가 그 밑에 숨어 있던 게를 짓누르며 강바닥을 굴렀다."

이것은 레오나르도가 스스로 즐기고, 교훈을 주기 위해서 지어낸 수많은 이야기들 중에 하나이다. 이 것은 늘 안심하지도 말고, 아무것도 안 하고 숨어 있지도 말라는 이야기이다! 레오나르도는 이런 동화뿐 아니라 해부학을 공부하기 위해서도 많은 동물들을 그렸는데, 개나 고양이, 벌레들을 그렸고, 가끔은 그냥 그림 공부를 하기 위해서도 그렸다. 이 큰 코덱스 페이지에 두 마리의 게가 보이지만, 사실은 다른 시점에서 본 한 마리의 게이다. 이런 방식으로 평면적인 종이 위에 입체적인 물체를 기록 보존할 수 있는 것이다.

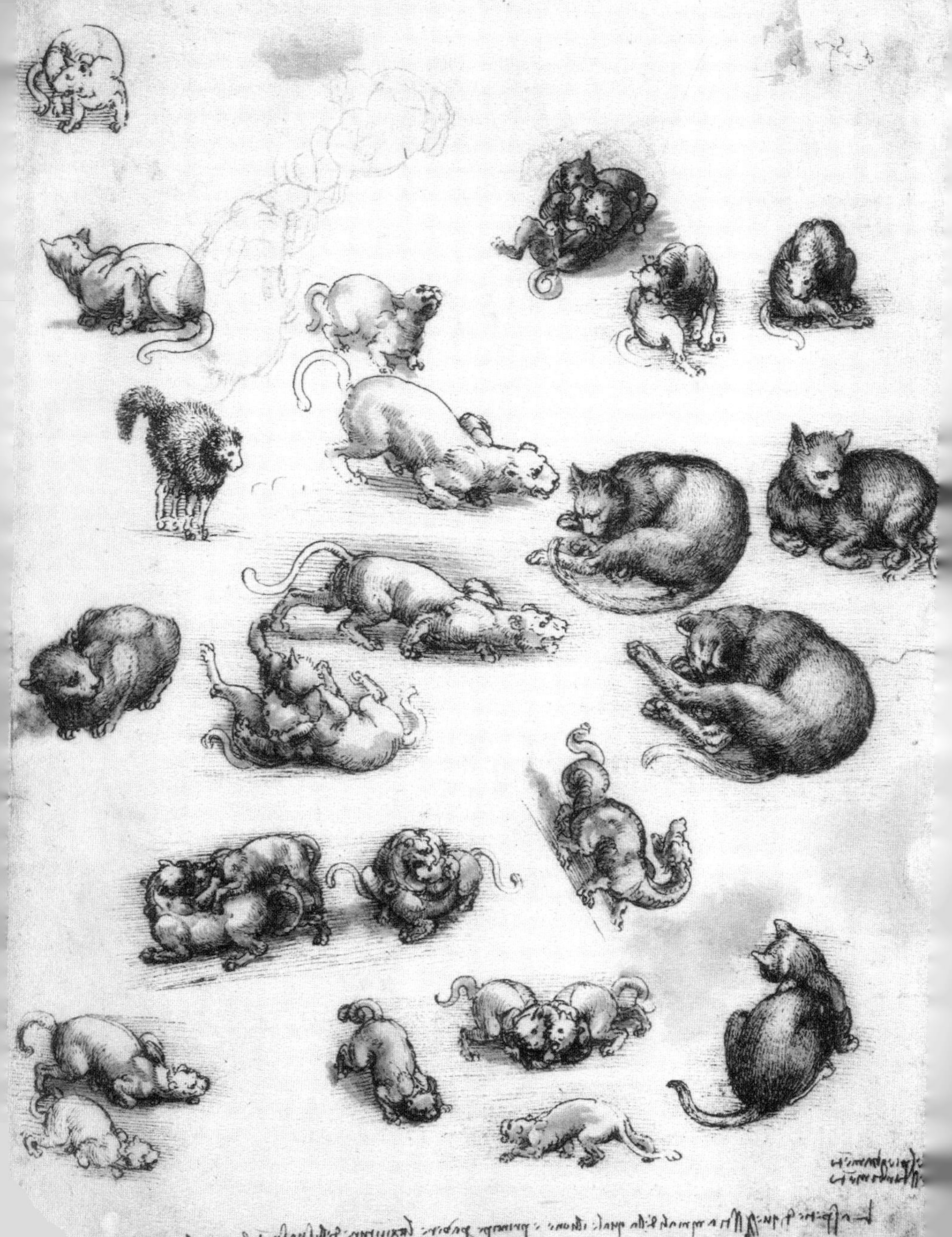

• 레오나르도의 용 묘사(CV 64) •

43장

레오나르도의 애완 고양이

레오나르도는 고양이를 한 마리 가지고 있었다. 가끔 그의 수기노트에 고양이 그림들이 등장하는 걸로 봐서, 그의 연구실에 고양이가 한 마리쯤 있었을 것이다. 노트의 한 페이지에는 다양한 포즈의 28마리의 고양이 그림을 그렸는데, 편안한 자세의 고양이, 털을 곤두세운 고양이, 싸우고 있는 고양이 등 다양하다. 적은 수의 선으로 이 동물의 동작들과 곡선을 표현해냈다. 이 28마리의 고양이 그림들 가운데 불청객이 하나 있는데, 그것은 작은 용이다. 당시, 용은 환상의 동물이었으며, 자주 성 죠르죠와 함께 그려지곤 했다. 르네상스 시대의 용들은 강아지와 악어 사이쯤 되는 것으로, 어떤 것은 날개가 달렸거나 동물과 다른 부분들이 달려 있었다. 레오나르도는 이 페이지의 뒷면에 다수의 말과 기사가 많은 용들과 싸우는 그림을 그려 넣었다. 이 각각의 작은 스케치들은 우리에게 동작에 대한 이해와, 충분한 지식을 바탕으로 그린 근육의 비틀림에 대한 이해를 선사한다. 그는 마치 장난처럼, 이 페이지에 고양이 한 마리를 그려 넣었다. 레오나르도의 다른 용 스케치들을 보면, 뱀의 꼬리와 날개가 달리거나, 말의 다리와 유니콘의 머리도 달려 있다. 이 스케치들은 단지 그림 연습을 위한 것일 수도 있고, 성 죠르죠와 용을 그리기 위한 준비과정일 수도 있다. 그는 이렇게 다양한 포즈의 샘플들을 그린 후에, 그릴 작품에 어울리는 포즈를 골랐을 것이다.

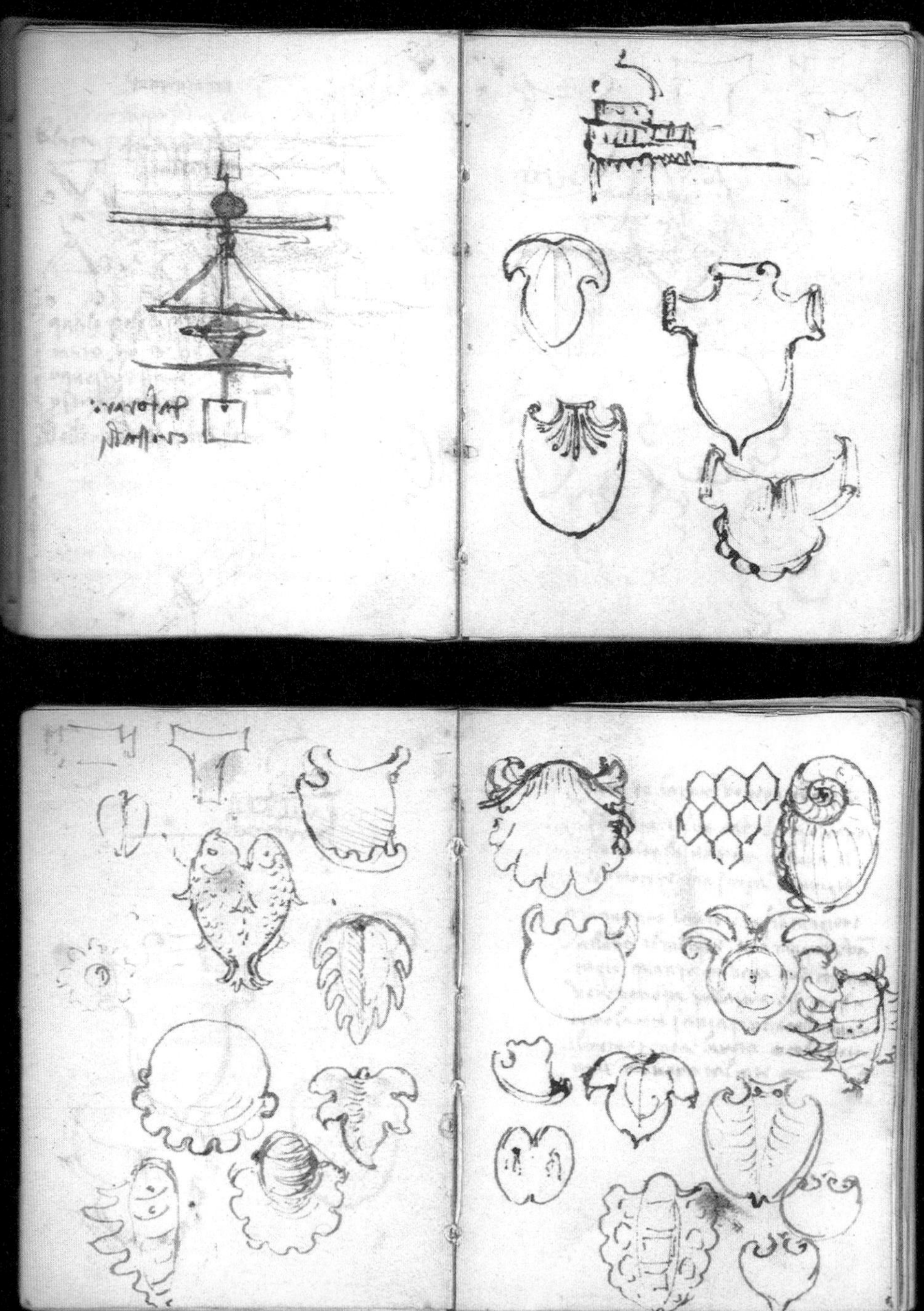

44장

자연의 초소형 수집물들

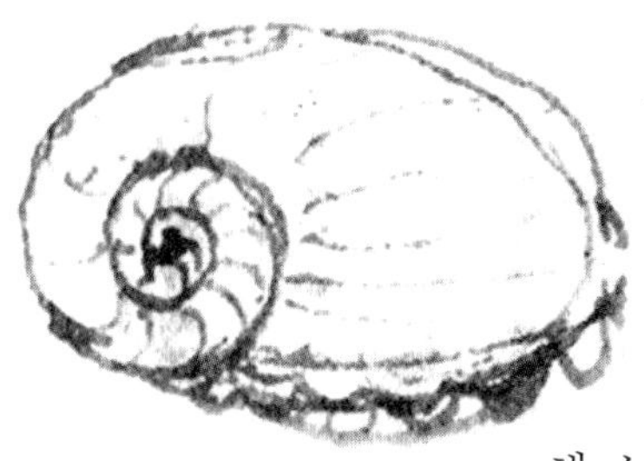

다빈치의 코덱스는 존재하지 않는다. 빈치 출신의 레오나르도의 코덱스만이 존재할 뿐이다! 밀라노에 있는 레오나르도는 200페이지 분량의 빈 노트를 준비해 소책자들을 쓰기 시작했고, 이 노트들은 그의 관심사들을 모방하고, 연구하고, 그리기 위해 사용되었다. 이 중에 몇 개의 여행용 수첩들은 손바닥 안에 들어갈 정도로 정말 작았다. 그는 그 수첩들을 늘 몸에 지니고 다니면서 눈에 보이는 것들을 모두 그려 넣었다. 마치 오늘날 우리가 사진기를 사용하는 것처럼 레오나르도는 이 메모장에 빠르게 그림을 그려 넣었다.

그의 수많은 수첩들은 손실되었지만, 대략 20권 정도가 보존되고 있어 그의 연구조사들을 엿볼 수 있다. 예를 들어, 이 수첩의 두 페이지에는 조개껍질들이 많이 그려져 있다. 마치 컬렉션처럼 조개껍질의 목록을 만들었다. 그리고 이 껍질들이 방패나 문장들을 닮았다는 것을 알 수 있는데, 실제로 레오나르도는 이 조개껍질들에게서 영감을 얻어 방패나 문양의 형태를 만들어 냈다. 그리고 두 마리의 생선이 그려져 있는 페이지도 있다. 아마도 그는 방패나 문장을 디자인하기 위해, 자연에서 영감을 얻어 많은 모양을 그렸으며, 그 중에서 마음에 드는 것을 골라서 사용했을 것이다. 자연은 영감을 얻기 위한 가장 중요한 자원이다.

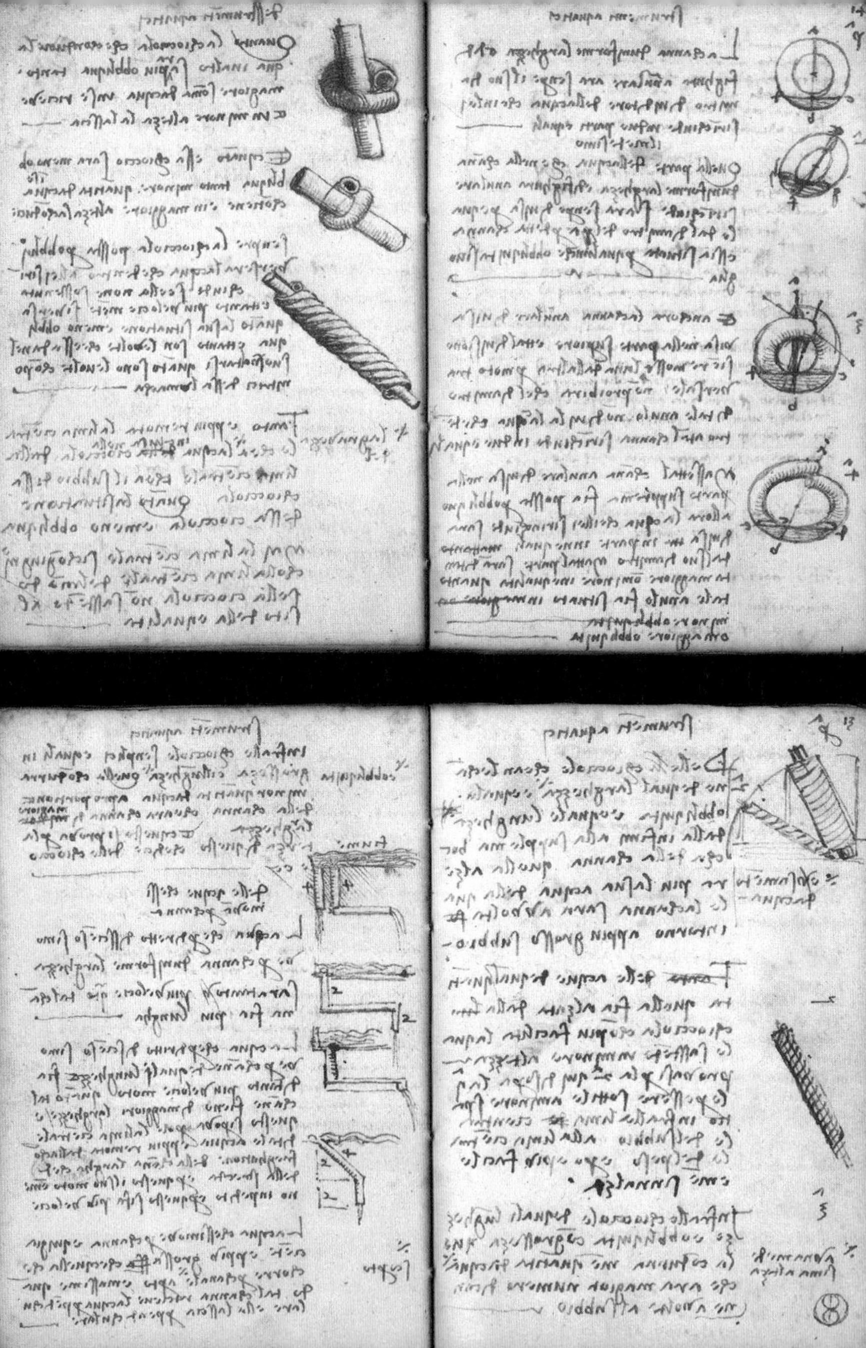

45장

나사는 아르키메데스의 것이다

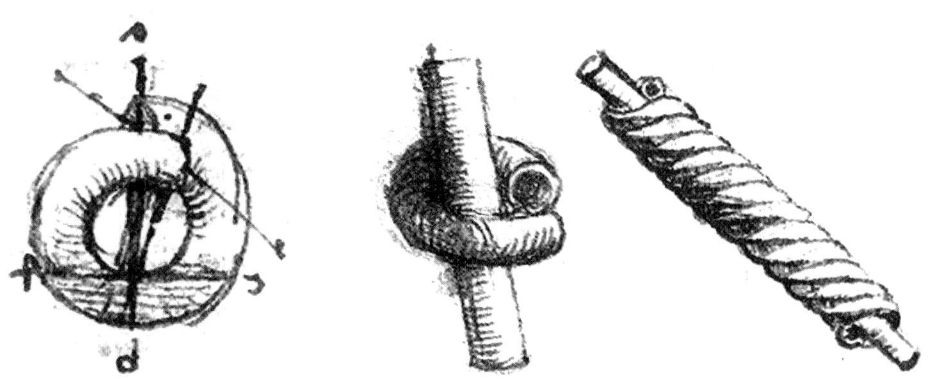

만약 원통관을 하나의 축에 감으면 굵은 나사가 만들어진다. 이 나사를 물이 담긴 통에 넣고 비스듬히 하여 돌리면, 천천히 물이 관 안으로 들어가서 위쪽으로 나올 것이다. 물을 아래에서 위로 끌어올리는 이 기발한 운동은, 다양한 역학장치들을 작동하는 데 필요한 강력한 에너지를 얻기 위해 유용하게 쓰일 수 있다.

이 시스템은 레오나르도가 그의 코덱스에 과학적으로 연구하고 분석한 것이다. 때문에 많은 박물관들이 이 장치를 레오나르도가 발명한 것으로 잘못 알리고 있는데, 이것은 아르키데메스의 발명품이다. 이 나사의 이름이 아르키메데스의 나사인 이유이다.

레오나르도는 이 장치를 조사하고 연구하여, 그 작동과 기하학을 분석한 후, 이 시스템을 이해하고 발전시키기 위해 과학과 수학을 처음으로 접목하였다. 그는 물을 끌어올리고, 그 올라오는 물에 의해 돌아가는 거대한 장치들을 개발하기 위해 아르키메데스의 나사가 이용된 멋진 도식화들을 그렸다. 과학과 역사의 연구는 새로운 것들을 발명하기 위한 기초이다.

• 자동 펌프(CA 26v)

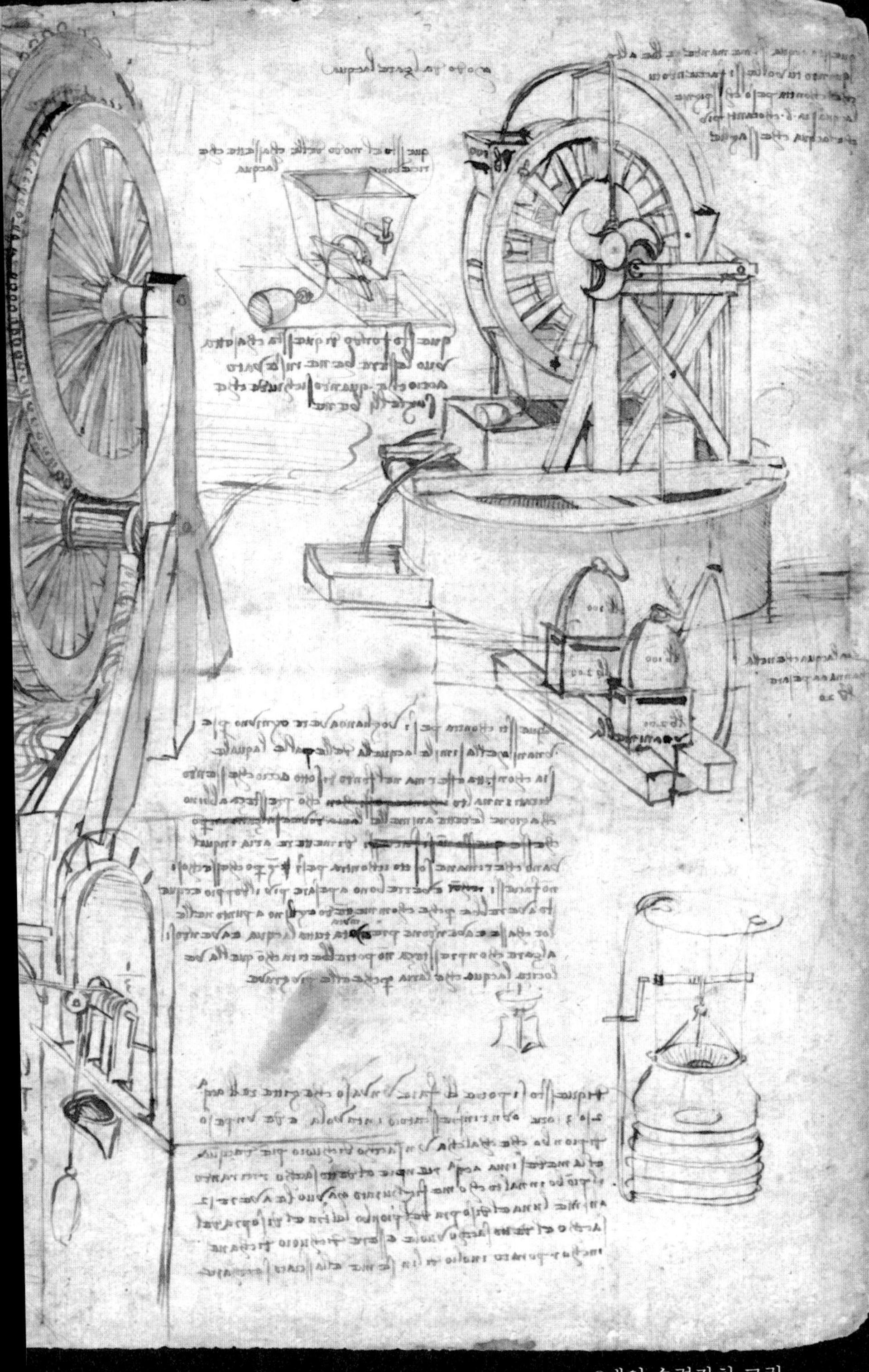

8개의 수력장치 그림

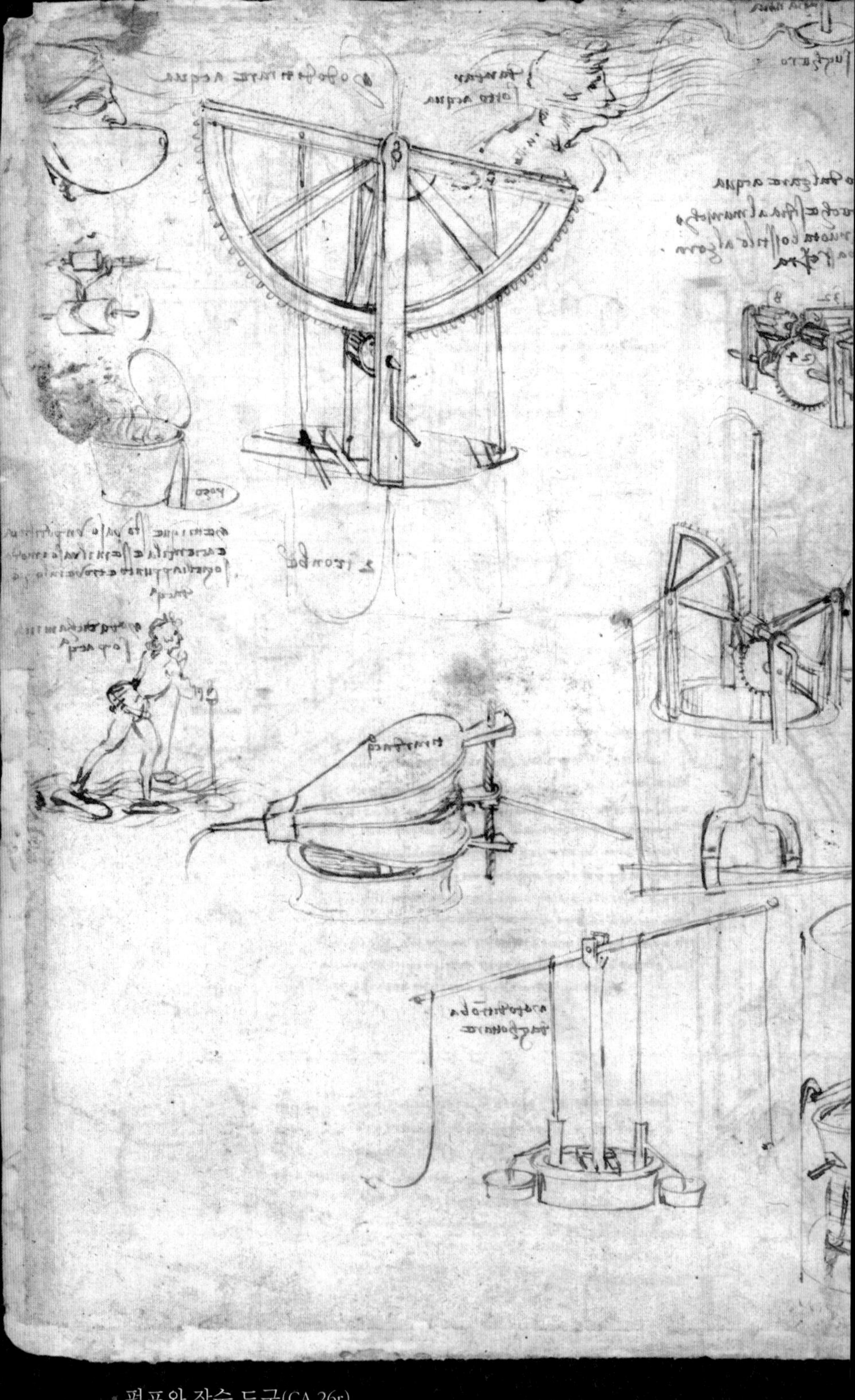

• 펌프와 잠수 도구(CA 26r)

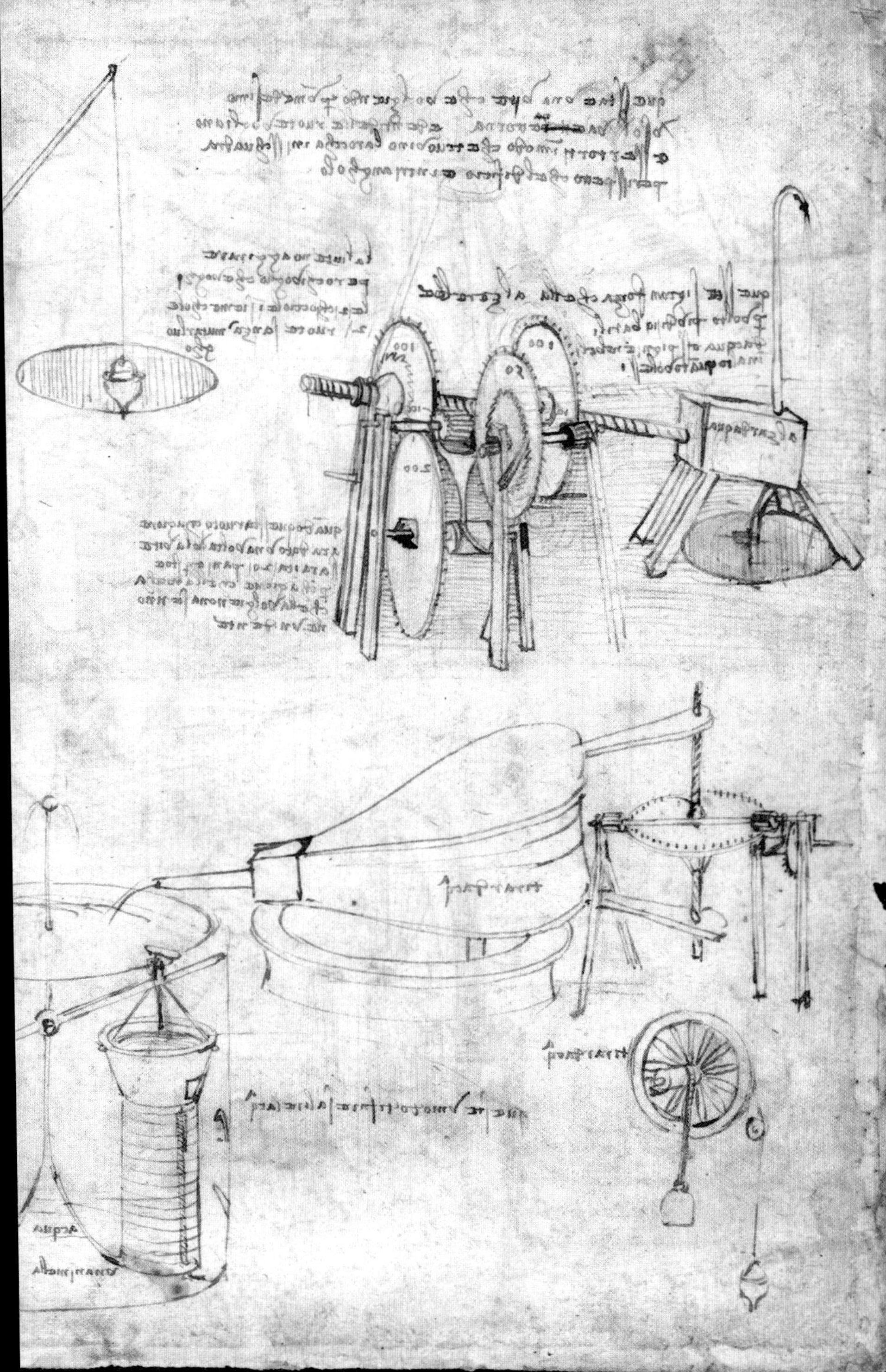

• 자동 펌프, 부력 신발과 장치들

만일 당신이 혼자라면, 당신은 전부 당신의 것이다

46장

당신이 혼자라면…

레오나르도의 미술 학술서를 보면 그가 "만약 당신이 혼자라면, 당신 자신은 오롯이 당신의 것이며, 만약 반려자가 있다면 당신 자신은 절반만 당신의 것이다"라고 쓴 글이 있다. 레오나르도는 자주 혼자서 연구하고 일하곤 했다. 그는 결혼하지도 않았고, 반려자도 없었다. 그가 동성애자였건 아니건, 그건 우리의 관심사가 아니며, 당연히 중요한 사안도 아니다. 레오나르도는 만약 인생의 반려자가 있다면 자기자신에게 할애되는 시간은 적어진다고 말하고 있다. 그는 자신이 하고자 하는 일을 하기 위해, 그리고 그것을 늦은 시간까지 하기 위해, 홀로 지내기를 원했다. 그는 다른 이들에 대한 의무에 갇혀 있는 것을 싫어했으며, 자유롭기를 원했다. 그는 자유를 사랑했으며, 직장과 주거지를 자주 옮겼다. 그의 용기와 천부적인 소질 덕에, 그는 흔치 않은 자유를 만끽할 수 있었다. 그는 자주 그림을 미완성으로 두었으며, 시작한 그림을 약속보다 늦게 끝내는 일이 잦았다. 그러면서도 절대 멈추는 일이 없었다. 고요하고 평범한 삶, 안착하는 삶은 천재들에게는 맞지 않다. 세상을 알고자 한다면 여행을 해야 하며, 성공을 원한다면 무엇이 되었든 간에 그것에 대한 열정이 뒤따라야 한다.

레오나르도의 연구소

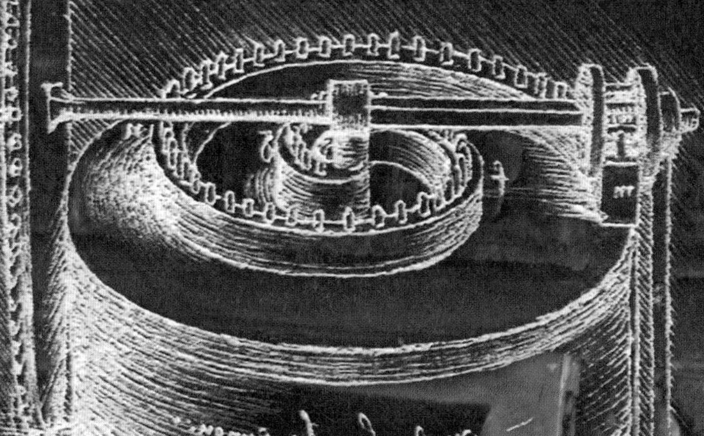

선형 태엽 모터

· 레오나르도와 그의 견습공 조로아스트로 ·

47장

역사는 반복된다

레오나르도가 혼자서 연구하고 일하는 것을 즐긴 것은 사실이지만 모두가 그렇듯이 도움은 필요했다. 그도 밀라노에 르네상스식 예술 공방을 차렸다. 마치 그가 배움을 위해 베로끼오의 공방에 갔던 것처럼, 젊은 학생들도 배우고 일하기 위해서 몰려들었다. 역사는 반복되는 법이다. 레오나르도는 연구를 위해 필요한 주옥 같은 시간들을 낭비시키는, 주문 받은 그림들을 마무리하기 위해서 도움이 필요했다. 그리고 그가 연구한 몇몇의 장치들을 만들어 보기 위해서도 견습공들의 도움이 필요했다.

엄청난 분량의 코덱스와 수기노트들을 보면, 그가 그림을 그리는 것보다는 자연을 연구하고 새로운 장치들을 만드는 것에 더 관심이 많았다는 것을 알 수 있다. 실제로 그의 그림들은 몇 점 되지 않으며 어떤 것들은 미완성이다. 일단 그림을 그리기 시작하면, 레오나르도는 가장 중요한 부분들만 집중해서 그리고 나머지 지루한 부분들은 견습공들에게 그리도록 하였으며, 후에 미흡한 부분들을 고치고 수정했다. 볼트랍피오, 데 프레디스, 살라이, 그리고 멜지 같은 레오나르도의 젊은 견습공들은 각기 다른 특징들을 가지고 있었다. 그들 중 일부는 화가가 되었고, 다른 이들은 학자가 되었지만, 아무도 스승인 레오나르도가 보여주었던 능력을 능가한 사람은 없었다. 이처럼 위대한 일을 이루기 위해서는 항상 누군가의 도움이 필요한 것이다.

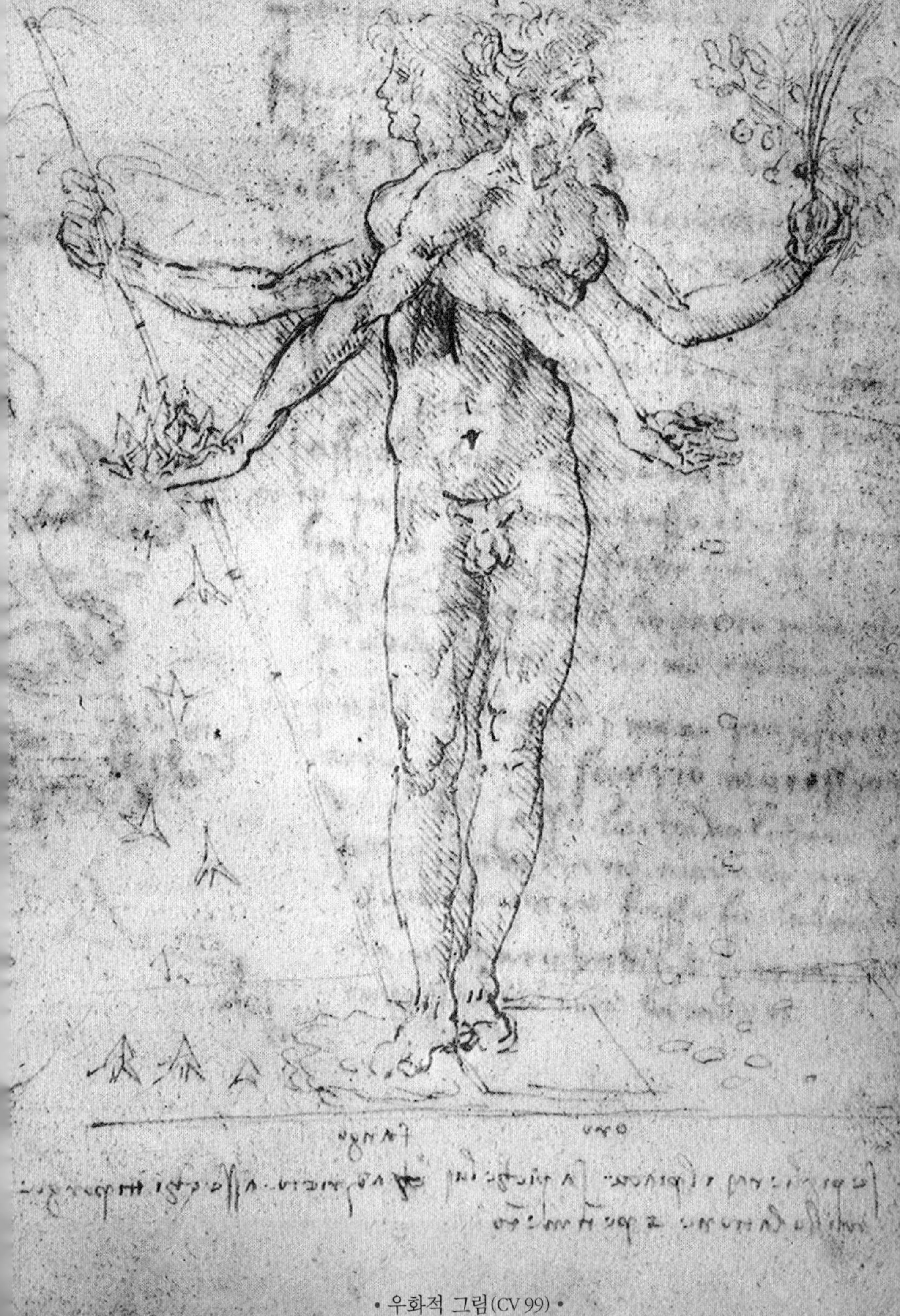

• 우화적 그림(CV 99) •

48장

행운

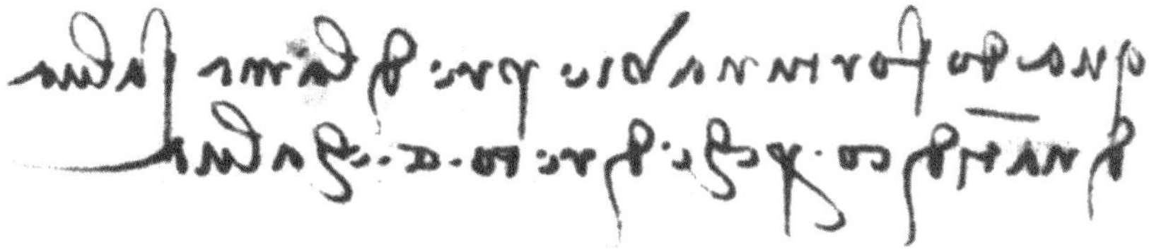

레오나르도는 그의 수기노트에 그가 지은 우화와 동화, 수수께끼들을 기록하였으며, 우리에게 매우 유용한 몇 개의 격언을 남겼다. 가끔씩 썼던 그의 격언들은 지혜와 경험으로 가득한 짧은 문구들이며, 실수 없이 레오나르도의 방식을 따르기 위해서는 매우 유용하다. 코덱스 아틀란티쿠스의 785v 페이지를 보면 다음과 같이 써 있다.

"마치 철은 사용하지 않으면 녹이 나고, 물은 썩거나 추위 속에서는 얼어버리는 것처럼, 재능은 연마되지 않으면 고장난다." - 연습은 가장 중요한 것이다!

"무언가를 칭송하는 것은 좋지 않으며, 제대로 알지 못하면서 모방하는 것은 더 좋지 않다." - 모방하거나 연구하기 전에 먼저 알아야 한다!

"행운이 올 때 꽉 붙잡으라. 그리고 기다리지 말고 즉시 그 행운을 이용하라. 그렇지 않으면 곧 사라진다." - 훌륭한 예술가나 천재가 되기 위해서는 연구나 연습 이외에도 가끔은 어느 정도의 행운이 필요하며, 그 사실을 받아들여야 한다. 레오나르도에게는 적시적소에 행운이 찾아왔다. 우리가 행운을 조정할 수는 없지만, 우리는 공부를 통해 우리의 지식과 인내, 그리고 의지를 성장시킬 수는 있다. 그 후에 행운이 찾아온다면 그 행운을 취하여야 한다. 하지만 우리가 준비되어 있지 않다면, 행운이 오더라도 레오나르도처럼 될 수 있는 기회를 놓치고 말 것이다.

코덱스 아틀란티쿠스 •

49장
경이로운 수집품들

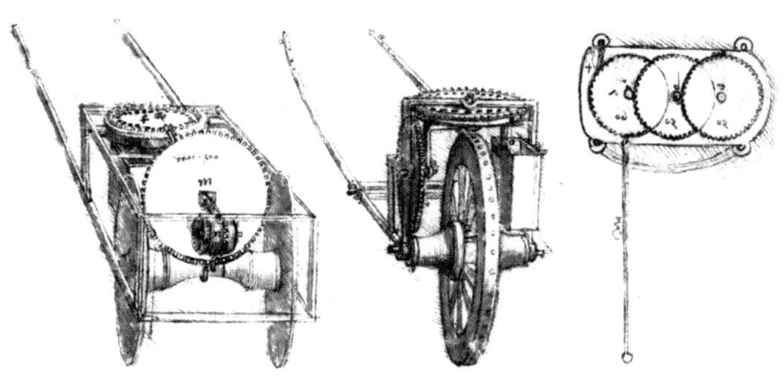

레오나르도의 가장 유명한 도식화 모음집들 중 하나는 코덱스 아틀란티쿠스인데, 이 코덱스가 레오나르도의 것이 아니라 폼페오 레오니의 작품이라는 것은 흥미로운 사실이다. 폼페오 레오니는 1531년에 태어난 예술가였으며, 레오나르도의 업적이 지닌 가치를 알아보고 사랑에 빠졌다. 레오나르도의 문서들과 수기노트들을 전부 사들이고 수집하여 여러 개의 컬렉션으로 목록을 나누어 정리하였다. 레오나르도는 수백 권의 책과 수천 장의 여기저기 흩어진 문서들을 가지고 있었다. 이 낱장의 문서들은 지도를 그리는 데 사용되던 큰 사이즈의 흰 종이에 붙여져서 두 개의 대형 책으로 만들어졌다. 폼페오 레오니는 기술 도식화들과 순수미술을 구분하였고, 그것들을 모두 가위로 잘라서 보관하는 데 성공하였다. 거의 천 장에 가까운 공학연구를 모아 놓은 컬렉션이, 그 유명한 코덱스 아틀란티쿠스가 된 것이다.

폼페오 레오니는 엄청난 열정을 가지고 레오나르도의 메모들을 연구한 후 조각가가 되었다. 오늘날도 레오나르도의 연구에 열정을 느끼는 사람이라면 그에게서 영감을 받아야 한다. 그냥 단순한 수집가가 되는 것은 의미가 없으며, 레오나르도가 했던 것처럼 직접 연구와 창작에 몰두해봐야 할 것이다.

• 코덱스 아틀란티쿠스의 1200페이지의 노트 •

• 16개의 대포가 장착된 전쟁무기(CA 1) •

50장
무적 함선

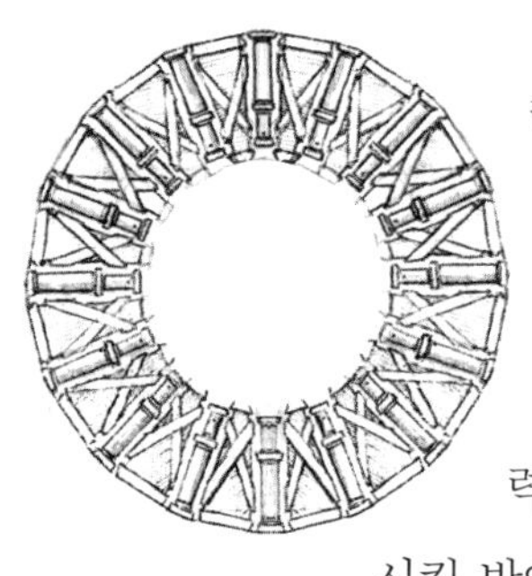

레오나르도는 군사 학술서에서 모방한 몇 가지의 초현실적인 무기 도식화들을 밀라노의 군주에게 가져갔다. 그 때부터 조금씩 군사공학에 열정을 느끼기 시작하여 새로운 무기들을 만들고자 노력하였으며, 군사 학술서에 소개된 장치들을 작동시킬 방안을 모색했다. 예를 들어, 그는 군주에게 있는 그대로 가지고 간 탱크가 작동하지 않을 것이라는 것을 알았기에 작동방법을 알아내려고 노력했다. 이 위에서 내려다 본 각도의 도식화는 16개의 대포가 원형으로 배치되어 있다. 이것이 무슨 장치인지 이해하기 위해 도식화를 자세히 살펴보자.

그림의 중앙에는 바퀴와 판들이 달린 이상한 장치가 있다. 두 개의 큰 판이 달린 큰 톱니바퀴가 중앙에 연결되어 있는데, 이것은 물레방아나 보트용 프로펠러랑 비슷해 보인다. 이 부속장치들 가까이에는 작은 크랭크들이 장착되어 있으며, 이것은 이 장치가 얼마나 큰 것인지 알 수 있게 해준다. 중앙에 있는 프로펠러들을 회전시키는 이 돌리는 핸들은 사람이 작동시킨다. 중앙의 프로펠러 밑에는 구멍이 있다. 이것은 중앙에 구멍이 뚫린 매우 큰 원형 함선이다. 바퀴들은 배를 조종하는 데 사용되며, 반대 방향으로 돌리면 360도 전방향으로 발사하도록 장착된 대포들을 회전시킨다. 한 개의 대포를 발포하는 동안 다른 대포들을 청소하고 장전할 수 있다. 레오나르도는 탱크를 무적 함선으로 바꾼 것이다.

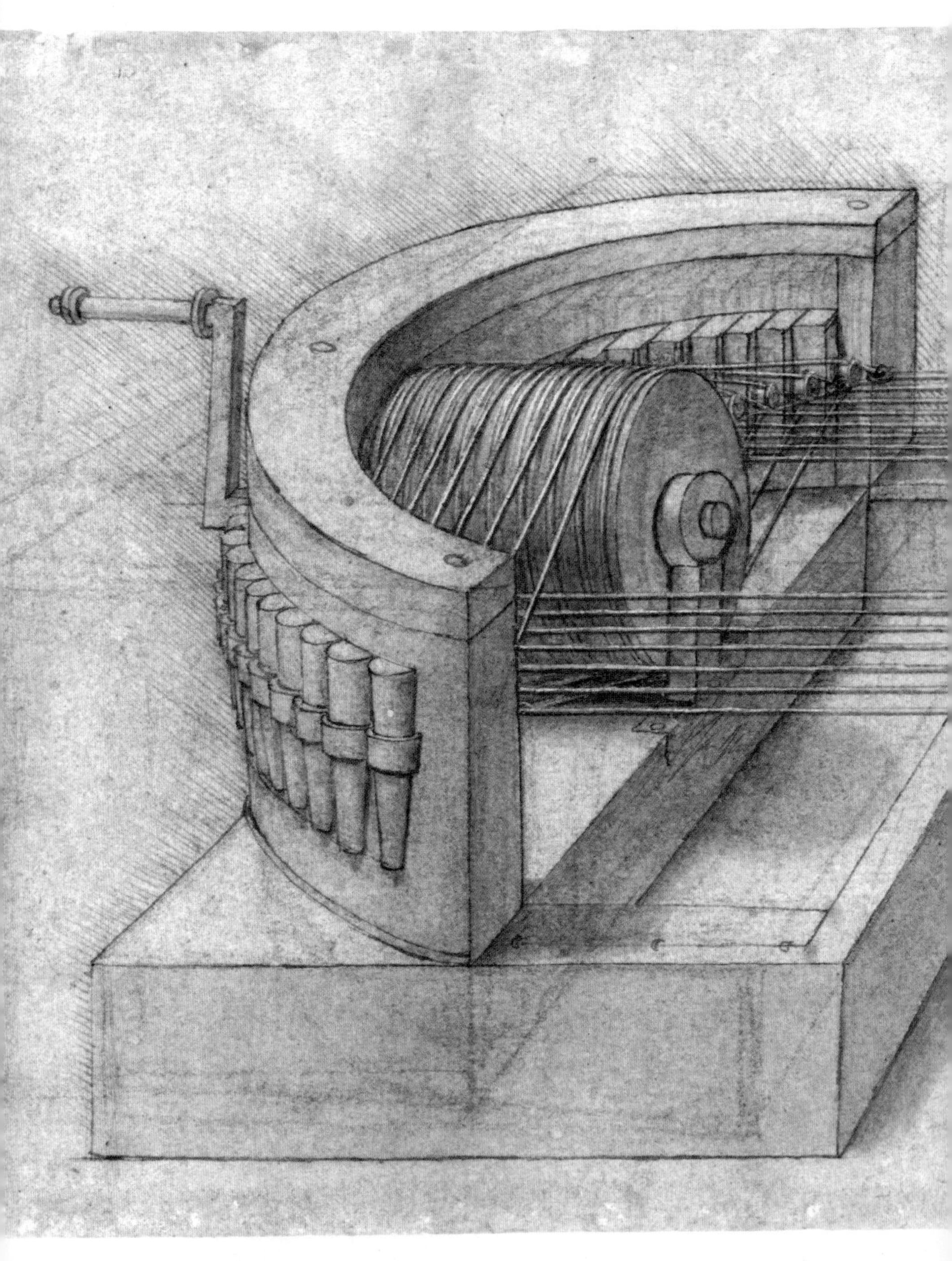

• 줄을 만드는 장치(CA 12r) •

51장
장치의 아름다움

레오나르도의 장치들을 그린 도식화들은 모두 경이롭다.

레오나르도는 예술가로 시작해서 공학자, 건축가, 그리고 과학자로 탈바꿈하였다. 역사상 처음으로 각종 장치들을 멋지게 소개할 수 있는 능력을 가진 공학자였던 것이다. 그는 한 주제를 연구하고 나면 먼저 초안들을 그리고, 다음에 깨끗하고 완벽한 최종적인 도식화를 그렸다. 이 도식화는 줄을 만드는 장치를 그린 것이다. 이 도식화는 축측 투상법으로 그린 것이며, 명암과 빗금선들은 형태를 입체적으로 보이게 한다. 이 방식으로 모든 형태와 부분들을 완벽하게 이해할 수 있다. 왼쪽의 돌리는 손잡이는 8개의 줄에 연결된 중앙의 실린더를 회전시켜서 왼쪽으로 빠져 나오는 16개의 줄을 감는다. 이것은 마치 예술적인 조각품 같다. 아니, 그것이 맞다.

장치들조차도 예술작품으로 인정받을 만한 아름다움을 갖추고 있으며, 그것은 모나리자의 아름다움과도 견줄 만한 것이었다.

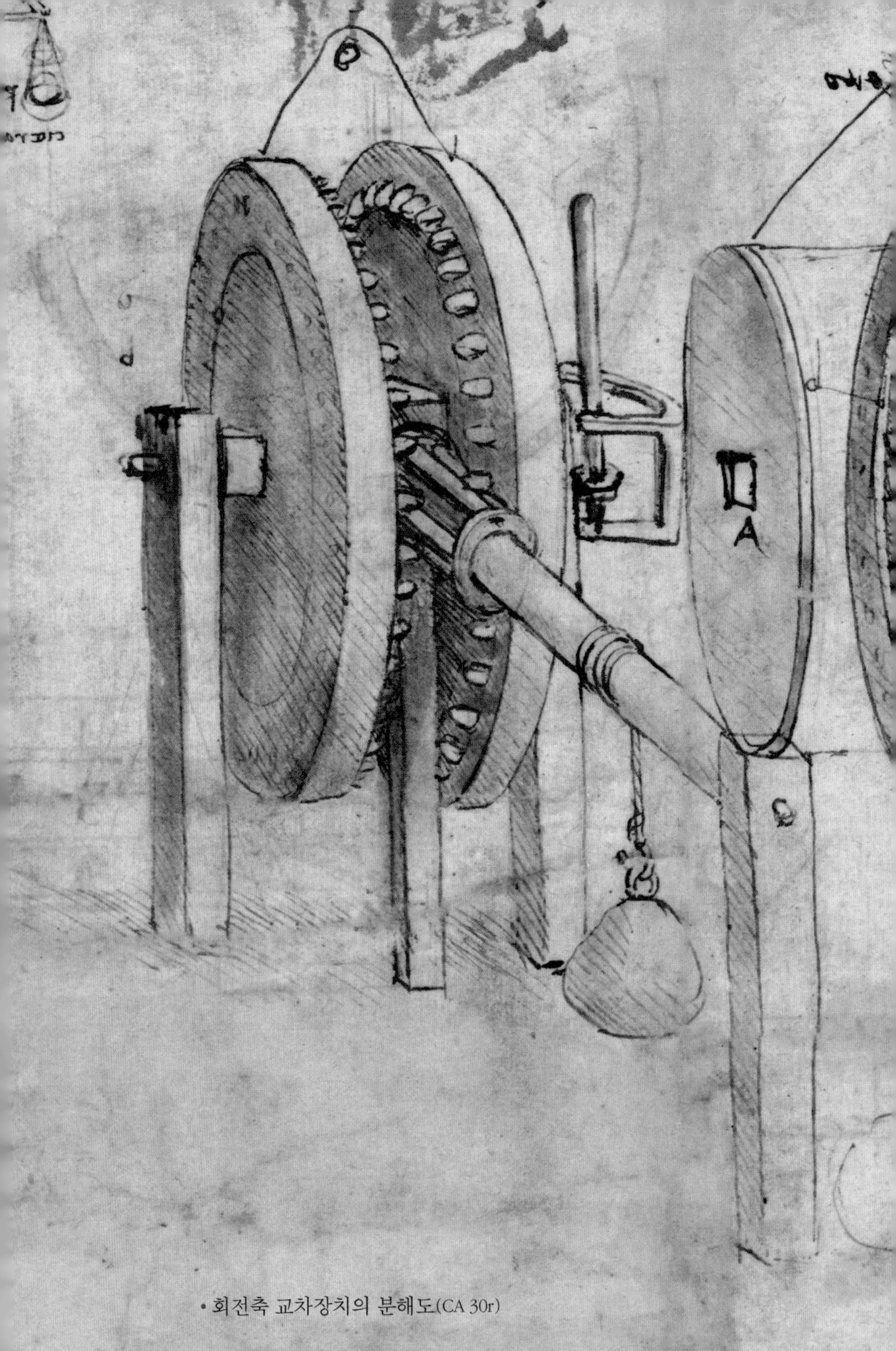

• 회전축 교차장치의 분해도(CA 30r)

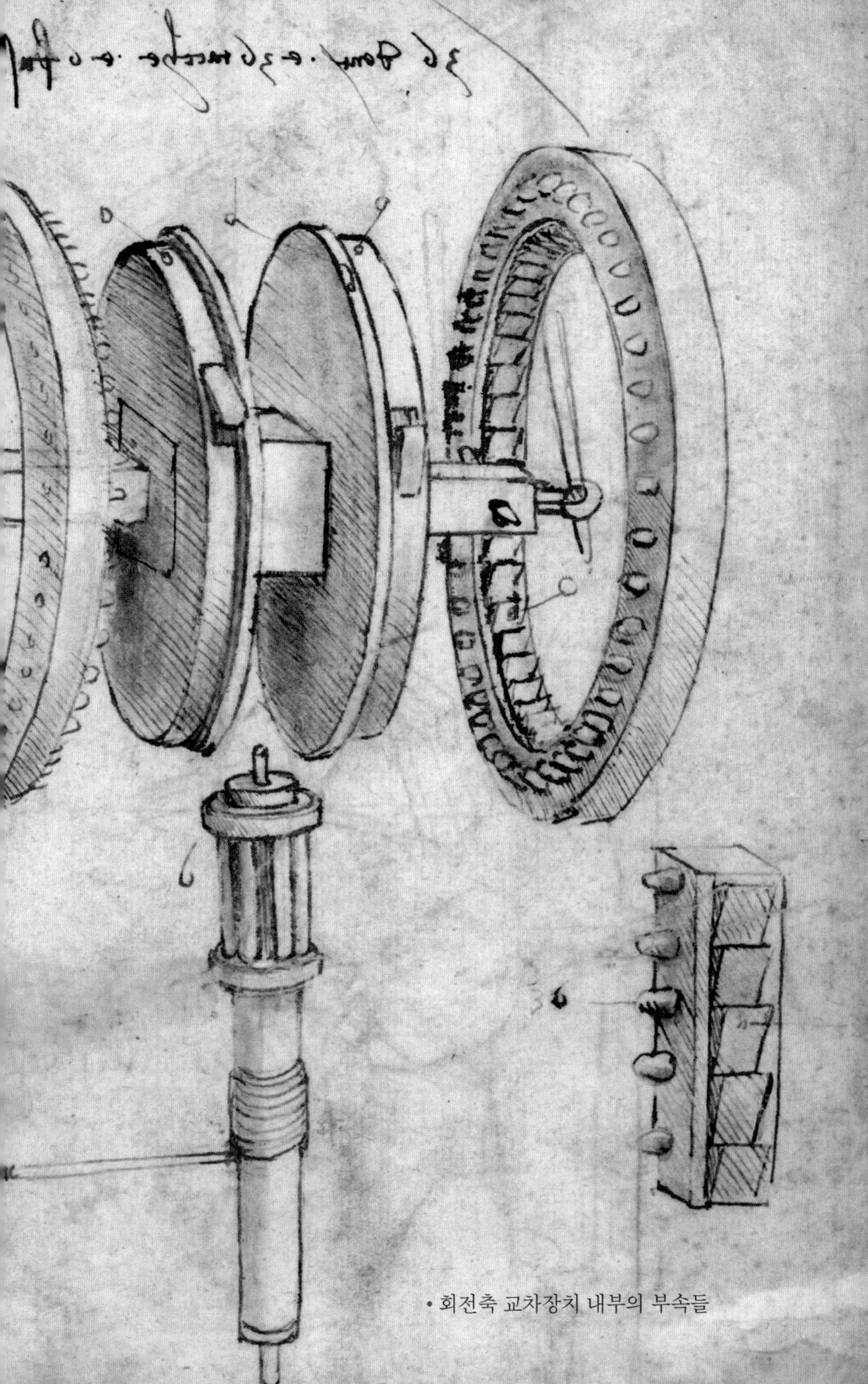

• 회전축 교차장치 내부의 부속들

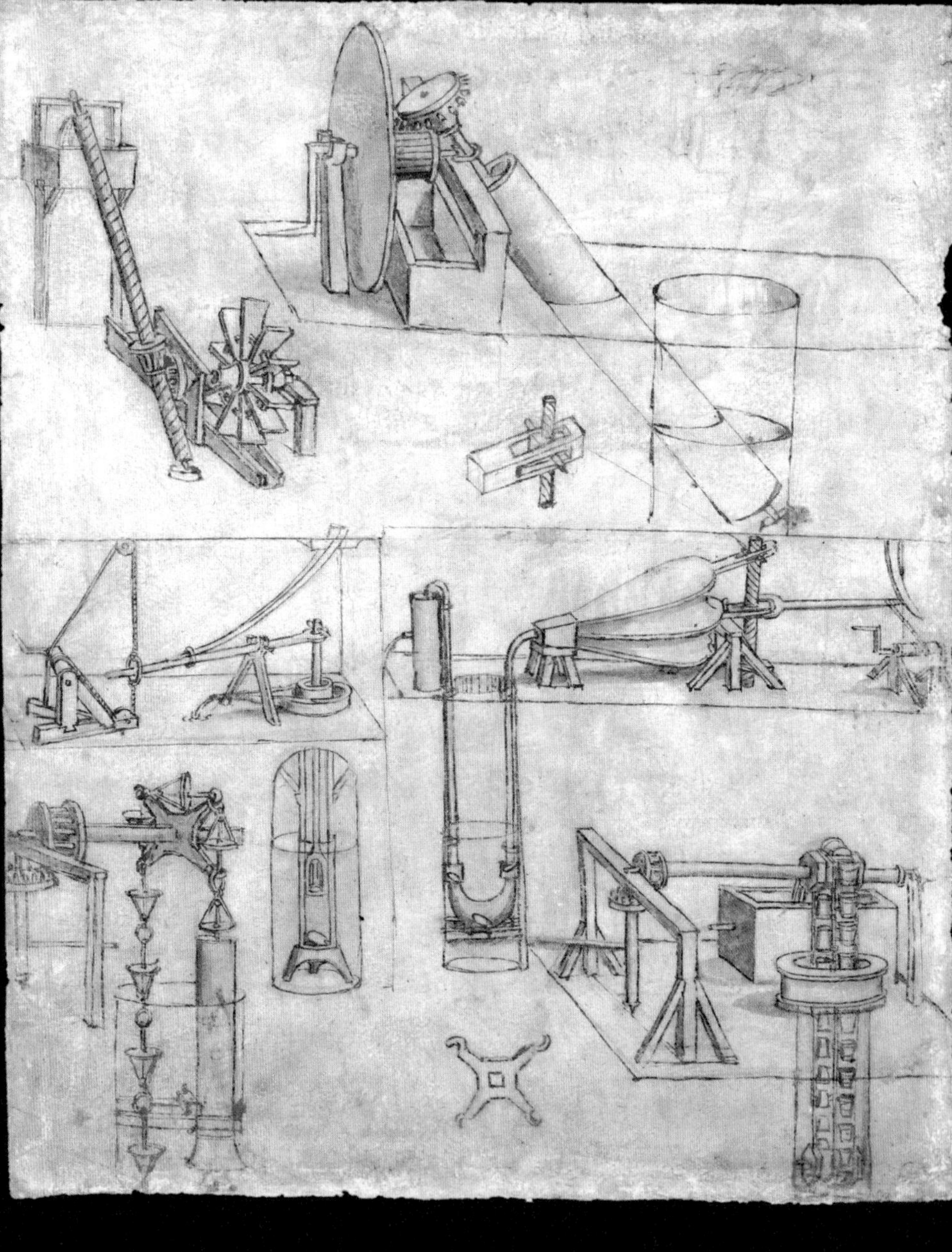

• 자동식 펌프와 장치들(CA6r) •

52장

첫 번째 디자이너

레오나르도는 현대적인 기술 도식화를 창시했다. 레오나르도 이전의 공학자들은 부정확하고 조잡한 도식화들을 그렸었다. 그는 예술가로 시작했지만, 그의 지식과 재능을 기술 도식화에 접목하기에 이른다. 그는 옷감 그림에 명암을 넣는 테크닉을 습득했으며, 형태를 묘사하는 방법을 알아갔다. 그는 또한 그저 정확하고 명료한 도식화들을 그리는 것에 그치지 않고, 투명하게 표현하는 방식과 분해도를 창시했다.

투명하게 표현하는 테크닉은 그 크기를 통해 형태와 건축물을 볼 수 있는데, 이 방식으로 물을 퍼올리는 자동 펌프 등을 묘사할 수 있게 되었다. 반면에 분해도는 복잡한 장치의 세세한 부속품들을 볼 수 있게 돕는다. 장착된 레버로 실행된 동작이 회전동작으로 바뀌는 회전축교차장치는 많은 부속품으로 구성되어 있다. 레오나르도는 왼쪽에는 조립이 완성되어 내부가 보이지 않는 장치의 외형을 그려 넣었고, 동일한 높이의 오른쪽에는 마치 모든 부속품이 공중에 떠 있는 것처럼 자세한 분해도를 그렸다. 이 분해도는 모든 부속품들을 잘 살펴볼 수 있도록 함은 물론, 조립 방식을 잘 이해할 수 있도록 돕는다.

레오나르도의 장치들은 기술적인 완벽함뿐만 아니라, 멋진 외형을 갖추고 있다. 그는 예술가적 기량과 스타일로 기계장치에 처음으로 아름다움을 선사하였으며, 예술과 기술을 접목하여 역사 속 첫 번째 디자이너가 되었다.

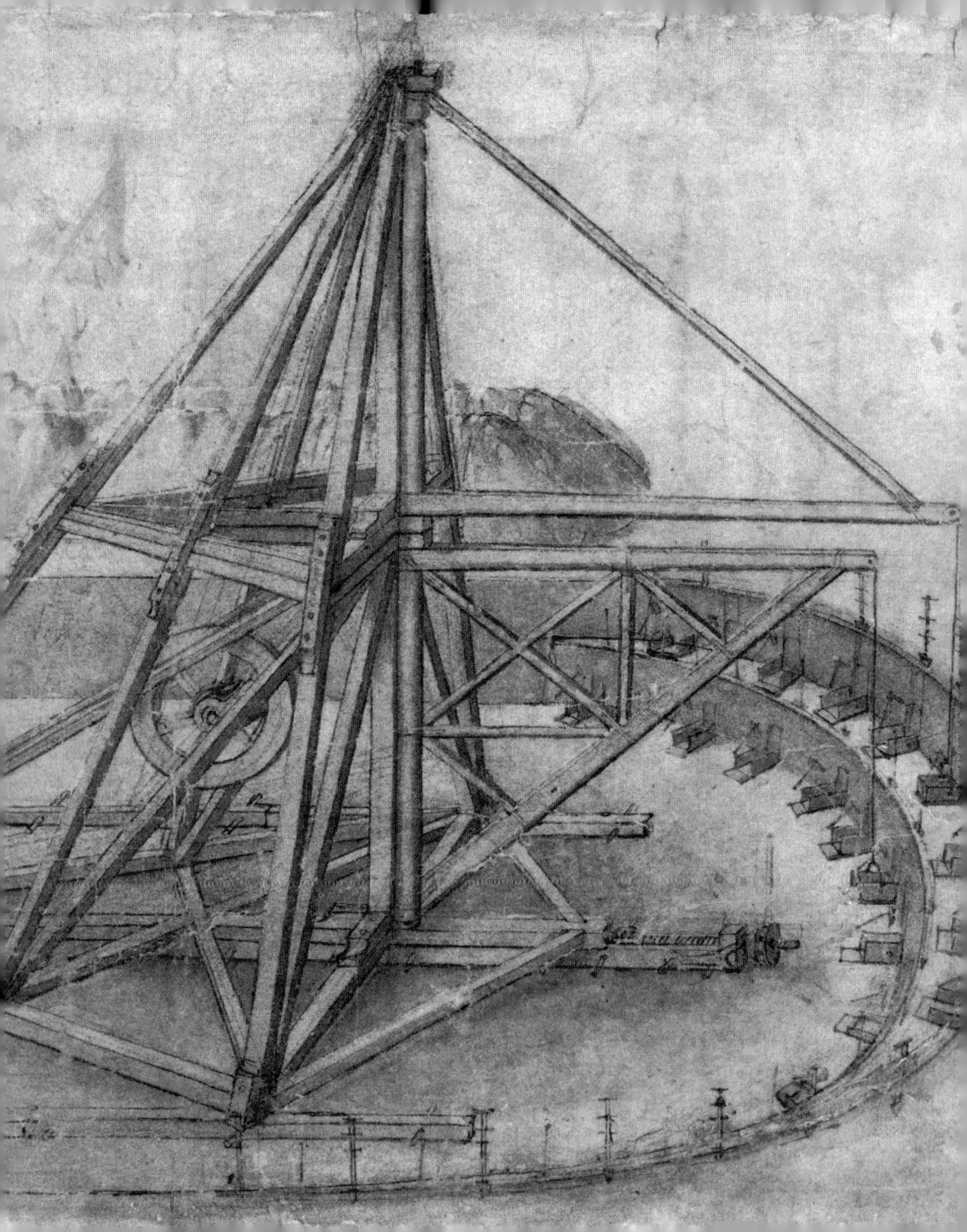

53장
아이디어를 파는 수완

우리는 아이디어를 팔 수 있는 능력을 가지고 있어야 한다! 레오나르도는 그래픽적인 걸작들을 남겼으며, 어려운 기계장치들을 이해하기 쉽도록 그릴 수 있었다. 이 그림에는 운하를 만들기 위해 필요한 두 개의 거대한 굴착기 그림이 있다. 매우 큰 두 장의 종이에 그려진 이 두 개의 그림은 처음에는 원래 한 장이었다. 하나는 레오나르도가 고안한 것이고, 다른 하나는 이미 존재하는 장치였다. 레오나르도는 처음으로 비교 광고를 하였다. 자신이 고안한 장치를 소개하고, 그 내용의 퀄리티를 알리기 위해, 자신의 그림과 그의 경쟁자의 그림을 함께 소개한 것이다. 오른쪽에 있는 레오나르도의 장치는 땅을 더 깊이 파기 위해 20개의 컨테이너가 장착된 피라미드 모양의 이중 기중기이다. 이 두 개의 기중기는 중앙에 있는 큰 바퀴에 의해 움직이는 줄에 같이 연결되어 있다. 그림만 봐도 레오나르도의 장치가 왼쪽에 있는 컨테이너가 하나만 달린 기중기보다 더 빠르고 효율적일 것이라는 사실을 쉽게 알 수 있다.

이렇게 레오나르도는 자신의 아이디어를 팔기 위해 현대의 마케팅 기술을 이용한 것이다. 처음에는 기존의 장치들을 연구하고, 단점들을 찾아낸 후, 효율성을 더 높이기 위해 역학과 그 건축구조를 발전시킨 버전을 기획한다. 마지막으로 이 모든 것을 비교하여 볼 수 있도록 멋지게 표현한 도식화를 그린다.

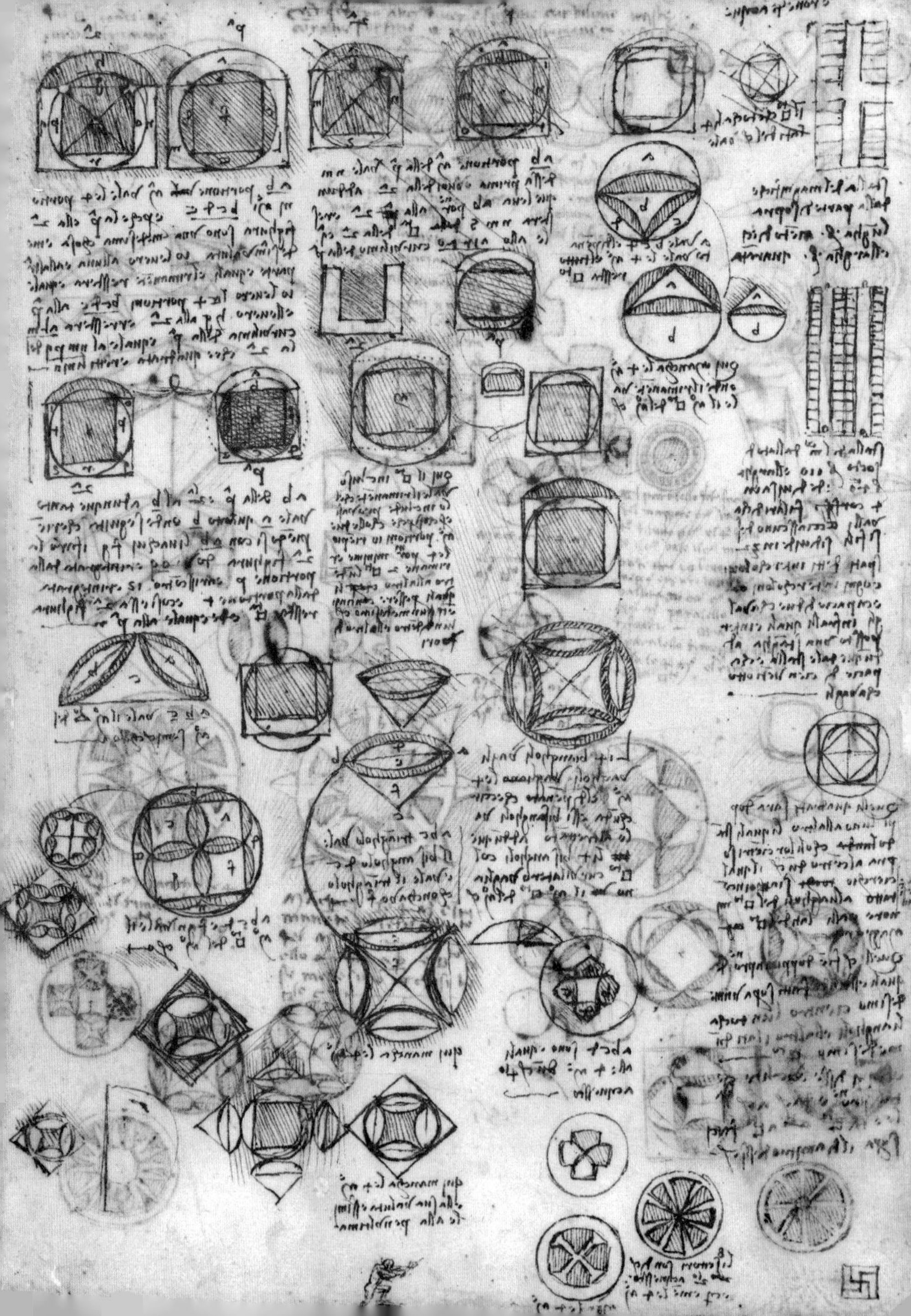

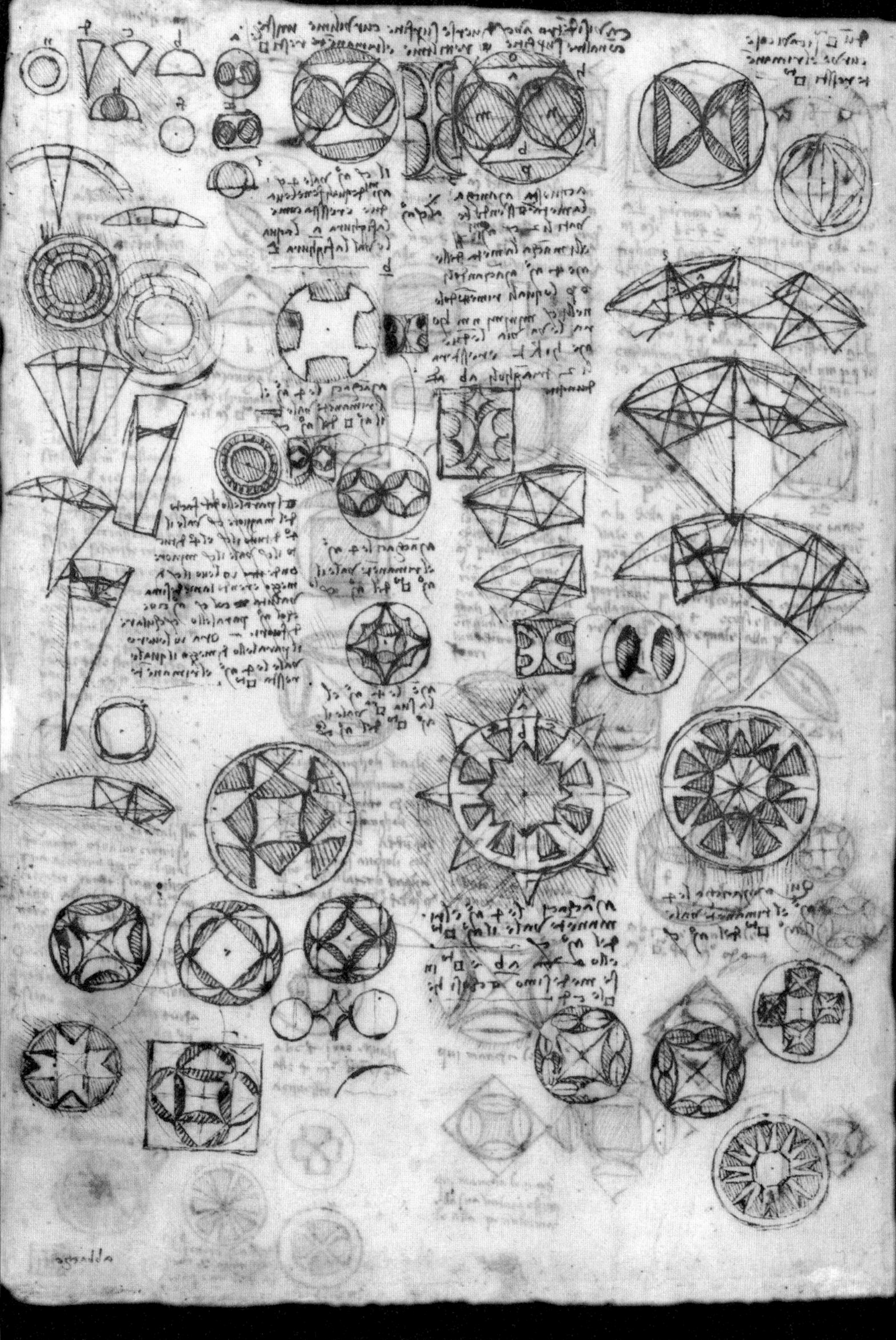

원과 기하학의 문양(CA 264)

54장
기하학은 아름답다

코덱스 아틀란티쿠스에는 기하학과 계산으로 둘러싸인 수백 개의 문양들이 그려져 있다. 이 원 안에 그린 기하학적 그림들은 레오나르도를 사로잡은 르네상스식 문제이다. 이것의 목적은 원 하나를 여러 조각으로 나누어 재배치함으로써 하나의 문양을 얻어내기 위한 것이다. 오늘날 우리는 사각형과 원 사이의 기하학적 관계에서 그 사이에는 영원히 떨어지지 않는 수를 가지고 있다는 것을 알며, 그것은 파이 값이다(3.1415...). 레오나르도는 이 풀 수 없는 문제에 사로잡혔고, 장식용으로도 사용할 수 있는 수백 개의 작은 기하학 그림들을 쏟아 놓았다. 원구를 조각 낸 모양이나 초승달 모양 등은 우아한 문양으로 변신되었다. 기하학과 수학은 그 경계를 넘어 문양으로 태어나고, 레오나르도는 스타일 연습을 하거나 그림, 옷, 장식품 등에 사용하기 위해 수많은 기하학 무늬들을 만들어 냈다. 기하학은 보기에는 지루해 보이지만, 예술로 승화시킬 수 있다. 레오나르도는 그것을 알았고, 마흔이라는 나이에 기하학과 수학을 배우기 위해 밀라노의 수도승 파촐리를 찾아간다.

배움에는 끝이 없다는 것과, 지루해 보이는 것도 그 활용 여부에 따라 아름답게 변할 수 있음을 기억하자.

이상한 한 장의 사루비아 잎(CA 197)

55장

컬러 인쇄

코덱스의 한 페이지에서 수상한 잎을 한 장 발견할 수 있다. 이것은 그림이 아니라 레오나르도의 인쇄 연구였다고 세부내용에 적혀 있다.

레오나르도는 더 많은 색을 사용한 인쇄를 하기 위해 고민했다. 그는 사루비아 잎을 한 장 가져다가 검은 잉크로 잎의 오목한 부분을 칠한 다음, 표면의 모든 거친 부분을 매우 깔끔하게 제거했다. 그 다음 흰색을 바른 롤러로 돌출부위를 칠했다. 검은색은 들어간 부분에, 흰색은 나온 부분에 칠해진다. 색을 칠한 잎을 종이 위에 올린 다음 눌러주면, 종이 위에 두 가지의 색이 인쇄되며, 검은색과 흰색이 잎의 두 부분, 즉 음각과 양각을 표현한다. 실제로는 세 번째의 색이 존재하는데, 바로 종이의 색이며, 그것은 검은색도 흰색도 아니어야 한다. 만약 우리가 녹색의 종이를 사용하면, 잎의 인쇄를 세 가지 색으로 구현 가능하다. 이 500년된 레오나르도의 코덱스 페이지에 보이는 것은, 그가 했던 인쇄실험이지만, 아쉽게도 흰색은 오랜 시간이 지나 사라지고 말았다.

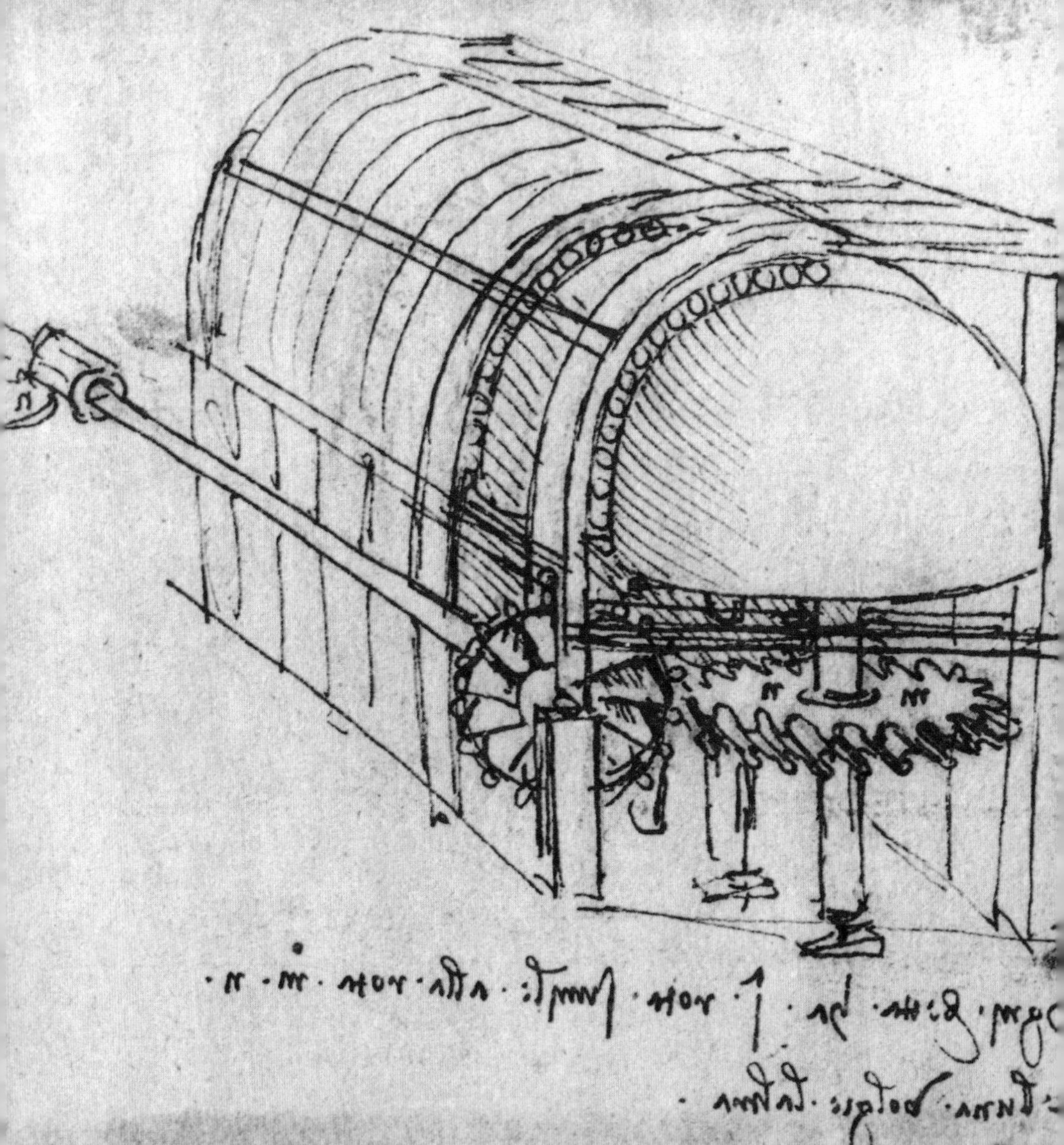

56장

천 개의 모자

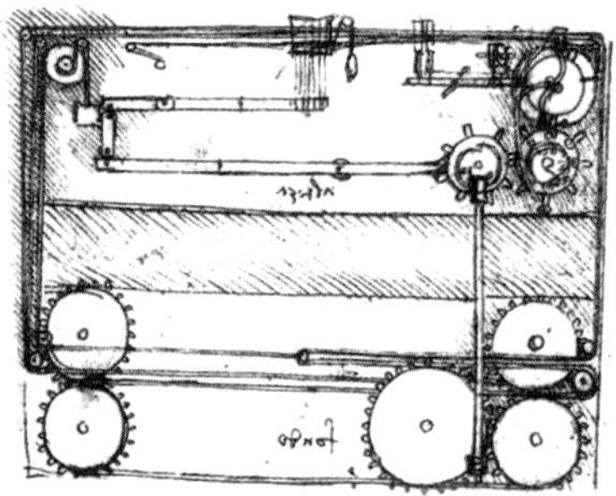

레오나르도는 방직기 연구에도 몰두했다. 우리는 그가 밀라노에서 공작의 파티를 위한 의상들을 제작했다는 사실을 알고 있지만, 아마도 품격있는 의상들도 만들었을 것이다. 그는 자주 붉은색 의상을 입었다고 전해진다. 그는 양털 실을 뽑고 섞어 짜기를 할 수 있는 장치를 연구했다. 실제로 자동으로 천을 짤 수 있는 몇 개의 방직기를 고안해냈다. 장치들의 그림 중에 돔 형태가 보이는 그림은 그의 새로운 도전인데, 바로 연속 생산장치이다. 이 돔이 함께 그려진 기기와 그것을 돌리는 톱니바퀴는 구리모자를 만드는 장치인 것이다. 하지만 첫 번째 돔의 뒷면에 있는 그림에서 볼 수 있는 것처럼 수많은 다른 부속품들도 있다. 레오나르도는 톱니바퀴가 첫 번째 회전을 하는 동안 다른 모든 돔들이 돌며, 이 방식으로 한 번에 단 한 개의 모자만 생산하는 것이 아니라 수백 개의 모자를 동시에 생산할 수 있게 하였다. 이것은 새로운 시도이며, 생산의 산업화를 시도한 것이었다.

다른 페이지에는 수천 개의 브롯지를 연속적으로 생산할 수 있는 장치가 그려져 있으며, 부연설명에는 자동화 생산으로 얼마나 많은 돈을 벌 수 있는지 계산한 내용도 있다. 이 모든 장치들은 흐르는 물에서 얻어지는 에너지를 사용하는 물레방아와 연관된 것들이다. 이 역사 속 최초의 디자이너는 잠재적인 기업가였으며, 자신의 아이디어를 통해 경제적인 이득을 얻는 방법도 고민했던 것이다.

57장

빛보다 빠른 컴퓨터

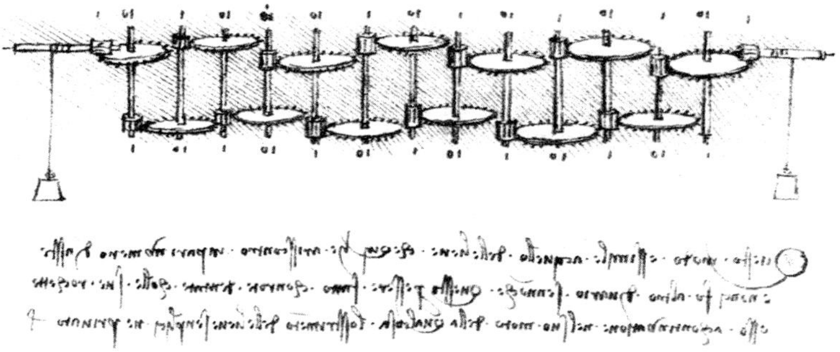

만일 백 개의 톱니가 달린 바퀴가 10개의 톱니를 가진 바퀴를 돌린다면 아마 10배 빠르게 돌릴 수 있을 것이며, 반대로 작은 바퀴가 큰 바퀴를 돌린다면 10배 느리게 돌아갈 것이다. 레오나르도는 이 원리를 가지고 환상적인 장치를 상상했다. 이것이 '환상적'인 이유는 작동이 불가능하기 때문이다. 장착된 24개의 큰 바퀴가 각각 한 개의 작은 바퀴들을 돌리고, 이 작은 바퀴들은 또 다시 큰 바퀴들을 돌리는 것이다. 만약 바퀴가 오른쪽으로 돌면 끝에 있는 마지막 바퀴는 매우 느리게 돌 것이며, 아마 그 누구도 그것이 돌고 있다는 것을 알아차리지 못할 것이다. 하지만 땅을 모두 들어올릴 만한 강력을 힘을 가질 것이다! 반대로, 이 장치를 오른쪽에서부터 돌리기 시작하면 회전 속도는 매우 빠를 것이며, 아마도 행성이나 별들보다도 더 빠를 것이다. 이 계산은 이 속도가 빛의 속도를 능가할 수 있다는 것을 보여준다. 레오나르도는 이 장치의 작동이 불가능한 이유를 깨달았는데, 그것은 이미 네 번째 바퀴부터 마찰로 인해 발생하는 열이 바퀴들을 태워버릴 수 있다는 것이다. 레오나르도는 스스로에게, 강철로 바퀴를 만들고 톱니는 가장 단단하고 내성이 강하다고 알려진 다이아몬드로 만들어야 할 것이라고 제안했다. 이 단순한 장치의 작동은 오늘날에도 실현 불가능하며, 상상 속의 실험으로 남아 있다. 단순한 바퀴로 만든, 빛보다 더 빠른 계산기라니!

레오나르도의 수기노트 만들기

58장
코덱스 만들기

레오나르도는 뭐든지 그려 넣기 위해 코덱스라고 불리는 책들을 사용했었다. 오늘날 우리가 흥미로운 것들을 기록하기 위해 컴퓨터나 사진기 또는 휴대폰을 사용하는 것처럼, 그는 종이에 흥미로워 보이는 모든 것들을 그려 넣었다. 레오나르도는 이 여행용 수첩들을 구입하거나 직접 만들기도 하였는데, 어떤 것들은 오늘 우리가 읽는 책처럼 컸으며, 어떤 것들은 휴대폰처럼 주머니에 넣고 다닐 수 있도록 매우 작았다. 레오나르도는 매번 자신의 연구를 위해 정보수집의 순간이 나타날 때마다 주머니에서 이 코덱스들을 꺼냈으며, 연필이나 붉은색 파스텔 또는 펜으로 눈에 보이는 모든 것들을 그려 넣었다.

우리 역시 레오나르도처럼 되고 싶다면 우리 손으로 직접 코덱스를 만들어 볼 수 있다. 흰 종이 몇 장만 있으면 되는데, 예를 들어, A4용지 5장을 겹쳐서 먼저 반으로 접은 다음 접혀진 선을 따라 송곳이나 굵은 바늘로 구멍(8개면 충분하다)을 낸다. 구멍이 뚫리면, 매우 튼튼한 노끈이나 실로 이 5장의 종이를 꿰맨다. 이렇게 장당 4면을 가진 5장의 종이로 20페이지 분량의 작은 코덱스를 만들 수 있다. 그 다음 똑같은 노트를 5개 만들어 하나로 합친다. 이렇게 합친 노트들은 동일한 노끈을 사용하여 끈 사이를 지나며 엮거나, 사진에 보이는 것처럼 프레임을 만들면 된다. 이때 표지는 가죽이나 나무로 만들 수 있다. 자, 이렇게 우리의 첫 번째 코덱스가 탄생되었다.

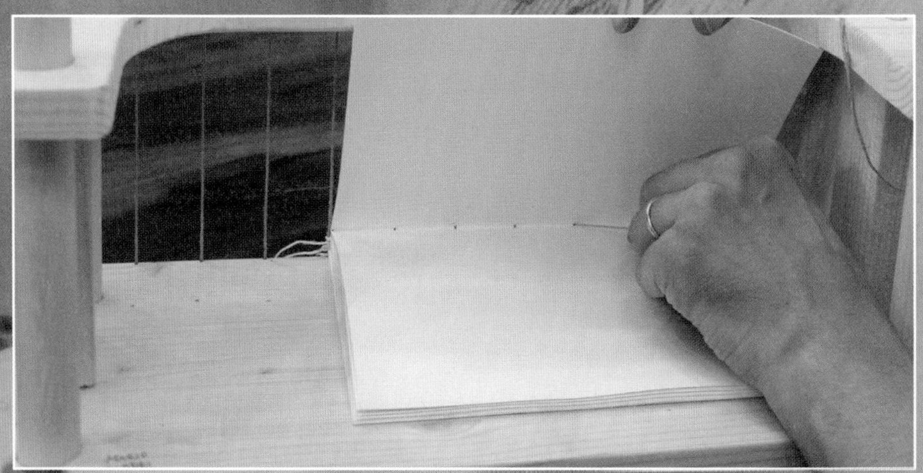

• 접은 종이 뭉치들은 하나로 합쳐서 꿰매기 •

• 가죽이나 나무판으로 만든 표지

레오나르도 다빈치의 작업대 재현

• 독수리의 날개

59장
날고 싶은 욕망

레오나르도는 젊은 시절부터 주변의 자연을 관찰하곤 했다. 그는 동물들과 날 수 있는 곤충들에 매료되었으며, 이 호기심은 장차 강박증의 수준에 이른다. 그는 수많은 시간을 들여 동물들의 비행 방식을 알아내려고 했으며, 날 수 있는 다양한 동물의 수만큼 많은 비행장치들을 연구했다. 그의 첫 장치들은 간단한 날개장치가 위아래로 움직이는 단순한 역학구조를 가졌으나, 그는 곧 날기 위해서는 날개를 위아래로 움직이는 것만으로는 충분치 않다는 것을 깨달았다. 하나의 비행장치를 만들기 위한 비밀은, 작은 디테일 하나라도 놓치지 않고 자연을 관찰해야 한다는 것이다. 독수리의 날개는 깃털로 덮여 있는데, 그것은 그가 매일 글을 쓰기 위해 사용하는 깃털과 동일한 것이었다. 매일 레오나르도의 손에는 메모하기 위해, 끝을 뾰족하게 자르고 잉크를 적신 깃털이 들려 있었다. 바로 새의 깃털들이었으며, 이 깃털이 달린 날개들은 비행에 관한 수많은 코덱스의 소재가 되었다. 레오나르도는 새들의 세부구조를 해부학적, 과학적, 그리고 기하학적 시각으로 연구하였다. 자연을 깊이 이해하면, 자연은 자신을 모방한 장치들을 만들어 낼 수 있는 상상력을 선물한다.

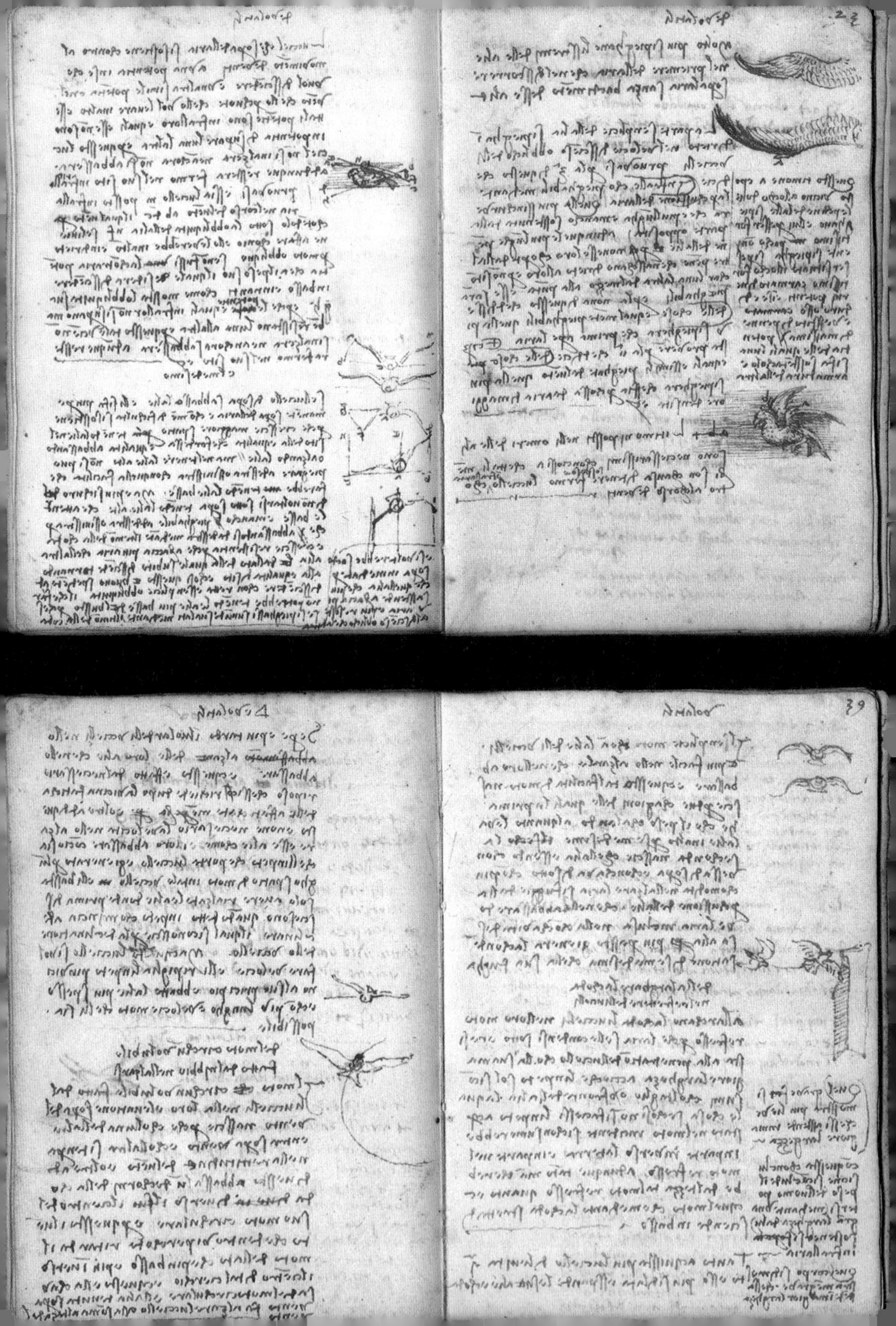

60장
관찰하고 이해하기

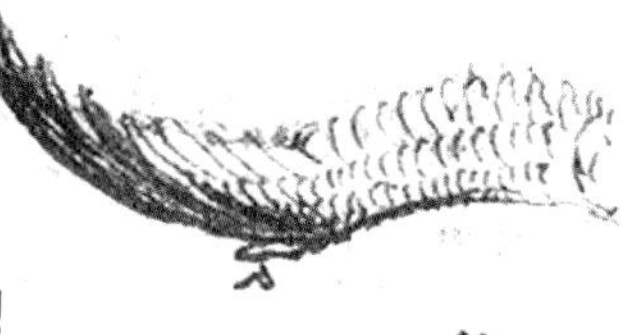

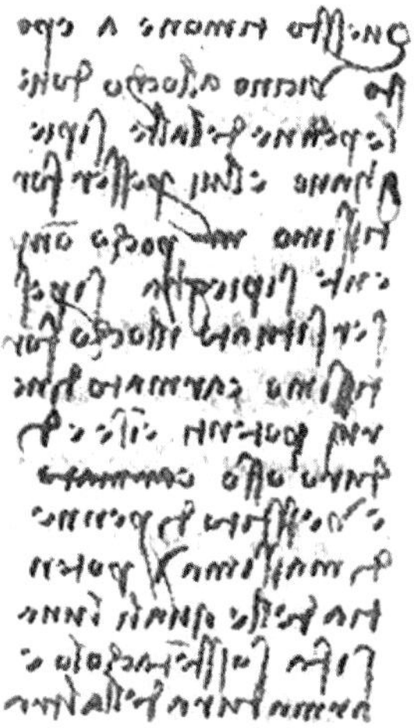

레오나르도의 열정과 호기심은 날마다 더 깊이 연구를 끌어내는 원동력이었다. 그는 젊을 때부터 새들을 관찰하기 시작했고, 평생 동안 그의 연구를 발전시켰다. 그림과 글로 설명한 관찰 내용은 비행에 대한 이해를 높여주었으며, 그는 비행에 관한 학술지로 정의될 수 있는 많은 코덱스를 써냈다. 이 글들을 보면 레오나르도가 수많은 시간을, 새들과 새의 동작 그리고 자연의 역학을 관찰하고 그리는 데 할애했다는 것을 알 수 있다. 이 책들에는 새들이 비행 중에 하는 가장 작은 동작들이 설명되어 있다. 모든 방향으로 날 수 있도록 설계된 날개와 그 동작들을 연구한 이 비행에 관한 코덱스는, 비행장치를 조종하는 파일럿이 메뉴얼북으로 사용할 수 있을 것이다.

레오나르도는 하늘을 나는 것을 꿈꿨지만, 그 꿈은 실현되지 않았다. 그러나 수많은 연구 끝에 비행장치의 세세한 부분까지 이해하기에 이른다. 끊임없이 연구하고 이렇게 멋진 그림들을 남겼기에 그는 비행기 발명가로도 기억된다. 그것이 비록 사실이 아니라고 할지라도 말이다.

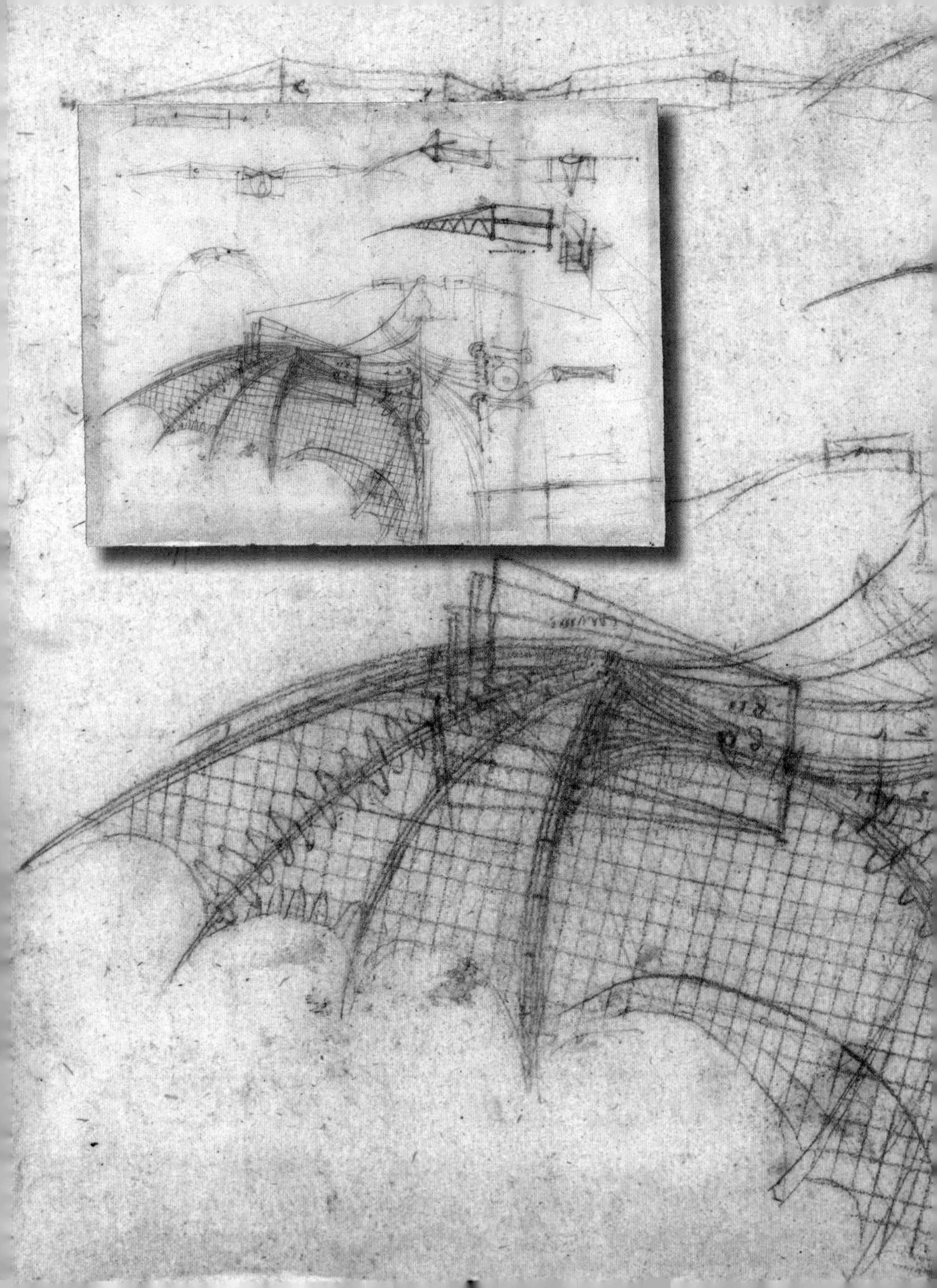

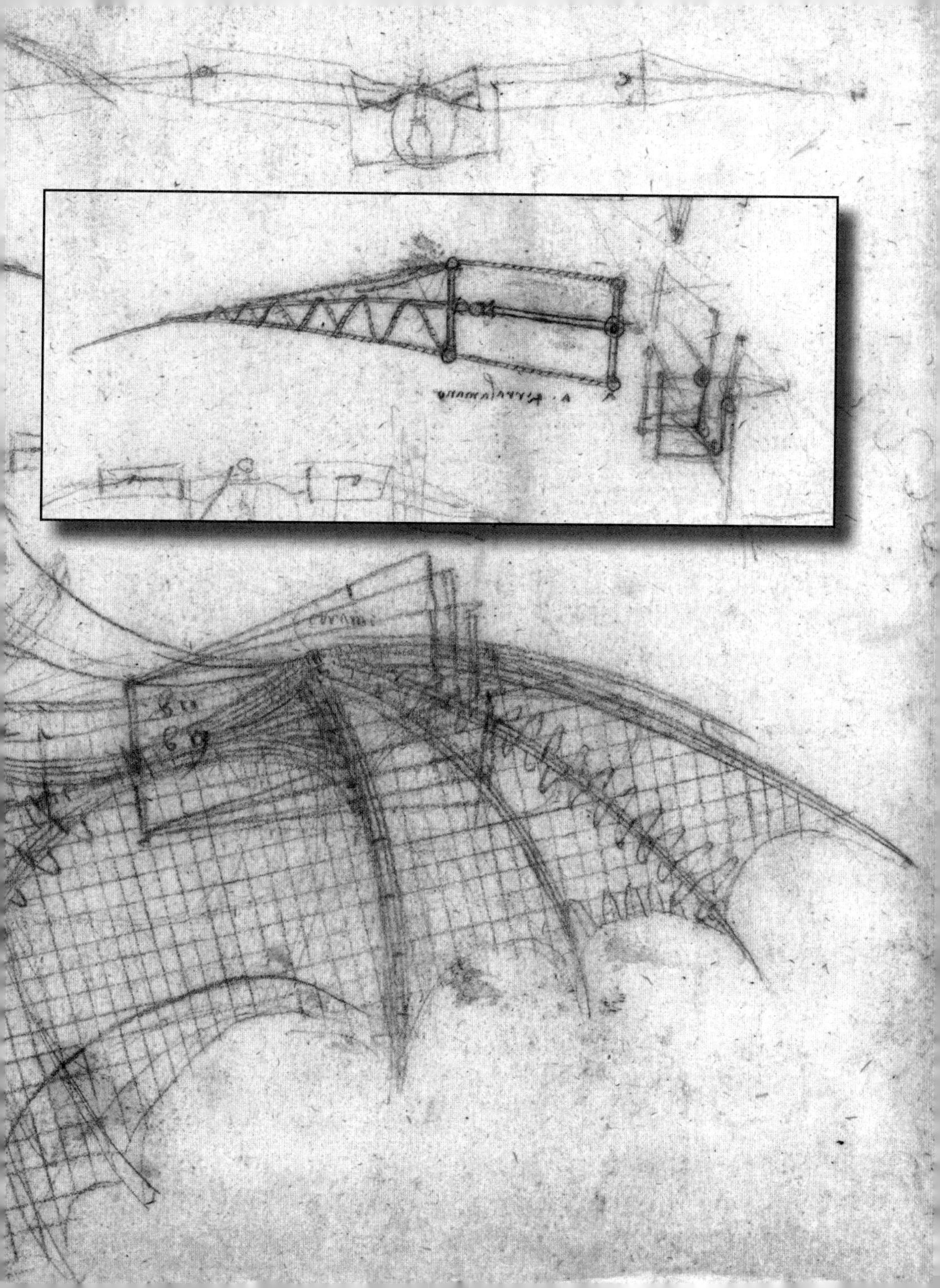

questo · homo fa · chol suo · chapo forza p lb · 2 00

e cho le mani fa forza p lb 200

e cquesto è 'l modo che si mo pesa l'omo ~~e l'andare~~ e l'ani

ve tela [illegible]

Onde p questo afferma che questo sia meglio che nessuno

corda della 2 [illegible]

passa dalla 2 [illegible]

scala la quale ha ...

sia alta b 12 e la ...

no ... e l'altro al gamba sia

b 8 e lo corpo da piè ...

sia b 20 in alto ...

...

61장
잠자리와 나비

레오나르도가 밀라노에서 작성한 첫 번째 수기노트의 첫 장에는 날 수 있는 4마리의 동물이 그려져 있는데, 바로 잠자리, 나비, 날치, 그리고 박쥐다. 이 그림들을 보면, 레오나르도가 이 4마리의 각기 다른 동물들이 어떻게 각자 매우 다른 방식으로 나는가를 이해하고자 했다는 것을 알 수 있다. 연구와 관찰은, 잠자리 장치 및 온갖 종류의 동물들로부터 영감을 얻은 장치를 만드는 것을 가능케 했다. 예를 들어 코덱스 B의 80r 페이지를 보면, 헬리콥터와 비슷한 그림을 찾아볼 수 있는데 실제로는 헬리콥터가 아니다. 그 수직형태의 장치는 그 안에서 위에 달린 네 개의 날개를 움직이는 손잡이들을 밀고 당기는 사람을 숨기고 있다. 날개들은 잠자리의 날개가 움직이는 것처럼 작동한다. 그는 날개 대신 막대들만 그렸는데, 추후에 그곳에 날개를 붙일 예정이었다. 아래에는 개폐식 사다리의 그림이 있는데 비행할 때 닫을 수 있는 것이다. 이 장치는 헬리콥터가 아니라 잠자리 장치이다. 게다가 이 장치는 작동하지 않는데, 파일럿이 이 장치를 빠르게 돌릴 만한 힘이 없기 때문이다. 레오나르도는 이것을 깨달았고, 파일럿의 모든 근육을 이용하려고 노력했다. 한 권의 비행연구 모음집이 될 때까지 이 코덱스의 모든 페이지에 다른 역학을 가진 장치들과 날개장치들을 그려 넣었다. 자연은 하나의 비행장치를 만들기 위한 수백 가지의 솔루션을 제공하는데, 단 한 가지 방법으로 만족할 필요가 있겠는가?

• 레오나르도의 꿈: 비행 •

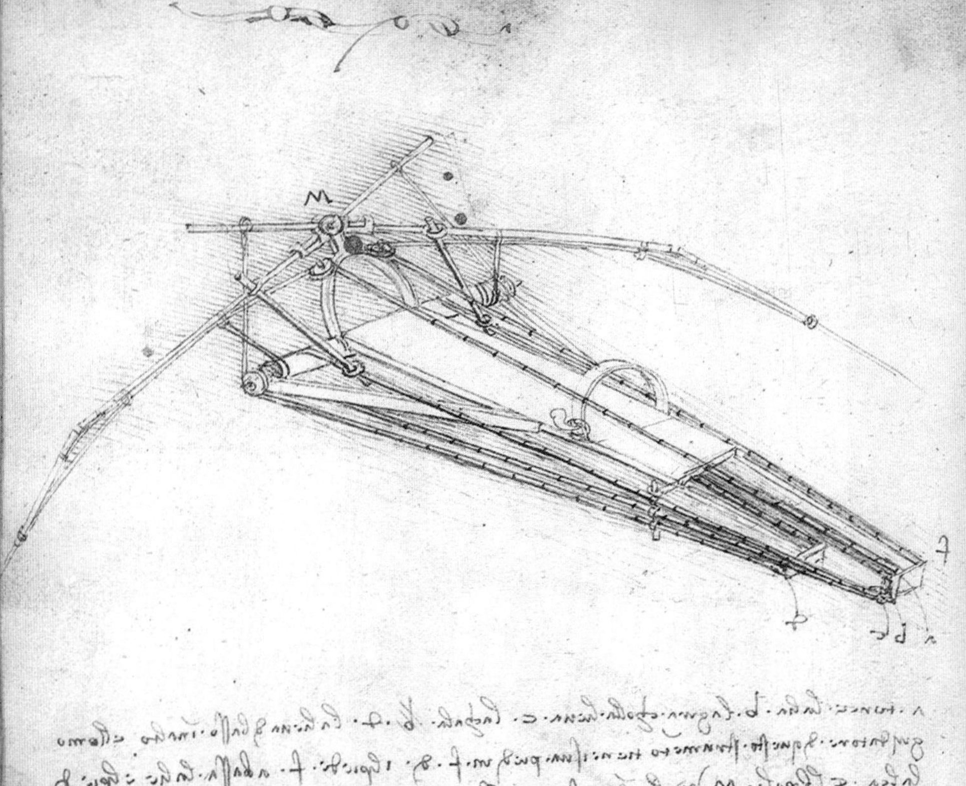

62장
독수리와 박쥐

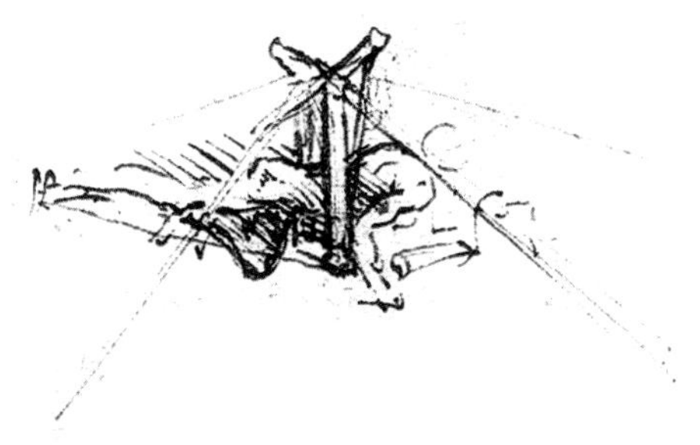

레오나르도는 날벌레들과 새들을 연구하여, 그 생물들의 날개가 서로 다 다르다는 것을 깨달았다. 곤충들의 날개는 납작하고 빠르게 움직이며 그 크기가 아주 큰 것은 없다. 비행이 가능한 동물들은 크기가 크면 클수록 그 날개의 형태가 더 복잡해진다는 것을 알아냈다. 레오나르도는 어느 순간 크기가 매우 중요하다는 것을 깨달았으며, 날기 위해서 곤충들을 크게 확대하는 것으로는 부족하다는 결론에 도달했다. 동물의 무게와 그 날개 사이에는 직접적인 비례가 있다. 이렇게 기하학과 수학이 장치를 고안하는 데 중요하다는 사실을 깨닫고, 그의 작업은 더 이상 상상하고 그리는 데 머무르지 않는다. 이렇게 그는 독수리와 박쥐 사이의 수학적 관계를 찾아내고자, 두 동물의 무게와 크기를 연구하기 시작한다. 그가 이 실험을 시작한 이유는 비행장치가 사람을 태우고 날기 위해서는 과학적인 방법으로 설계되어야 한다는 것을 이해했기 때문이다. 그래서 비행장치와 날개장치의 도식화를 그리는 것 외에, 그 재료와 무게, 힘과 크기를 고려했다. 발명가가 되기 위해서는 단지 상상력만 있어서는 안 되며, 수학과 기하학을 다룰 줄 알아야 하는 것이다. 그의 가장 완벽한 설계도 중 하나는 바로 독수리 비행장치인데, 그는 독수리의 깃털까지 연구하여 새가 날개를 들어올릴 때처럼 깃털 장치가 공기를 통과시키는 것까지 실현시켰다.

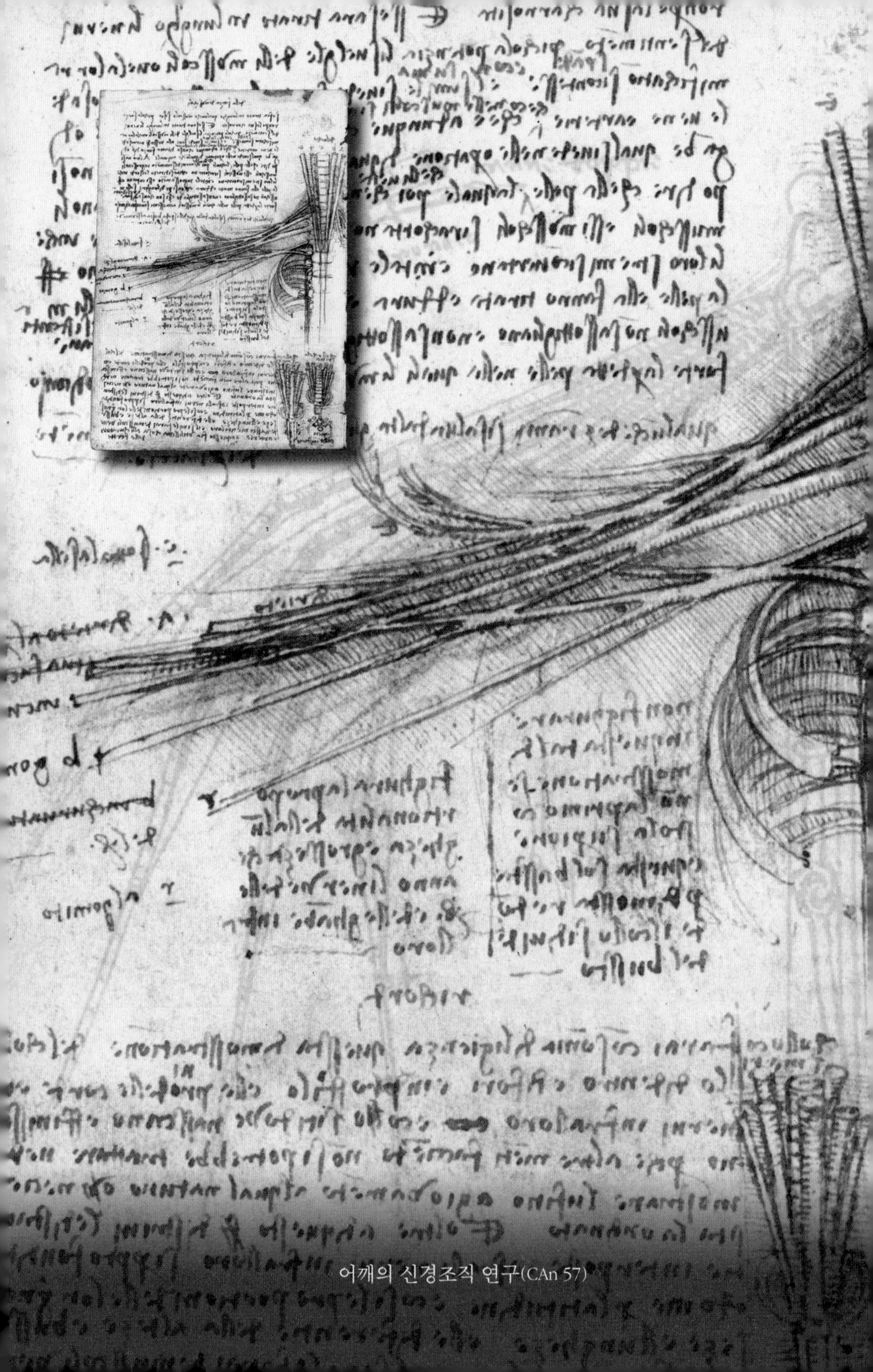

어깨의 신경조직 연구(CAn 57)

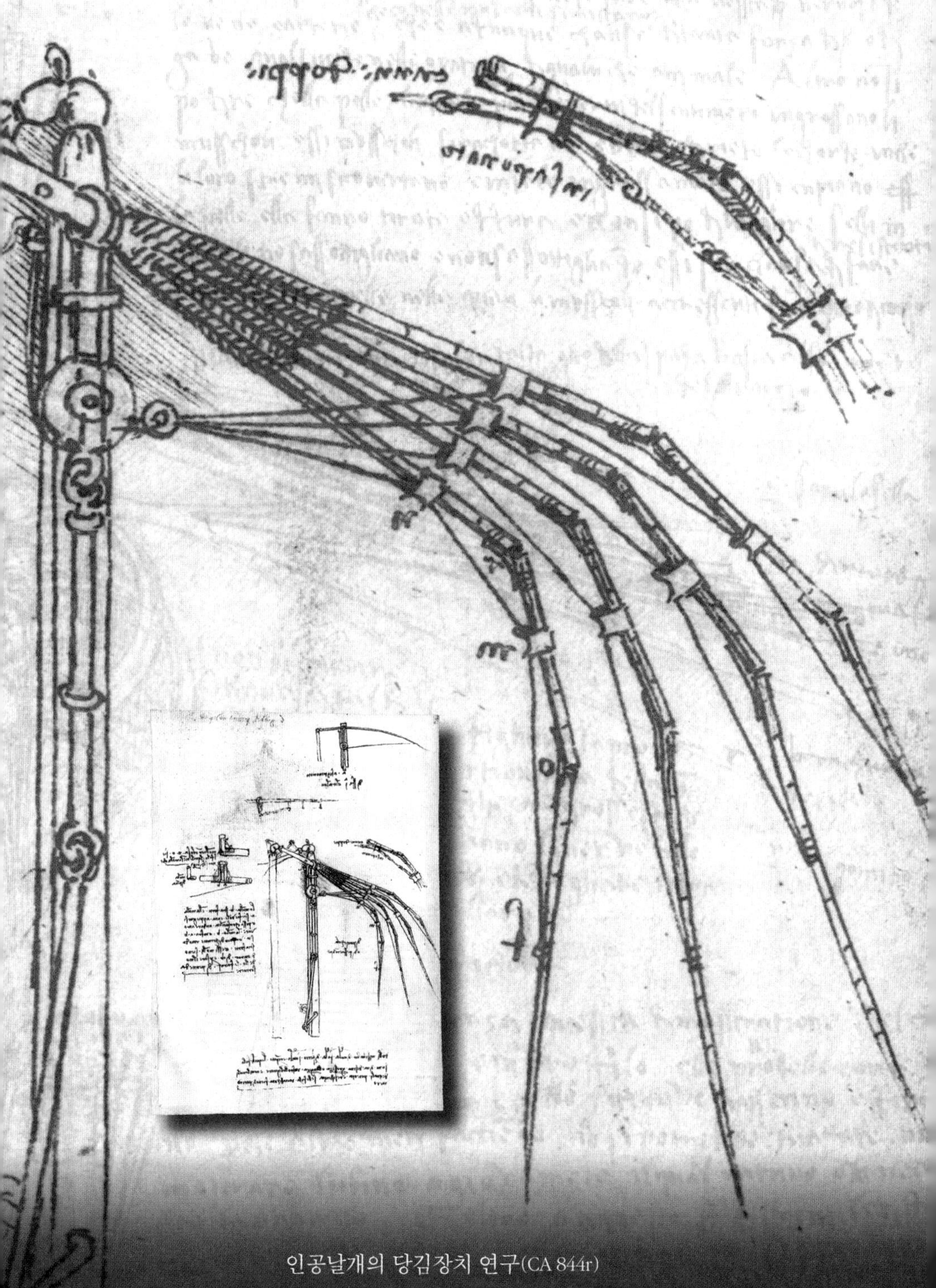

인공날개의 당김장치 연구(CA 844r)

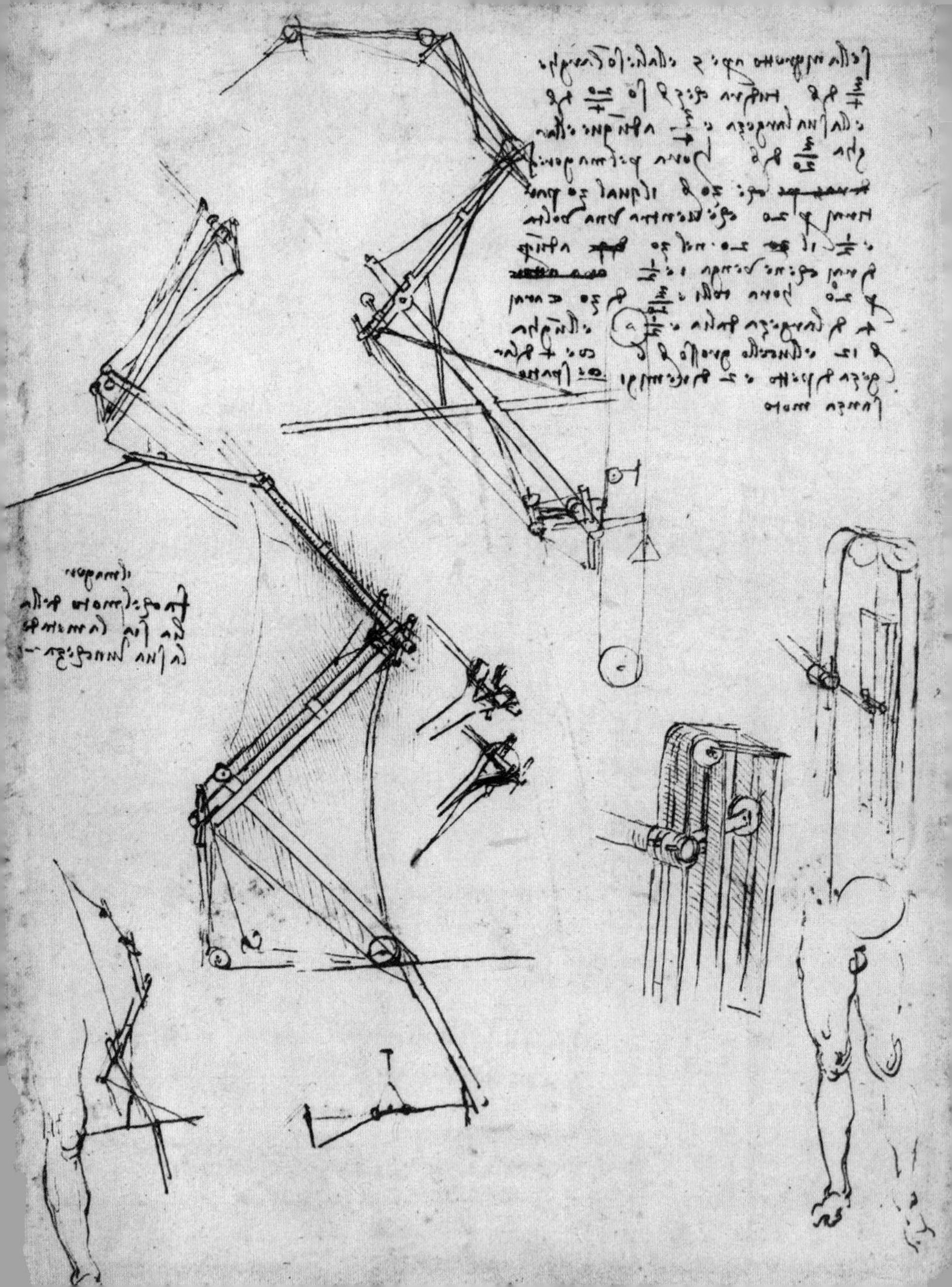

63장
비행 로봇

모두가 〈모나리자〉를 알며 정말 멋진 그림이지만, 레오나르도는 순수미술보다는 훨씬 더 많은 시간을 장치연구와 설계에 투자했다. 그의 진짜 걸작들은 도식화를 그린 그의 코덱스 페이지들에서 찾아볼 수 있으며, 그 아이디어는 참으로 혁신적이고 상상을 초월한다. 잠자리 비행장치와 모든 종류의 비행장치들을 착안한 후에, 자연을 모방할수록 비행이 더 쉬워진다는 것을 깨달았다. 새들의 뼈와 힘줄을 연구하고 나서, 인간의 힘줄과 근육들이 작동하는 방식과 동일하다는 것을 알았다. 줄과 도르레에 의해 움직이는 이음장치들을 여러 개 그려 놓은 코덱스 아틀란티쿠스의 80r 페이지는 매우 중요한 자료이다. 아래에는 사람의 다리가 보이고, 다른 도르레들도 있다. 레오나르도는 최초의 비행하는 안드로이드를 생각한 것이다. 사람은 팔과 다리를 움직이면서 몸에 장착된 인공 힘줄들을 움직인다. 그는 펠리칸 같은 매우 큰 새들과 인공 날개를 장착한 사람 사이의 직접적인 기하학적 관계를 제안했다. 이 그림들을 통합적으로 보면 현대의 로봇 설계도를 보는 것 같다. 이것은 자연의 관찰을 의미하며 그 비밀은 영원하다. 로봇 하나를 설계하는 데 전자를 반드시 알아야 하는 것은 아니다.

산타마리아 델레 그라치에 성당, 식당(1494년)

오랜 시간이 흘러 손상된 레오나르도의 최후의 만찬

• 최후의 만찬 위에 입혀본 밑그림 •

64장

위대한 그림

1494년에 스포르차 공작은 레오나르도에게 밀라노의 산타마리아 델레 그라치에의 수도원 안에 벽화를 그려달라고 주문한다. 레오나르도는 그 시기에 개인적으로 전쟁무기들과 비행장치, 그리고 건축물을 연구 설계하고 있었다. 이 일은 화가로써 주문 받은 일이고, 급료도 받을 수 있었으며 레오나르도가 어릴 때부터 배운 일이었다. 그는 4년간 〈최후의 만찬〉을 그렸으며 오늘날 이 걸작은 가장 중요한 작품 중 하나로 알려져 있다. 아쉽게도 오늘날 레오나르도의 그림은 더 이상 찾아볼 수 없으며, 우리는 빛이 바랜 흔적만 볼 수 있을 뿐이다. 사실 그림의 원본은 손상되었는데, 그 이유는 레오나르도가 그림이 손상될 수밖에 없는 새로운 테크닉을 실험했기 때문이며, 또한 그 후 전쟁 중에 폭격을 당해 부분적인 훼손이 있었기 때문이기도 하다.

그는 매우 큰 식당의 한 쪽인 높이 7미터, 길이 9미터의 벽에 벽화를 그리는데, 미켈란젤로가 사용했던 것과 같은 안료인, 물과 계란을 섞은 색을 사용해야 했지만, 레오나르도는 다른 방법을 시도하고 싶었고, 그것은 바로 안료에 기름을 섞는 것이었다. 그 차이점은 매우 중요하다. 벽화는 실수와 수정 없이 매우 빠르게 그려야 하는 반면, 유화는 그림을 그리면서 완벽해질 때까지 계속해서 수정할 수 있기 때문이다.

LA DOMENICA DEL CORRIERE

Supplemento settimanale illustrato del nuovo CORRIERE DELLA SERA - Abbonamenti: Italia, anno L. 1400, sem. L. 750 - Estero, anno L. 2000, sem. L. 1050

Anno 56 — N. 24 | 13 Giugno 1954 | L. 30.—

Il restauro del Cenacolo. Ridotto in condizioni deplorevoli dopo la guerra, anche in seguito ai bombardamenti, il famosissimo dipinto di Leonardo da Vinci nel refettorio di Santa Maria delle Grazie, a Milano, che attraverso i secoli aveva già subito gravi deterioramenti e vari problematici restauri, più dannosi che utili, è stato in questi anni sottoposto, da parte di Mauro Pellicciolí, a un lungo pazientissimo trattamento che ne ha consolidato la cadente struttura e fatto riaffiorare la originaria composizione, scoprendo alcune parti bellissime che i precedenti ritocchi nascondevano. Qui Leonardo quando stava terminando il capolavoro, nel 1498. (Disegno di Walter Molino)

• 레오나르도의 가장 중요한 작품: 최후의 만찬 •

65장
엄청난 성공

예수의 '최후의 만찬'을 그린 그림들은 셀 수 없을 정도로 많지만 레오나르도의 작품이 모든 최후의 만찬들 중에 가장 유명하다. 왜일까? 레오나르도는 그림을 그리기 전에 그림의 주제에 대해 공부하였다. 그는 한 테이블에 둘러 앉은 13명의 등장인물들을 그릴 때, 전통적으로 모든 인물들은 그 위치나 자세 그리고 가룟 유다의 돈주머니 같은 특징을 나타내는 물건 같은 것들로 구분하여야 했다. 사도요한의 이목구비도 여성스럽게 표현하였는데, 그 역시 전통적으로 요구되던 특징이다.

레오나르도는 이미 존재하던 그림들을 그린 것이지만 무언가 새롭게 표현하고자 노력했다. 그는 실제의 방이 연속된 것처럼 그림을 그린 도메니코 기를란다이오의 아이디어를 모방했다. 원래 있었던 다른 수많은 구성요소들에서 영감을 얻은 후, 조금씩 무엇가를 바꾸려는 시도를 했다. 예를 들어, 모든 인물들을 테이블 뒤에 배치하고, 예수가 그들 중에 배신자가 있을 것이라고 말한 순간에 흥분한 모습들을 사진에 찍힌 것처럼 표현하였다. 이 연극적이고 입체적이며 움직이고 있는 듯한 구성은 이 작품을 마법적으로 보이게 한다. 이처럼 하나의 걸작을 만드는 것은 공부를 기반으로 하며, 참고내용을 체득한 후 새로운 것을 만들어 내는 것이다.

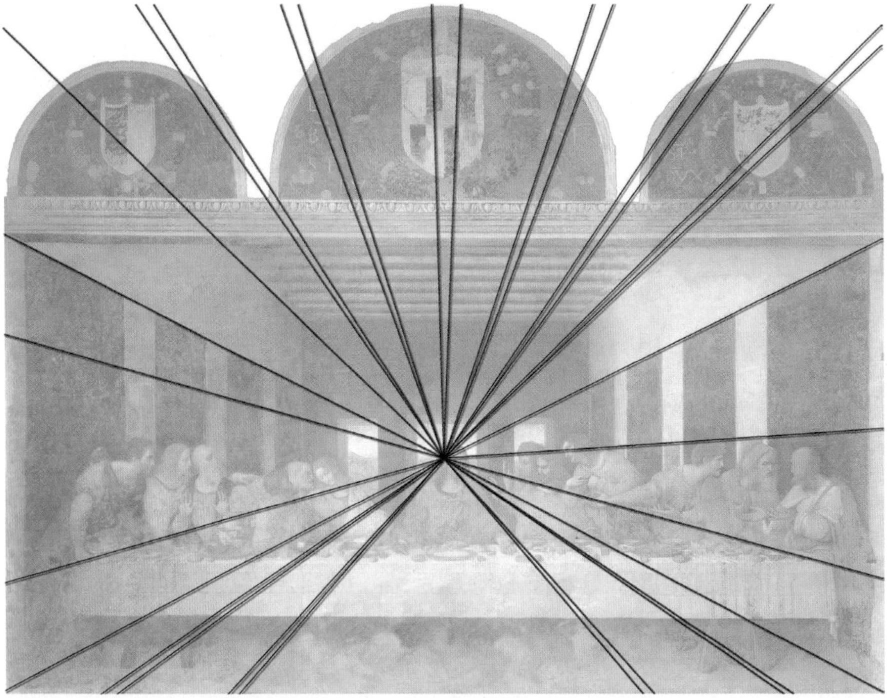

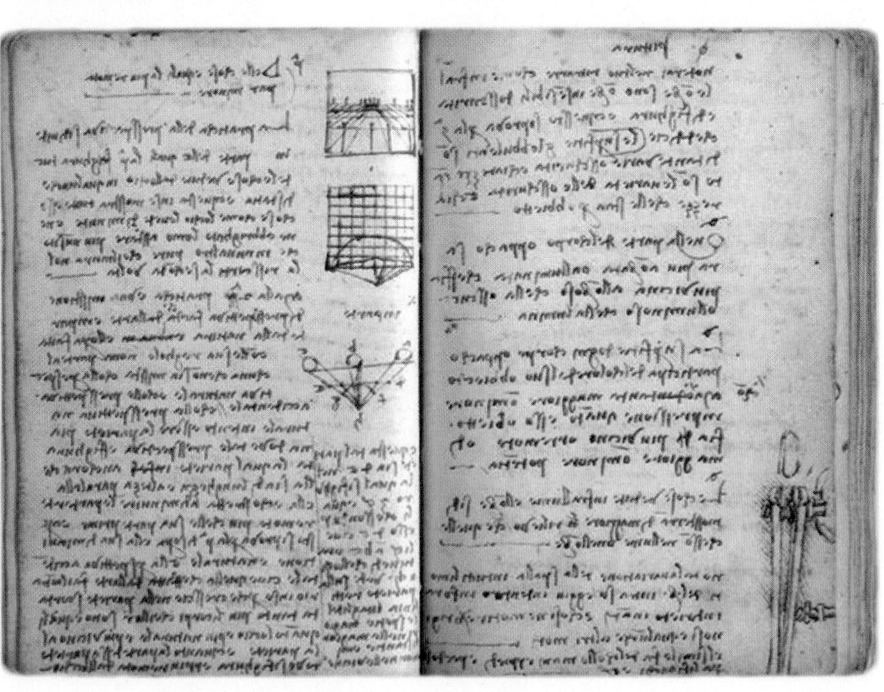

• 최후의 만찬에 사용된 원근법 도안 •

66장
줄과 못

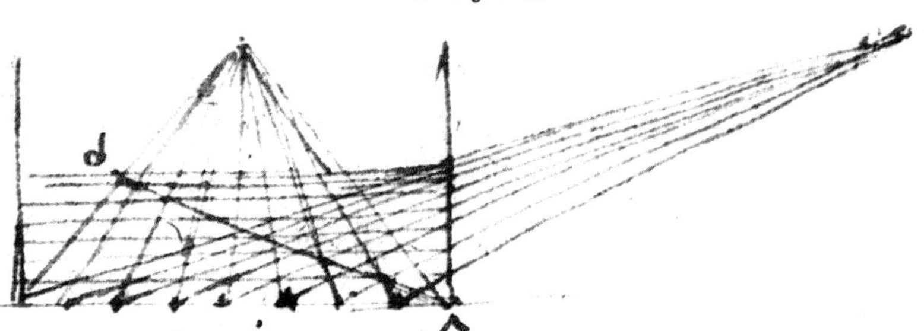

〈최후의 만찬〉 속에는 레오나르도가 그의 스승 베로끼오에게서 배웠거나 또는 스스로 습득했던 수많은 비밀들과 기술공학, 그리고 속임수가 숨겨져 있다. 예를 들어, 그림의 중앙, 즉 예수의 머리에는 레오나르도가 큰 못을 박았던 자리에 구멍이 있다. 그는 이 못에 줄을 연결하여 진짜 창문, 천장, 바닥, 그리고 문과 같은 그림의 주변으로 줄을 당겨 걸었다. 이 방식으로 벽을 넘어 가상으로 계속 이어지는 듯하게, 방을 원근법으로 표현할 선이 벽면에 그려졌다. 이 선을 그은 후에 문, 창, 그리고 그림 속의 가짜 아라스 천 등을 그려 넣었다.

이 원근법 테크닉 때문에, 방의 중앙에 서서 보면, 마치 방이 벽을 넘어 예수와 그의 제자들이 있는 곳까지 이어지는 듯하다. 이렇게 이 방, 즉 수도승들의 식당에서 식사는 하는 사람들은 예수와 함께 먹는 듯한 느낌을 받을 수 있었다. 테이블, 음식 등과 레오나르도의 그림 속에 있는 모든 것들은 그의 시대에 사용되던 용품들과 동일하다. 사실 레오나르도는 인물들을 더 가까워 보이게 하고 테이블 위의 음식들이 보이도록 회화기술의 규칙을 좀 어겼다. 그는 위쪽의 시점을 옮겨서 테이블과 사람들을 좀 더 크게 그렸다. 그는 규칙을 어겼지만, 그렇게 하기 위해서 공부하고 완벽하게 이해하는 작업을 선행했다.

• 도식화를 그리기 위한 투사기법

67장

속임수, 그림자 그리고 점들

매우 크고 손이 많이 갔던 〈최후의 만찬〉을 그리기 위해 레오나르도는 르네상스 시대의 테크닉과 속임수들을 사용했는데, 분명 가장 지루한 부분들을 그리는 데 도움이 됐을 것이다. 정말 이상하고 믿을 수 없는 속임수는 양초와 그림자들이다. 벽 앞에 양초를 들고 앉아 있는 한 남자는 자신의 그림자를 벽에 투영한다. 벽면에는 자신의 실루엣이 보이고, 그것은 이미 따라 그리기에 매우 유용한 그림이었다. 아마도 레오나르도는 이 기술을 사용하였을 것이며, 모든 등장인물들이 실제의 크기보다 거의 두 배 정도인 이유가 설명이 된다. 실제로 그림자는 항상 사물보다 더 크기 때문이다. 양초를 움직이면서 그림자가 위치할 더 나은 장소를 고를 수도 있다. 그의 수기노트에는 매우 흥미로운 그림이 있는데, 그것은 레오나르도 자신의 그림자를 그린 것이며, 예수의 실루엣과 상당히 비슷하다!

검은 가루 뿌리기를 포함한 모든 테크닉들은 그림학교에서 배운 것들로, 그는 그것들을 사용하고 발전시킨 후에 가르치고 그의 저서에 기술하기도 했다. 그러므로 그의 제자 멜지가 쓴 미술 학술서를 읽으면, 우리 모두 레오나르도의 제자가 될 수 있으며, 이 모든 속임수들을 배울 수 있다.

◦ 컵과 식기들 그리고 음식이 차려진 테이블 ◦

68장

컵 그리기

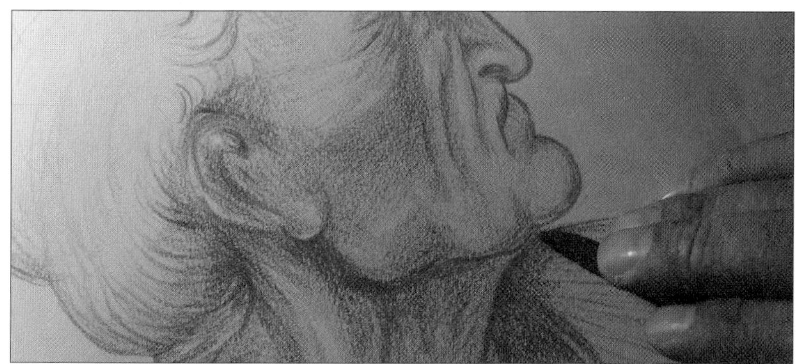

〈최후의 만찬〉 그림에는 13개의 와인 잔과 물항아리들이 있다. 투명한 유리컵들은 어떻게 그리고 칠할까? 한 번 고민해보고 그려보자. 먼저 연필과 흰 종이 한 장을 준비하고 컵과 투명한 항아리를 그려보자! 잘 안 그려지는가? 어떻게 그렸는가? 컵을 따라 그림자가 있는가? 투명한 물건은 어떻게 그리고 칠하는가?

레오나르도는 우리에게 투명한 물체는 그릴 수 없다고 가르치고 있다. 먼저 배경을 그리고, 물건 뒤에 보이는 물체들을 그린 다음, 흰색 같은 매우 밝은 색으로 빛의 반사만 그려야 한다. 우리가 저지르는 실수는, 흰 종이와 검은 색 연필을 사용한다는 것이다. 이런 재료들을 가지고는 단지 물체의 그림자만을 그릴 수 있을 뿐이다! 이것이 바로 레오나르도가 유색의 종이들을 사용한 이유이며, 〈최후의 만찬〉에서도 그림의 맨 마지막에 흰색으로만 몇 번 터치하여 표현하였다. 가장 마지막으로 그려야만 했던 이유가, 그림의 손상으로 인해 맨 처음 사라지게 되었던 이유가 된 것이다.

이 화가는 그림자를 먼저 그리고 다음에 빛을 표현해야 한다는 사실을 알고 있었다!

최후의 만찬, 그림의 왼쪽 부분

최후의 만찬, 그림의 오른쪽 부분

• 최후의 만찬의 중앙 부분 •

69장 〈최후의 만찬〉의 진짜 비밀

레오나르도는 역사 속 가장 위대한 작품 중 하나를 그리기 위해서 그가 배웠던 모든 테크닉과 속임수들을 사용하였다. 그리고 그의 매우 혁신적이고 아름다우며 살아있는 회화 작품은 완성과 동시에 유명해졌다. 그림 속에는 숨겨진 기괴한 형상이나 신비한 메모, 살인자들, 여자들, 또는 여타의 비밀내용들이 없다. 사실 이 작품과 같이 유명한 작품들에는 사람들의 주목을 끌기 위해 몇몇 요소들을 만들어 넣는 것만으로 충분할 때도 있다. 실제로 레오나르도의 테크닉과 연구들은 배우기에 훨씬 더 매력적이고 아름답지만, 시간과 헌신이 필요하다.

그러나 〈최후의 만찬〉 속에도 한 가지의 비밀이 있으며, 아마도 그것은 모든 것들 중에서 가장 중요한 내용일 것이다. 모두가 그림 속에서 무언가를 찾으려고 하지만… 실제로는 뭔가 빠진 것이 있다! 이것은 레오나르도 이전과 이후에 그려진 모든 '최후의 만찬' 속에는 있다. 자, 그림을 더 잘 관찰해 보자. 그러면 후광이 없다는 것을 알 수 있을 것이다! 레오나르도는 후광을 그리길 원치 않았는데, 그 이유는 인물들이 우리와 같은 그냥 사람들이며, 초자연적인 능력을 가지고 있지 않다는 것을 이야기하고 싶었기 때문이다. 아마도 이것이 더욱 강하고 힘있는 종교적인 메시지일지도 모른다.

De' campi delle figure, cioè la chiara nell'oſcuro, e l'oſcura nel campo chiaro, del bianco col nero, o nero col bianco, pare più potente l'uno per l'altro, e così li contrarj l'uno per l'altro ſi moſtrano ſempre più potenti.

De' colori, che riſultano dalla miſtione d'altri colori, li quali ſi dimandono ſpecie ſeconde. CAP. CLXI.

De' ſemplici colori, il primo è il bianco, benche i filoſofi non accettano, nè il bianco, nè il nero nel numero de' colori, perche l'uno è cauſa de' colori, l'altro è privazione. Ma perche il pittore non può far ſenza queſti, noi li metteremo nel numero degli altri, e diremo il bianco in queſto ordine eſſere il primo, ne i ſemplici, il giallo il ſecondo; il verde il terzo, l'azzurro il quarto, il roſſo il quinto, il nero il ſeſto: & il bianco metteremo per la luce ſenza la quale niſſun colore veder ſi può, & il giallo per la terra, il verde per l'acqua, l'azzurro per l'aria, & il roſſo per il fuoco, & il nero per le tenebre, che ſtan ſopra l'elemento del fuoco, perche non v'è materia, o groſſezza dove i raggi del Sole abbiano a penetrare, e percuotere, e per conſeguenza alluminare. Se vuoi con brevità vedere la varietà di tutti li colori compoſti, togli vetri coloriti, e per quelli guarda tutt'i colori della campagna, che doppo quello ſi veggono, e così vedrai tutti li colori delle coſe, che doppo tal vetro ſi veggono eſſere tutte miſte col color del predetto vetro, e vedrai qual ſia il colore, che con tal miſtione s'acconci, o guaſti: ſe ſarà il predetto vetro di color giallo, dico che la ſpecie degl' obbietti, che per eſſo paſſano all'occhio, poſſono così peggiorare, come megliorare: e queſto peggioramento in tal colore di vetro accaderà all'azzurro, e nero, e bianco ſopra tutti gl'altri, & il miglioramento accaderà nel giallo, e verde ſopra tutti gli altri, e così anderai ſcorrendo con l'occhio le miſtioni de' colori, le quali ſono infinite: & a queſto modo farai elezzione di nuove invenzioni di colori miſti, e compoſti, & il medeſimo ſi farà con due vetri di varj colori antepoſti all'occhio, e così per te potrai ſeguitare.

De'

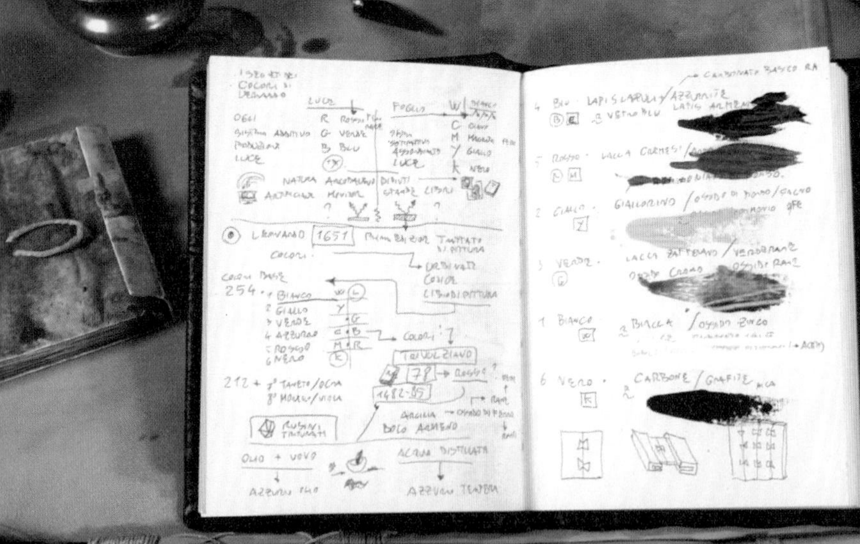

미술 학술서와 6가지 기본 색

70장
레오나르도의 색들이 가진 비밀

레오나르도 다빈치는 어떤 색들을 사용했었는가? 르네상스 시대에는 화실에서 젊고 어린 소년들이 안료를 직접 만들었다. 보석과 자갈 그리고 흙을 가루로 만들어 준비한다. 그리고 가루들을 화장분처럼 미세해질 때까지 절구로 더 부드럽게 빻았다. 다양한 색의 가루들은 물과 계란에 섞어서 벽화를 그리는 데 사용되거나 오일과 섞어서 오일물감을 만들었는데, 레오나르도는 오일물감을 선호했다.

모든 색들과 음영은 가장 기본적인 색들이 섞이면서 만들어지며, 컴퓨터에서는 첨가 시스템(빛이 만들어진다)으로 빨강, 초록, 그리고 파랑(RGB)이 섞이고, 인쇄 같은 제거 시스템(색이 빛을 흡수한다)에서는 시안, 마젠타, 노랑, 그리고 검정이 흰색 바탕에서 사용된다(CMYK+W). 500년 전에 레오나르도는 자신의 미술 학술서에서 "가장 기본적인 색들 중 첫 번째는 흰색이며 다음은 노란색, 초록색, 푸른색, 빨간색, 그리고 검은색이다"라고 기술했다. 레오나르도가 그린 그림들의 비밀은 그가 사용한 색들과 그 색들을 섞고 음영을 주는 기술에 있다. 말하는 것은 쉽지만, 하는 것과 제대로 하는 것은 훨씬 어렵다. 레오나르도의 기본 색들은 오늘날 우리가 사용하는 색들과 동일하다. 수백 개의 다른 색의 파스텔이나 오일 물감들을 구입할 필요는 없으며, 단지 6개면 충분한 것이다. 정확한 용량으로 섞으면 모든 가능한 색들을 얻어낼 수 있는 것이다.

TRAITTÉ
DE LA PEINTVRE DE LEONARD DE VINCI.

Quelle est la premiere estude que doit faire vn ieune peintre.

CHAPITRE PREMIER.

71장

색 만들기

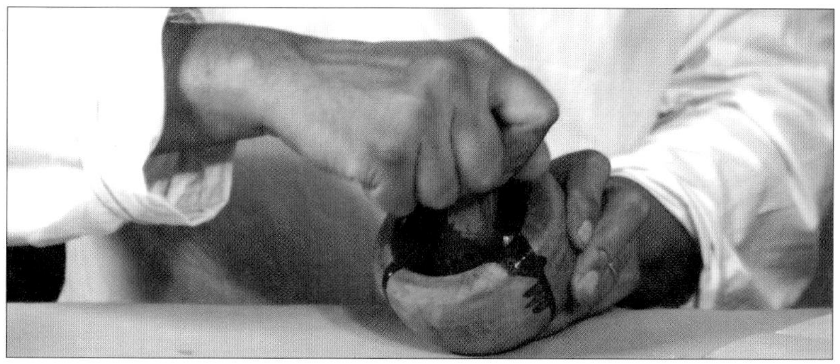

레오나르도 다빈치의 공방에서는 색을 하나 만들기 위해서 가루와 산화물, 그리고 보석들을 사용했다. 예를 들어, 옷의 짙은 파랑이나 〈최후의 만찬〉 속의 하늘색 등은 청금석을 아주 작게 빻아서 얻은 매우 부드러운 푸른색 가루로 만들어졌다. 오늘날은 이미 만들어진 색들을 구입하면 쉽게 해결되지만, 레오나르도의 탐색이나 연구 정식 속으로 들어가기 위해서 적어도 한 번쯤은 우리도 스스로 한 가지 색은 만들어 볼 필요가 있지 않을까?

돌 하나만 있으면 한 가지 색을 만들어 내는 것은 매우 간단하다. 가장 많이 사용된 색 중 하나는 시에나 레드나 암갈색이며, 어두운 부분이나 붉은 옷, 그리고 피부를 칠하는 데 매우 유용하다. 붉은색을 만들기 위해서는 붉은색 벽돌을 사용할 수 있다. 먼저 벽돌을 망치로 잘게 부순다. 그 다음 이 벽돌 조각들을 절구에 넣어서 고운 가루가 될 때까지 으깨고 섞어준다. 많이 갈아줄수록 더 고운 가루가 된다. 이렇게 준비된 가루에 물이나 계란 노른자를 섞어서 벽화에 쓰려고 고른 색을 만들어 낼 수 있다. 만약 유화를 그리고 싶다면 가루에 투명한 오일을 섞기만 하면 된다.

• 가장 기본적인 색 - 빨강, 초록, 파랑

• 가장 기본적인 색 - 하양, 검정, 노랑

• 흰 족제비를 안은 여인(1488년) •

72장
흰 족제비를 안은 여인

1489년에 레오나르도는 밀라노에서 작은 족제비를 품에 안고 있는 귀족부인의 초상화를 그렸다. 아마도 이 부인은 공작이 사랑한 여인 체칠리아 갈레라니일 것이다. 르네상스시대에는 사진기술이 존재하지 않았기 때문에, 한 사람에 대한 기억을 영원히 간직하기 위해서 화가들에게 이런 초상화들을 주문하곤 했다.

레오나르도는 이 여인의 초상화를 나무판에 그렸으며, 인물을 정면이나 측면으로 그리던 전통적인 방식과는 매우 다르게 그리기로 마음 먹었다. 이 여인의 몸은 왼쪽을 향하고 있지만, 얼굴은 빛이 비추는 오른쪽을 향해 돌리고 있다. 같은 방식으로 족제비도 오른쪽의 빛을 바라보고 있으며, 부인의 손이 족제비를 부드럽게 쓰다듬고 있다. 검은색 배경은 얼굴과 그림의 윤곽을 돋보이게 한다. 모든 색들은 서로 매우 부드럽게 섞여 있어 색의 경계는 물론, 붓 자국도 거의 보이지 않는다. 그녀의 볼에서 매우 흥미로운 사실 하나를 볼 수 있는데, 바로 턱 밑의 피부에 더 밝은 라인이 지나가는 것이다. 레오나르도는 오른쪽에서 비추는 빛 때문에 밝아진 피부 외에도, 아래의 가슴에서 반사되어 턱 밑으로 비추어지는 빛도 관찰한 것이다. 빛에 대한 과학적 지식이 이처럼 완벽한 그림을 그릴 수 있는 힘이 된 것이다.

• 흰 족제비를 안은 여인(1488년) •

흰 족제비

붉은 옷을 입은 여인(라 벨 페로니에르, 1490년)

73장
붉은 옷을 입은 여인

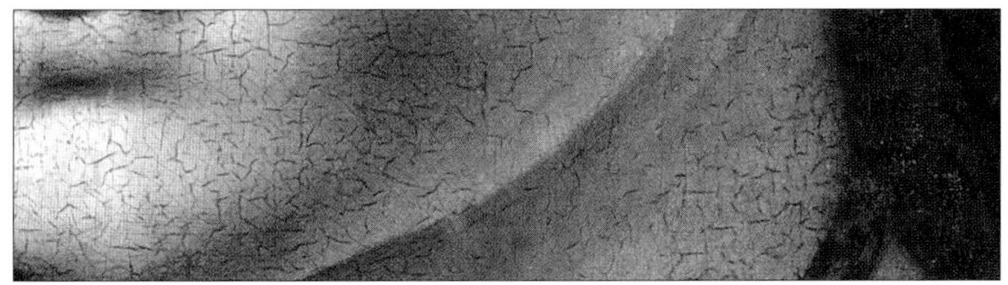

〈흰 족제비를 안은 여인〉을 그린 후에 레오나르도는 1493년 밀라노에서 다른 귀족부인을 그리게 되는데, 아마도 더 매력적이고 신비하며 관능적일 것이다. 역시 나무판 위에 그려진 이 여인의 초상은, 이상한 자세를 취하고 있는데, 왼쪽으로 돌아 앉아 고개를 우리 쪽으로 돌리고 있으며, 그 눈은 우리를 응시하고 있다. 검은색 배경과 왼쪽 위에서 비치는 빛은 인물을 거의 입체적으로 보이게 한다. 의상은 매우 정교하게 장식되어 있다.

빛에 대한 과학적인 지식은 〈흰 족제비를 안은 여인〉보다 이 그림에서 더 잘 나타난다. 오른쪽 뺨을 자세히 살펴보면 가슴에서 반사된 반사광만 보이는 것이 아니라, 매우 선명하게 보이는 붉은색 그러데이션도 보인다. 레오나르도는 왜 이 이상한 붉은색 빛을 표현한 것일까? 하얀 빛은 왼쪽에서 와서 붉은 옷을 비추며, 그는 빛을 받은 모든 유색의 물체는 유색의 빛을 반사한다는 사실을 알고 있었기 때문이다. 그러므로 붉은 옷에서 반사된 빛이 부인의 얼굴에 붉게 비치는 것이다. 완벽한 화가가 되기 위해서 과학과 빛의 움직임을 공부하고 알아야 했던 것이다.

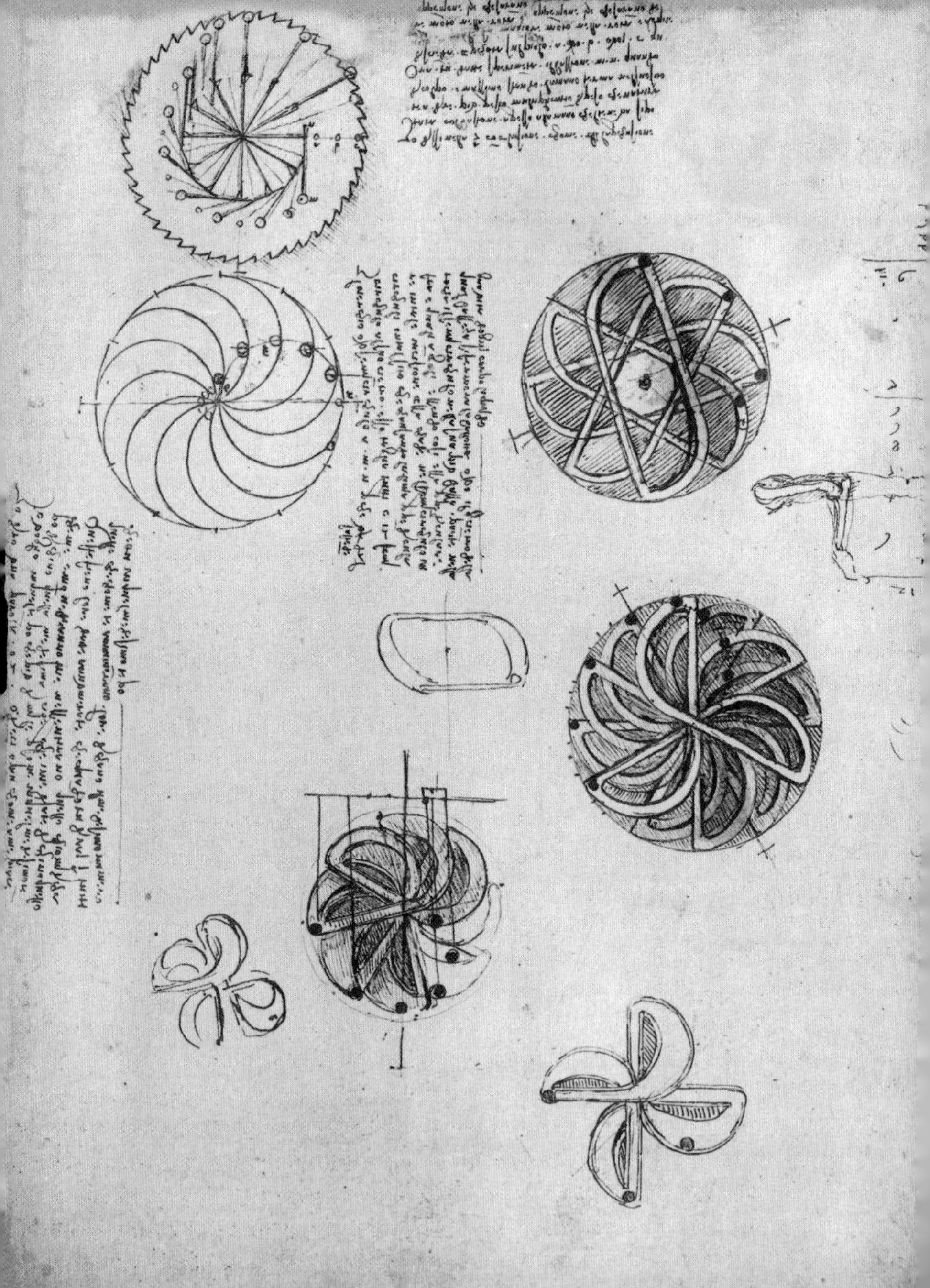

74장

영원한 에너지

레오나르도는 밀라노의 군주를 위해서 군사 장치들을 연구하고 그릴 때, 기이하고 신비로운 것들을 탐구하곤 했다. 거의 모든 과학자들이 연구하고자 하는 가장 어려운 것들 중 하나는 영속동력장치이다. 영속동력장치는 스스로 작동에 필요한 에너지를 생성하면서 끊임없이 움직이는 장치이다. 레오나르도 역시 이 기이한 연구에 몰두했다. 그는 수백 개에 달하는 회전장치의 도식화를 그렸고, 이를 위해 둥근 공의 움직임과 무게, 또는 그 무게로 모든 장치를 움직일 수 있는 유동체를 연구하였다. 그의 도식화들은 매우 아름다우며, 장치의 작동을 위한 수학과 기하학의 연구도 엿보인다.

레오나르도의 아이디어가 훨씬 더 흥미로운 이유는 이 마법 같은 장치들이 도시 전체와 그의 모든 장치들을 움직일 필수 에너지를 만들어내기 때문이다. 과학은 이 장치들이 작동될 수 없다는 사실을 우리에게 알려주며, 특히 부속들 사이의 마찰이 장치에 제공될 에너지를 손실시키기 때문에 영원히 작동할 수 없는 것이다. 이 고집쟁이 레오나르도는 이 문제점을 알면서도 여전히 시도해 보았으며, 이 문제들을 극복하기 위해 마찰이 없는 부속품들을 알아내려 했다.

오늘날도 많은 발명가들이 흔히 자석을 이용하여 이 장치를 만드는 소용없는 일에 도전하고 있다. 중요한 것은 도전하는 것이며, 계속해서 연구하는 것이다. 그 후에 무슨 일이 일어날지는 아무도 모르니까.

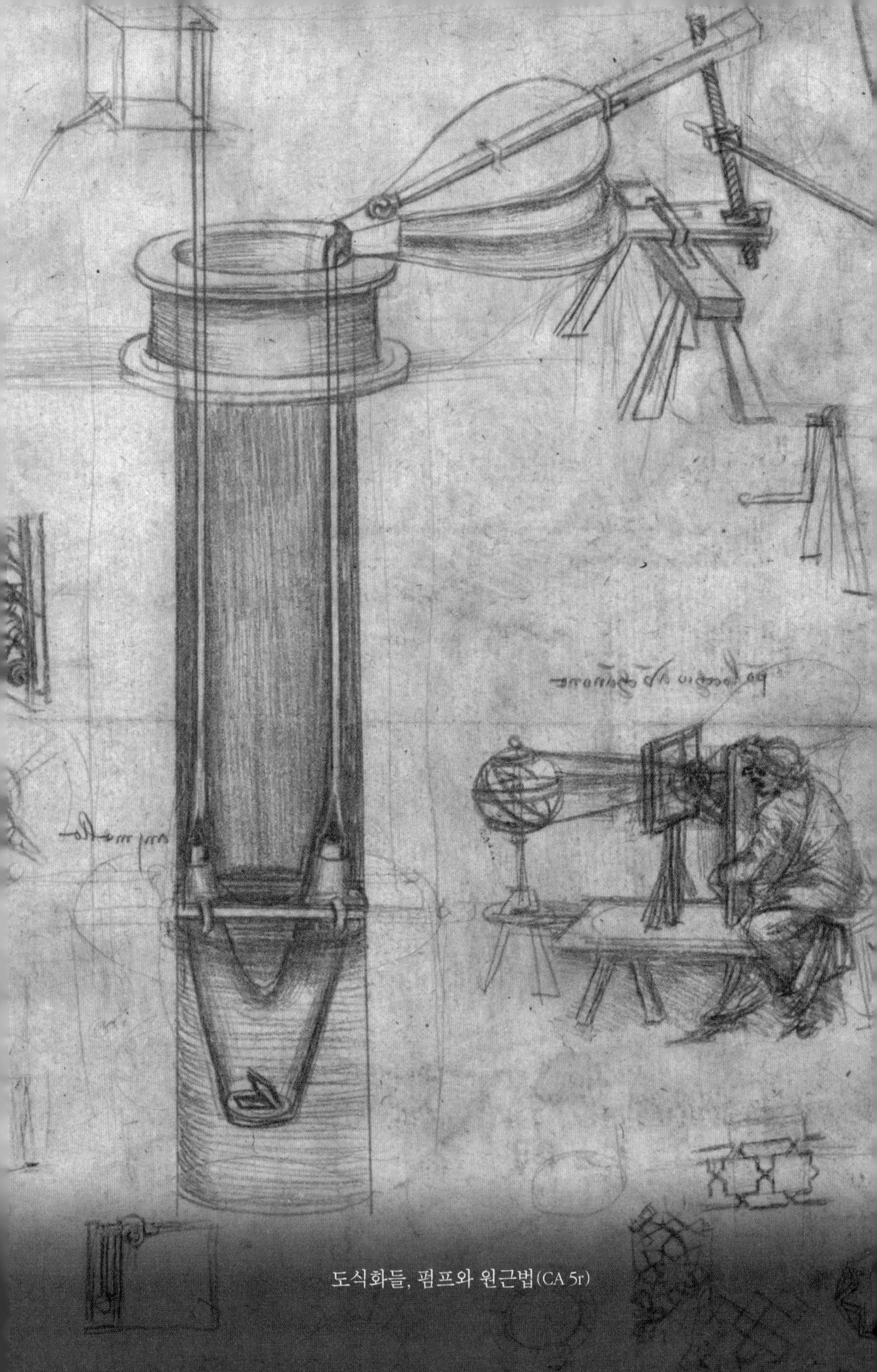

도식화들, 펌프와 원근법(CA 5r)

75장

거울의 속임수

〈흰 족제비를 안은 여인〉과 〈붉은 옷을 입은 여인〉, 그리고 유명한 〈모나리자〉 같이 훌륭한 그림들은 마치 사진과도 같으며, 매우 기발한 르네상스의 테크닉을 숨기고 있다.

원근법 측정장치는 사물을 완벽하게 그릴 수 있도록 하는 도구로, 문자 그대로 유리 위에 "복사하여" 그리는 장치이다. 레오나르도는 코덱스 아틀란티쿠스의 한 페이지에 이 장치를 그렸다. 한 남자가 의자 위에 앉아서 구멍을 통해서 보고 있는 그림이 있다. 오른 손으로는 구멍 너머에 보이는 사물을 투명한 종이나 세로로 놓여진 유리 위에 그리고 있다. 이 그림의 경우는 천체의 관찰이다. 이 방식으로 유리 위에 고정된 관찰점으로 눈에 보이는 것을 따라 그릴 수 있다. 그리고 관찰점은 역사 속 기하학적 사진기라고 정의할 수 있는 이 장치에 의해서 인위적으로 만들어진 것이다. 유리에 그린 그림은 복사하여 종이나 나무판으로 간단히 옮길 수 있다. 이 실험은 우리도 해볼 수 있는데, 창문을 이용해서 밖에 있는 사물을 그려볼 수 있다. 아마도 레오나르도가 그린 이 여인들의 초상화가 가진 완벽함의 비밀은 테크닉과 기하학을 똑똑하게 사용하는 것에 있을 것이다.

퍼레이드를 위한 의상 연구(CV 187)

여성용 헤어스타일(CV 206)

76장
역사 속 최초의 스타일리스트

레오나르도는 군사공학자로 일하기 위해서 밀라노에 있는 루도비코 스포르차의 궁전으로 갔지만 결국에는 그가 설계했던 무시무시한 무기들을 만들어 내지는 못했다. 아마도 공작에게는 실제로 만들어 내는 것보다, 이러한 비밀무기들이 있다고 알리는 것이 중요했을 것이다. 레오나르도는 자연을 연구하고 그림을 그리는 것 외에도, 무대디자이너와 스타일리스트이기도 했다. 그는 궁정의 수많은 축제들을 위한 무대장치와 의상들을 만들었다. 그의 몇 가지 그림들에서는 퍼레이드 의상을 연구한 것을 찾아볼 수 있다. 어떤 페이지들에는 장치 도식화들 사이에 오늘날 디자인이라고 정의할 만한 것들이 보인다. 장식이 가득한 여성용 가방과 실제로 작동하는 고급 나침반 그림도 있으며, 한 기계를 정의할 때 단순히 더 멋스럽게 보이게 하려고 미학적이고 장식적인 글자들을 써 넣기도 했다.

어떤 페이지에는 머리를 땋아 올린 한 여인의 얼굴이 그려져 있다. 머리는 뒷모습도 그려져 있는데 이것은 여자를 그리려고 한 것이 아니라 헤어스타일을 연구한 페이지라는 것을 알 수 있다. 그림을 더 자세히 살펴보면 이것은 가늘게 땋은 가발처럼 보인다. 손실되었거나 혹은 그린 적이 없었을지도 모르는 작품 속 레다의 머리일 것이다. 레오나르도는 테크닉과 예술을 혼합하여 축제의상과 일상복, 헤어스타일, 그리고 가방 등을 만들었던 역사 속 최초의 스타일리스트였다.

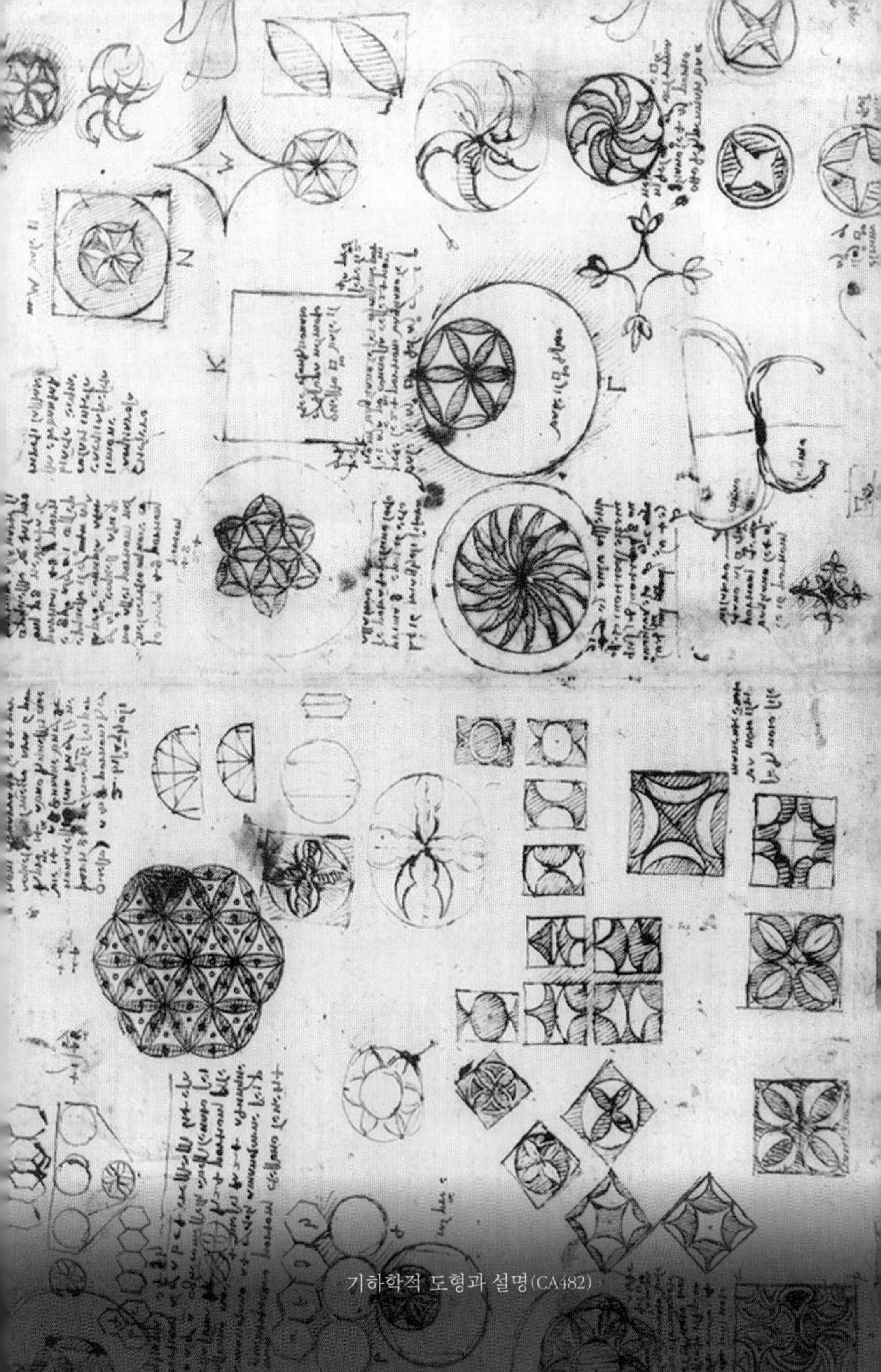

기하학적 도형과 설명(CA482)

77장
향수와 청량음료

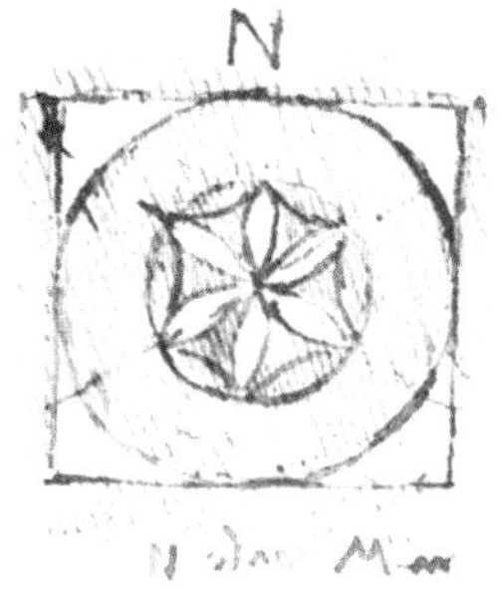

레오나르도가 그린 수천 개의 그림들 사이에는 그의 수많은 호기심들도 발견된다. 예를 들어, 원을 사각형 속에 넣는 연구를 위해 많은 문양들을 그리고, 다른 기하학적 비율들을 그린 사이에, 작은 여백을 활용하여 청량음료를 만들기 위한 레시피도 적어 넣었다.

"설탕, 장미수, 레몬과 신선한 물. 모두 흰 천에 여과시킨다. 이것은 터키인들이 여름에 마시는 음료이다."

아마도 이 그림들을 그릴 때 날씨가 더웠을 것이다. 장미 향이 나는 이 레몬에이드의 레시피를 적으며, 이 음료의 근원지까지 언급하는 것을 보면 레오나르도는 모든 것에 관심을 가지고 있었고, 음료수 같이 단순한 것들을 포함한 모든 것들을 기록했다는 것을 알 수 있다. 다른 코덱스에서는 실제로 향수를 만들기 위한 레시피도 찾아볼 수 있다.

"향수 하나를 만들려면, 장미수를 준비하여 손에 조금 붓는다. 그리고 라벤다 꽃을 양손으로 비비면 아주 좋은 향이 난다."

또한, 무기 그림들 사이에도 적들을 내쫓기 위한 악취가 나는 약물과 악취 폭탄을 제조하는 법을 적어 놓았다. 이것은 레오나르도가 조향사였거나 요리사였다는 의미가 아니고, 단지 그에게는 연구하고 기록하기에 흥미롭지 않은 것이 없었으며, 모든 것이 유용하게 쓰일 수 있다는 것을 의미한다.

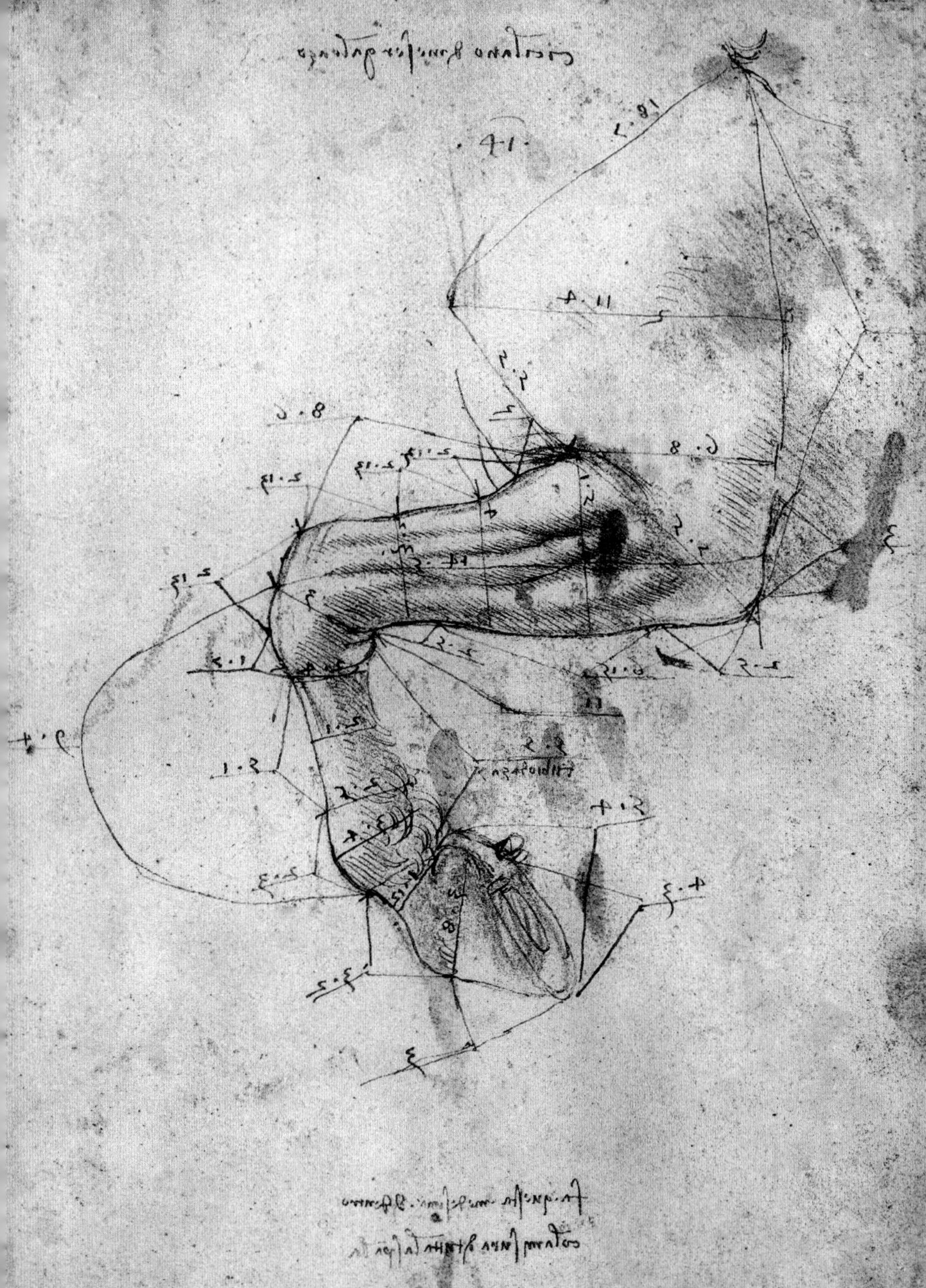

작은 말의 모형

78장

거대한 말

1490년 밀라노에서 레오나르도는 스포르차 공작에게 그의 이름을 영광스럽게 해줄 거대한 동상을 만들겠다고 약속했다. 그는 오랜 시간 말들을 연구했으며, 수백 개의 그림들을 그렸다. 그는 단순한 동상을 그리는 것에 국한시키지 않고, 모든 시점에서 바라본 말의 해부학적 연구에 몰입했다. 레오나르도가 주문을 받을 때마다 혹은 관심이 생길 때마다, 더 세부적인 지식들에 깊이가 더해졌다.

그는 거대한 기마상을 만들기 전에 점토로 작은 모형들을 만들었다. 우리도 찰흙이나 지점토로 작은 동상들을 만들어 볼 수 있다. 그리고 그는 청동주조를 위한 8미터 상당의 거대한 말을 점토로 만드는 데 성공했다고 전해진다. 레오나르도는 조각과 주조도 했었지만 이 거대한 동상은 결국 완성하지 못했다. 결국 이 점토로 만든 거대한 말은 부숴야 했다. 공작이 이 거대한 기마상에 사용될 청동을 대포를 만드는 데 사용했다고 전해진다. 하지만 레오나르도의 한 수기노트에는 레오나르도 자신이 이 계획을 포기한 것이라고 적혀 있다. 베로끼오에게 배웠던 것처럼 여러 조각을 연결하는 것이 아닌, 단 한 덩어리로 이렇게 큰 청동을 주조하는 것은 너무 힘든 일이었다. 그는 이 기마상을 위한 장치들과 용광로, 그리고 기술을 연구하였지만. 이 작업은 너무 어려웠기에 포기하였다. 이 사실은 레오나르도를 더 인간적으로 보이게 한다.

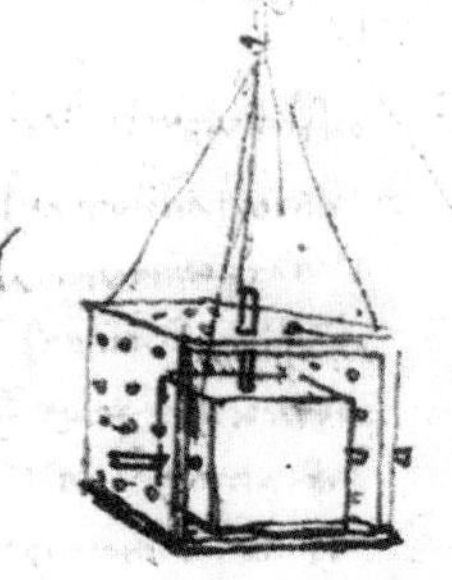

79장

입체적 분석

특히 대리석이나 청동으로 만드는 대형 기마상 같은 큰 동상을 만들기 전에 적절한 비율과 형태를 연구하기 위해서 작은 모형을 만들어 봐야 하는데, 이 작업은 큰 모형을 만드는 데 큰 도움이 된다. 레오나르도는 현대의 3D 스캐너와 비슷하며, 작은 모형의 대형 본을 뜨는 데 사용될 한 장치에 대해 설명했다. 먼저 작은 모형을 작은 구멍들이 뚫린 상자 안에 넣고, 그 구멍들 사이로 작은 막대들을 끼워 넣어서 모든 거리를 측정했다. 이렇게 측정된 크기를 확대하여 더 큰 상자에 대입시키면 동일한 모형을 원하는 만큼 더 큰 크기로 만들 수 있게 된다.

• 살바토르 문디(1493년) •

80장

유리 구슬

귀족 부인들의 초상화들 외에도 레오나르도에게는 종교화들이 자주 의뢰되었다. 〈살바토르 문디(구세주)〉는 1500년에 레오나르도의 공방에서 완성된 전통 방식의 정면을 바라보고 있는 예수의 초상화이다. 하지만 이 그림에서 정교하고 명확하게 표현된, 새롭고 특이한 요소들이 보인다. 레오나르도의 수기노트들에는 그림의 옷과 손을 연습한 습작들이 있다. 정교하게 장식된 의상 외에도 시선을 끄는 투명하고 큰 구슬이 보인다.

이 투명한 물체는, 바탕을 다 그린 뒤 구슬의 반사광을 위에 덧그리고, 구슬의 경계선에 맞추어 뒤에 보이는 그림의 형태와 색을 바꾸는 방식으로 그린 것이다. 레오나르도는 광학기술에 대한 지식을 가지고 있었으며, 가득 찬 유리구슬 뒤에 비치는 빛과 형상이 어떻게 보이는지를 관찰하였다. 빛과 형태는 서로 매우 특이한 방식으로 영향을 주며, 이 내부의 반사광들의 이름은 굴절이다. 빛에 관한 지식과 관찰은 예술가가 되기 위한 필수조건이다.

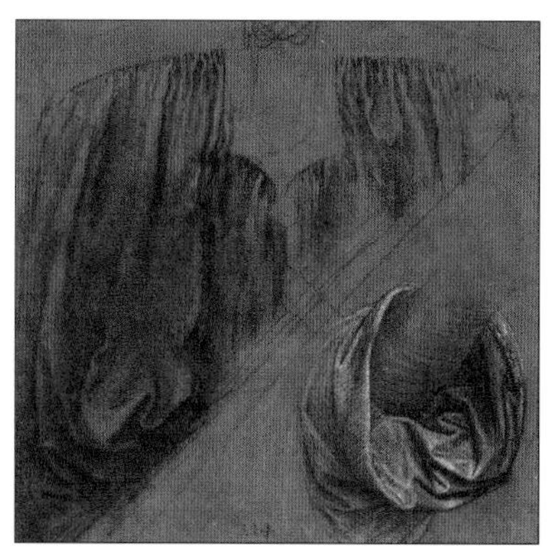

암굴의 성모 원본(1495년)

81장
강력한 반항

1438년 레오나르도는 또 다른 걸작을 탄생시키는데, 그것은 매우 큰 나무판에 그린 〈암굴의 성모〉이다. 이 그림은 종교적 성격을 가진 것으로, 그는 이 목적으로 급료를 지급받았다. 하지만 레오나르도는 〈최후의 만찬〉에서 그랬던 것처럼, 종교적 상징이나 물건들을 그려 넣지 않았으며, 매우 아름다운 천사를 그려 넣어 의뢰인들의 심기를 불편하게 했다. 그림은 걸작이었음에도 불구하고 거절당했다. 레오나르도는 매우 명확하게 작성된 계약서에 서명을 했음에도 불구하고, 의뢰 받은 그림을 그리지 않고 자기 마음대로 그리는가 하면, 수도승들의 요청에 굴복하지도 않았다. 게다가 레오나르도는 수도승들에게 자신의 그림을 완성하기 위한 더 많은 돈을 요구했으며, 결국에는 그림을 완성하지도 않았다. 거의 20년이 지나고 나서 레오나르도의 공방에서 몇 가지 다른 점이 보이는 두 번째 버전이 완성되었는데, 아마도 결국은 의뢰인들을 만족시키기 위함이었을 것이다. 여하튼 레오나르도가 결코 원치 않았던, 몇몇의 종교적 상징물들이 그림 속에 더하여졌다. 위대한 예술가들도 작품에 대한 돈을 받는 것이 쉽지 않았으며, 작품들은 가끔 거절당하여 여러 번 다시 그려야 하기도 했다. 당연히 레오나르도에게도 일어난 일이다!

• 1482년의 거절당한 암굴의 성모 •

• 1495년에 다시 그린 암굴의 성모 •

82장
피부 위에 그리기

오늘날 우리는 한 페이지 전체가 컬러 사진들로 인쇄된 책들을 보는 데 익숙해져 있다. 레오나르도의 시대에는 중세시대 스타일의 그림들과 인물들 그리고 그림작품처럼, 사진같은 퀄리티를 가지지는 못한, 단순한 기술 도식화들을 그려 넣은 종교적인 수기노트들과 공학노트들이 있었다.

아마도 처음으로, "사진"이라는 것을 만들어 낸 것으로, 스포르차 궁정의 귀족부인을 그린 이 그림은 두꺼운 시집에 첨부되어 있다. 보통 레오나르도는 나무판에 그림을 그렸지만 이 그림은 염소가죽 위에 그렸다. 이것은 한 장의 양피지로, 그는 이 그림을 책의 종이 페이지들과 함께 연결하였다. 노란색 바탕은 가죽 본연의 색이며 부인은 잉크와 연필, 물감, 그리고 흰색 염료로 그려졌다. 부인은 옆모습을 보이고 앉아 있으며, 이것은 전통적인 초상화의 포즈이지만, 매우 색다른 방식으로 그려졌다. 모든 선들은 명확하고 속눈썹은 한 올 한 올 그려졌다. 종이에 그림을 그리거나 이 그림처럼 유색의 바탕 위에 그림을 그릴 때, 그림의 색이 바탕의 본래 색과 섞일 수 있다는 것을 고려해야 한다. 예를 들어 이 그림의 경우에, 레오나르도는 피부의 더 밝고 빛나는 부분을 표현하기 위해서 흰색을 사용해야 했다.

레오나르도는 새로운 바탕소재인 가죽에 페인팅 기법을 사용하여 걸작을 완성하였다. 이것은 우리가 예술 작품을 만들 때 모든 표면 위에 시도해 볼 수 있음을 일깨워주며, 고려해야 할 점은 무엇이고 어떻게 그릴 것인가를 시사해준다.

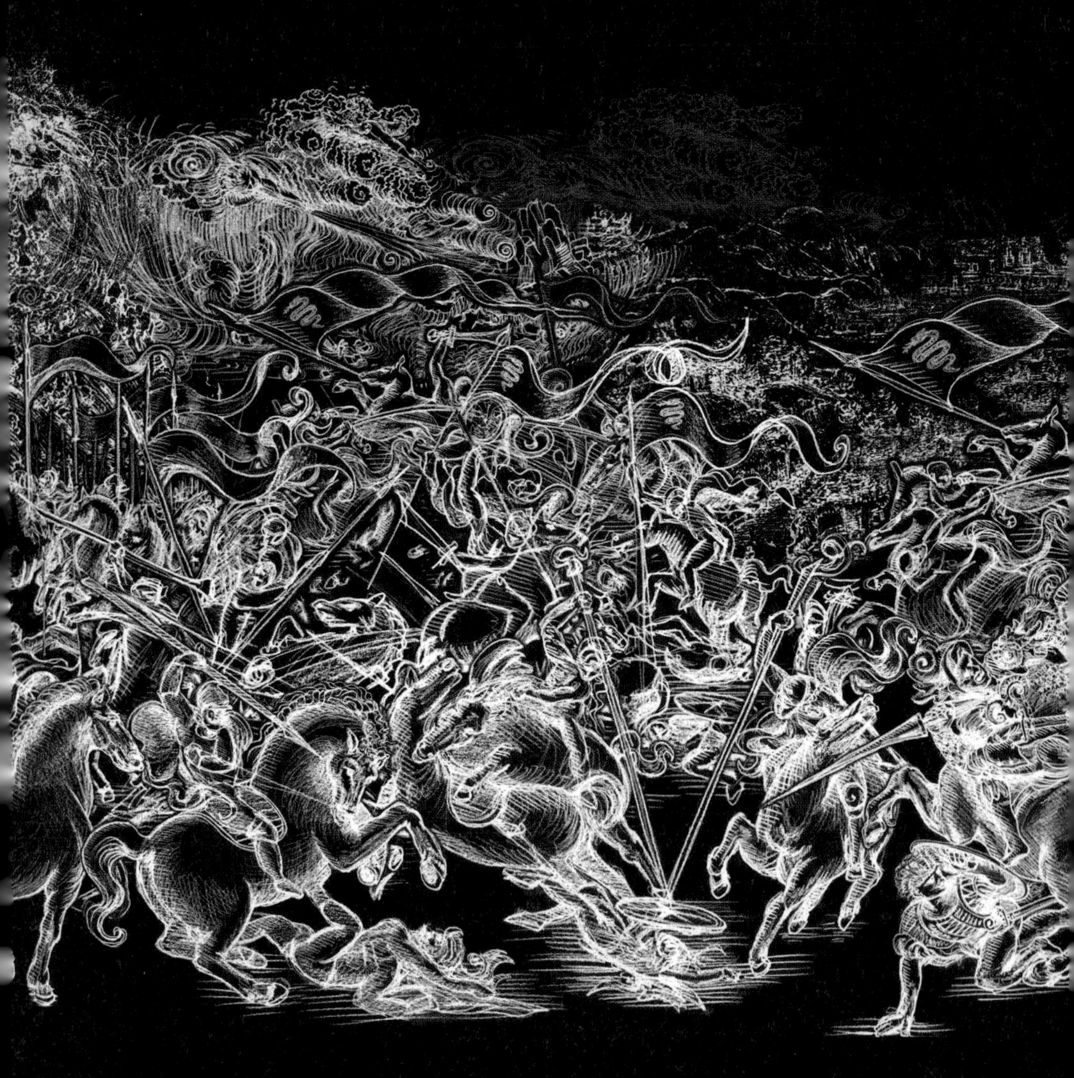

• 앙기아리 전투의 재현 •

베니스인들과 전투하는 밀라노인들(1440년)

• 앙기아리 전투 속의 한 얼굴 재구현 •

83장
걸작 파괴하기

1505년 폭풍이 휘몰아치던 시기에 레오나르도는 자신의 가장 큰 작품을 그리기 시작하는데, 이 거대한 크기의 작품은 폭이 20미터로 〈최후의 만찬〉보다 6배나 더 큰 크기이다. 이 작품은 앙기아리 전투를 다룬 그림이다. 레오나르도는 유화물감을 사용하였으며, 물감을 빨리 말리려고 벽 가까이에 불을 지폈다. 서두름, 불을 이용한 실험, 그리고 작업의 거대함 등은 아마도 이 어마어마한 대작을 파괴한 원인이 되었을 것이다. 레오나르도는 500년 전 피렌체에서 방의 다른 쪽에 또 다른 전쟁장면을 그리던 미켈란젤로와 경쟁구도에 있었다. 레오나르도는 이렇게 과도한 방식을 사용하여 이 거대한 그림 작업을 시작하자마자 작품을 파손시키고 말았다. 아마도 이 작품의 남겨진 부분들은, 후에 바자리가 건축하고 그린 벽 뒤에 있을 것이다.

◦ 실타래를 든 성모(1499년) ◦

84장
속이는 물건

1499년에 그려진 레오나르도의 이 우아한 작품 속에는 엄마와 아기가 있다. 많은 이들이 이 그림 속에서 성모와 아기 예수를 보았는데, 아마도 그것이 그들이 레오나르도에게 그려주기 원했던 내용이기 때문이었을 것이다. 레오나르도는 늘 그랬듯이 전통에 반항하며 무언가 새롭고 아름다운 것을 만들어 냈다. 이것은 마치 종교화처럼 보이는데, 그 이유는 오른쪽의 아기가 손에 들고 있는 것이 십자가처럼 보이기 때문이다. 하지만 나무 막대를 잘 관찰해 보면 아래 쪽에 아기의 다른 손에 가로로 지나가는 다른 나무 조각을 발견할 수 있을 것이다. 이것은 실타래이며, 방적기에 사용되는 도구로 양털을 감는 데 쓰는 것이다. 그래서 이 그림을 종교화로 보고자 하는 사람은 원하는 대로 볼 수 있겠지만, 레오나르도는 한 엄마와 나무 막대기를 가지고 노는 아기를 그린 것이다.

뒤에 배경으로 보이는 풍경은 레오나르도가 공기의 성질을 연구하여 그린 것이다. 하늘색과 녹색과 갈색의 그러데이션을 통해 경이로운 자연 경관을 인상적인 방식으로 표현하였다. 공기는 자신만의 모습이 있다. 더 거리가 있는 산들은 그 사이에 더 많은 공기를 가지고 있어 그 색이 감소되며 하늘색에 더 가깝고 밝게 표현되었다. 그래서 더 멀리 있는 산들은 더 흐릿하게 하늘과 그러데이션 되어 있으며, 더 가까이 있는 산들은 땅과 그러데이션 되어 있다.

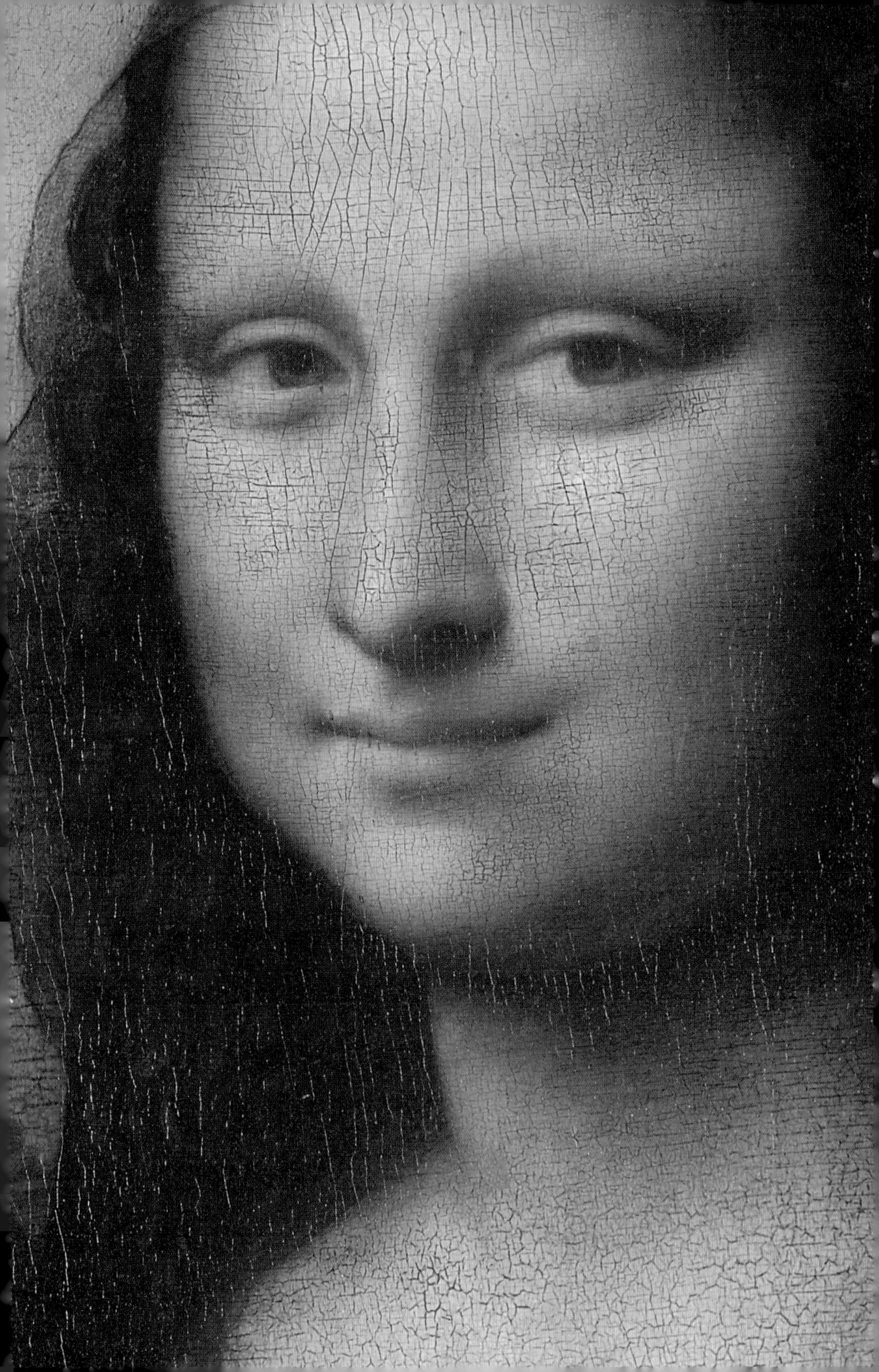

죠콘도의 모나리자(1503년)

• 죠콘도의 모나리자(1503년) •

85장
베일을 쓴 여인

라 죠콘다는 모나리자 델 죠콘도라는 이름을 가진 여인의 초상화이다. 이 초상화 역시 레오나르도에게 돈을 주고 의뢰한 작품이다. 하지만 이 그림은 의뢰인이었던 모나리자의 남편에게 전달되지 않고 레오나르도가 소장하면서 계속해서 수정하고 완벽해질 때까지 다시 그리기를 반복한 작품이다. 이 그림 속에는 숨겨진 비밀 같은 것은 없다. 단순히 매우 아름답고 믿을 수 없을 만큼 세세하게 그려진 작품일 뿐이다. 그녀의 자세, 시선, 손, 그리고 배경들 모두 레오나르도의 다른 그림들과 비슷하며, 그의 연습과 연구의 열매인 것이다. 이 작품은 그림의 테크닉적인 이유보다는 마케팅과 유행에 따라 세상에서 가장 유명한 그림이 되었다. 많은 사람들이 이 그림의 아름다움에 완전히 매료되어 '알 수 없는 마법'과 같다고 생각하는데, 이는 이 그림을 그리기 위해 행해진 작업을 알지 못하기 때문에 하는 생각이다. 레오나르도는 연구하고 밑그림을 그리고 색을 칠하는 데 50년의 시간을 투자하여 이 완벽한 수준에 이를 수 있었다. 이 사실은 우리 역시 많은 노력을 기울이면 이 테크닉의 수준에 이를 수 있다는 것을 시사한다. 지름길은 없다. 위대한 레오나르도가 이 그림을 그리기 위해 거의 평생을 바쳤다는 것을 기억하자.

86장

미완성으로 남겨 두기

레오나르도의 인생은 평탄하지 않았다. 밀라노에서 오랜 시간 일한 후에 피렌체에 돌아갔지만 계속해서 거처를 옮기게 되는데, 여기저기서 부르기도 했지만, 생계와 자신의 연구, 그리고 실험을 위해서 돈을 벌 수 있는 일자리를 찾아야 했다.

그는 거의 모든 일들을 마다하지 않았고 돈을 요구 했으며, 제시간에 작품을 끝내는 일이 없었다. 실제로 가끔은 시작만 하고 끝내지 않은 작품들도 있었다. 그에게는 너무 많은 관심사가 있었고, 수많은 것들을 새로 시도했다. 보통 천재들은 이렇게 생겨먹었다! 이런 사람들은 소수의 평탄한 것에 절대 만족하지 않는다. 예를 들어 커다란 그림을 그리기 위해 습작으로 종이에 먼저 그린 이 작품처럼, 레오나르도가 몇몇 작품들을 완성하지 않았다고 해도, 그의 그림들은 모두를 감탄시킨다.

종이에 그린 이 그림은 성 안나와 성모 그리고 아기예수와 성 요한을 주제로 한 그림을 그리기 위한 도안이다. 이렇게 도안으로만 남겨진 이 그림은 훗날 시간이 지날수록 하나의 걸작으로써 찬사를 받게 된다. 등장 인물들은 서로 끌어안고 있으며 그 동작들은 연속적이고 서로 화합을 이룬다. 밑그림뿐만 아니라, 이 도안을 더 생동감 있게 하는 것은 흰색과 어두운 색의 그러데이션이며, 이로 인해 인물들의 몸이 입체적으로 보인다. 그림의 선과 수정된 부분들이 여실히 보이는 것 때문에 작품에서 더욱 생동감이 느껴진다.

성모, 엄마(1501년)

성 안나, 할머니와 아기 예수(1501)

• 성 안나, 성모, 아기 예수와 양(1510년) •

87장

불쌍한 어린 양

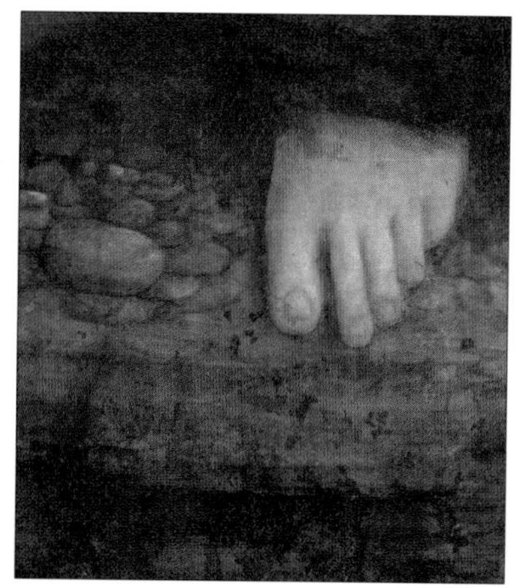

레오나르도가 미완성으로 남겨 두었던, 작품 〈성 안나〉를 위한 도안은, 10년이 지난 후에 여러 개의 나무 판으로 구성된 큰 패널 위에 완성되었다. 4명의 인물들은 마치 하나로 연결된 것처럼 배치되어 있으며, 한 사람 한 사람 순서대로 서로를 끌어안고 있다. 이 작품은 모두에게 종교화로 여겨졌지만, 인물들을 자세히 살펴보면 레오나르도가 더 단순한 그림을 그렸다는 것을 알 수 있다. 할머니가 다리 위에 엄마를 앉혔고, 엄마는 그 아들을 안고 있으며, 아기는 불쌍한 어린 양을 괴롭히며 놀고 있는 모습이다. 이것은 매우 자연스럽고 아름다운 이야기로, 엄마와 할머니가 아이를 사랑스럽게 돌보고 있는 모습이다. 순수한 아기는 그를 둘러싼 자연과 놀고 있는 모습을 보여준다. 모든 것은 자연이다. 특히 그림의 전경에 풍경들, 즉 산, 계곡, 시냇물, 그리고 식물들과 바위들이 보인다. 바위 밑으로는 투명한 시냇물이 흐른다. 그가 전통적인 테크닉을 사용했음을 볼 수 있으며, 레오나르도의 소재들은 거의 그의 모든 그림 속에 동일하게 사용되고 있다. 이 그림이 가진 힘은 어머니의 시선에 담긴 사랑과 아기의 순수함에서 찾을 수 있다.

• 세례요한(1510년) •

88장
가상현실처럼

레오나르도는 1510년에 58세로 더 이상 청년이 아니었다. 이 큰 사이즈의 그림은 박카스(술의 신) 또는 세례요한으로 보여지며, 그의 젊은 문하생들의 도움을 받아 완성되었다. 역사는 반복되는 법이다. 젊은 레오나르도가 자신의 스승 베로끼오의 그림을 부분적으로 도왔던 것처럼, 그 역시 스승이 되어 곁에 견습생들을 두었으며, 이들은 레오나르도를 도와 그의 그림들을 완성하곤 했다. 위에 있는 그림은 마치 서 있는 한 사람이 중앙에 바위에 앉아 있는 인물을 소개하는 듯하다. 인물들의 크기는 그림 앞에 서 있는 감상자로 하여금 마치 앞에 함께 있는 듯 느끼도록 한다. 이 그림들은 실제로 가까이에서 보아야 할 필요가 있는데, 안타깝게도 책 속의 그림들로는 그들이 실제로 주는 효과를 느낄 수 없다. 〈모나리자〉는 작은 크기의 그림이다. 그래서 바로 앞에서 실물로 보면 그녀가 작은 창문 너머에 앉아 있는 듯 보인다.

〈최후의 만찬〉은 굉장히 큰 작품이며, 한 방에서 사도들과 함께 있는 듯 느끼게 한다. 이런 관점으로 보면 이 그림은 열려 있는 큰 창문 너머로 멋진 자연 경관이 보이는 듯하다. 이 작품들의 목적은 이러한 풍경 속에 함께 있는 듯한 경이로움을 자아내며, 가상현실과 같은 효과를 주는 것이다.

• 성 요한(1515년) •

89장
검은 거울

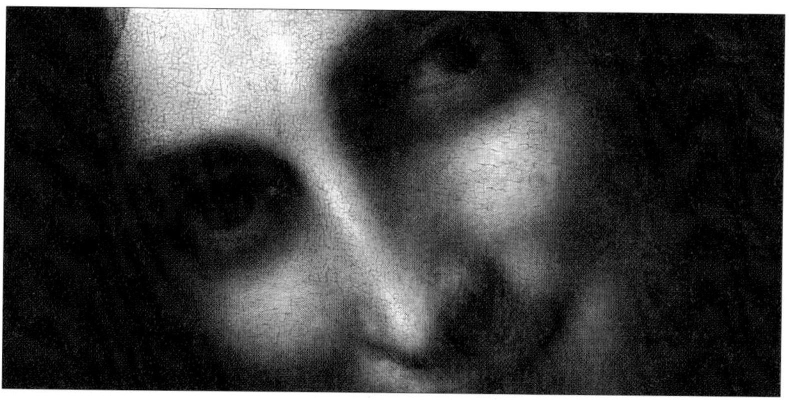

〈세례요한〉은 레오나르도의 매력적이고 신비한 마지막 작품이다. 그림 속에서 호피무늬의 털옷을 걸치고 있는 유일한 등장 인물로, 손가락으로 위쪽을 가리키며 우리를 바라보고 웃고 있다. 아마도 레오나르도가 초상을 그리기 위해 선택한 모델은 그의 견습생들 중 하나인 살라이일 것이다. 그의 눈빛은 교묘하고 책략적이다. 인물의 표정과 감정들은 〈모나리자〉가 주는 것보다 더 강렬하게 전달된다. 그림의 앞에는 마치 검은 유리가 있는 것과 같은 느낌을 받는다. 전면에 비치는 빛은 인물을 완전히 어두운 배경에서 분리시킨다. 피부는 정교하게 음영 처리되어 있다. 레오나르도의 이 페인팅 테크닉이 "스푸마토(그러데이션)"라고 불리는 이유는, 모든 색이 아주 가는 붓으로 그 경계선이나 색의 차이, 그리고 붓이 지나간 자리를 느낄 수 없을 때까지 끊임없이 덧칠하여졌기 때문이다. 이 그림의 마법적인 효과는 실제로 볼 때만 느낄 수 있다. 만약 이 그림을 액자 없이 검은 벽 위에 걸어놓고, 손에 초를 하나 들고 그림 앞에 서 있으면 아마도 그림 속 인물이 바로 앞에 앉아 있는 것처럼 보일 것이다. 마치 홀로그램처럼 말이다. 좀 무서울 수는 있지만, 이것이 빛의 반응을 이해하고, 사람의 눈을 속일 수 있는 화가의 마법이다.

밀라노 중심가에 있는 레오나르도의 동상. 이탈리아

90장

레오나르도의 유산

많은 사람들이 레오나르도가 헬리콥터와 비행기, 그리고 사출기를 발명했다고 생각한다. 우리는 이미 이것이 사실이 아니라는 것을 배웠고, 세계의 수많은 박물관들이 보여주는 장치들은 그의 것이 아니다. 그는 다른 공학자들의 장치들과 그들의 책들을 연구하고 모방한 후에, 과학과 기술에 열정을 갖게 되었다. 그는 다룰 수 있는 모든 주제들을 다룬 수백여 권의 코덱스를 기술했으며, 이를 통해 자신이 더 놀랍고 창조적이며 비밀스러운 인물이라는 것을 세상에 알리게 되었다. 페인팅에 대한 코덱스를 제외한 그의 모든 노트들은 한 번도 인쇄된 적이 없으며, 그의 모든 장치, 해부학, 비행에 대한 통찰력과, 일반적인 장치와 과학에 관한 내용들은 해석하기 어려운 메모들 속에 숨겨져 있다. 그는 이러한 이유 때문에, 여겨지는 것과는 달리 과학의 역사에 공헌할 수 없었다. 만약 그가 원했던 것처럼 그의 모든 학술서가 출판되었다면, 오늘날의 과학은 훨씬 앞서 있을 것이며, 우리는 벌써 화성에 착륙했을지도 모른다.

레오나르도가 오늘날 우리에게 시사하는 것은 매우 중요하다. 그는 우리에게 지식과 과학 그리고 자연에 대한 열정을 전달하며, 우리의 자녀가 그처럼 될 수 있도록 영감을 준다. 레오나르도는 외계인이 아니었으며, 마법을 부릴 줄도 몰랐다. 그는 자주 남의 아이디어를 모방했고, 수많은 장치들을 잘 못 만들었지만 절대 포기하지 않았다. 그는 자신의 모습을 통해 우리가 그와 같이 되기 위해서는, 열정과 인내 그리고 수없이 많은 공부를 해야 한다고 말하고 있다.

LEONARDO DA VINCI
I LIBRI DI MECCANICA
LEONARDO DA VINCI
CONNAISSANCE DE LEONARD DE VINCI

91장
레오나르도에 대해 공부하기

우리는 레오나르도에게서 천재가 되기 위해서는 공부를 많이 해야만 한다는 사실을 배웠다. 그는 동시대 다른 예술가들의 작품들은 연구하고, 자연을 관찰하였으며, 자신의 스승들이 쓴 공학서적들과 수많은 역사서적들을 읽었다. 레오나르도가 문맹이었다고도 하는데, 이것은 절대적인 거짓이며, 그는 엄청난 공부벌레였다. 어릴 때는 공증인이었던 그의 아버지를 따라 라틴어를 공부하는 대신, 삼촌과 함께 자연을 공부하며 자유롭게 성장하였다. 하지만 어른이 되어서는 그가 연구하는 전쟁공학을 위해서는 라틴어와 수학 그리고 기하학을 공부해야만 한다는 것을 깨달았다. 그는 이미 어른이 되었음에도 불구하고 지속적으로 공부하였으며, 예를 들어 밀라노에 있는 수도승 파촐리를 찾아가 개인교습을 받기도 했다. 우리도 그가 했던 대로 레오나르도의 책들을 공부하여 그에게서 많은 영감을 얻을 수 있다. 우리는 학교로 돌아가 우리의 나이와 상관 없이 수업을 들을 수도 있다. 오늘날 우리는 인터넷과 제한 없는 정보의 물결 속에서 살아가며, 고전 도서들을 읽지 않아도 된다고 믿고 있다. 하지만 실상은 인쇄된 책 한 권이 우리를 공부의 세계로 이끌며, 산만하지 않도록 집중력을 높여준다. 진지한 공부는 우리를 부주의하거나 피상적인 사고에서 멀어지게 한다.

Leonardo3의 박물관, 밀라노의 스칼라 광장

92장
500년 후

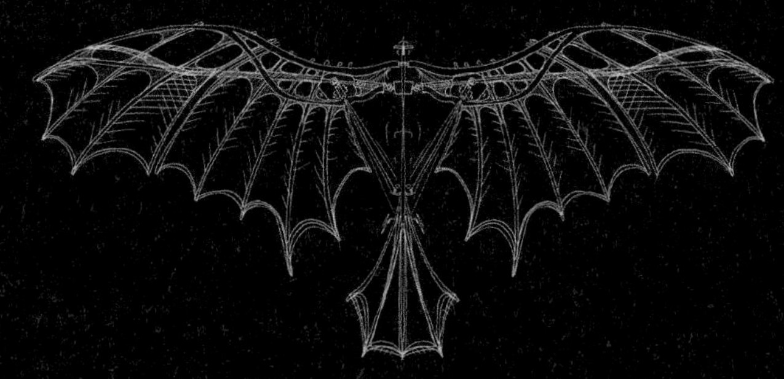

레오나르도 다빈치가 공부를 시작하고 그의 꿈을 이루며, 멋진 작품들을 만들어 낸 때로부터 500년이 흘렀다. 오늘날 우리는 정보와 지식의 바다에서 살아간다. 아마도 우리는 과도한 도구들과 테크놀로지를 소유하고 있으며, 더 이상 레오나르도처럼 되는 꿈을 꿀 수 없을지도 모른다. 만약 당신이 그처럼 되고 싶거나 그럴 만한 용기를 가지고 있다면 한 번 시도해 보라. 24시간 동안 테크놀로지 기기나 전기로 작동하는 모든 도구들을 사용하지 말아보라. 마치 레오나르도 다빈치가 그의 시대에 했던 것처럼 종이 한 장과 연필 그리고, 어둠 속에서 해보고 싶다면 양초 하나를 꺼내 보자. 창밖에 무엇이 있는지 살펴보자. 레오나르도처럼 자연을 관찰해 보자. 그럼 몇 시간의 패닉 상태가 지난 후에는 주변을 둘러싼 사소한 작은 것들도 연구 관찰하여 이해하기 위한 충분한 소재임을 깨닫게 될 것이다. 해야 할 많은 것들과 밝혀내야 하는 것들이 넘쳐난다는 사실을 깨닫고 나면 당신은 이미 좋은 시작을 한 것이다. 우리는 수많은 도구들을 사용할 수 있는 행운을 가지고 있으며, 인터넷을 통해 많은 지식들도 얻을 수 있다. 예술가가 되기 위해 혹은 공학자나 현대 과학자가 되기 위해 레오나르도에게서 영감을 얻고 그 길을 따라가 보자. 그가 했던 방식 그대로, 모방하고 연구한 후에, 절대 포기하지 말고 발명하라.

• 유화 그리기 •

93장

그릴 것인가, 디지털화 할 것인가?

만일 우리가 오늘날 레오나르도가 그렸던 것처럼 그림을 그리길 원한다면, 그가 밟았던 절차를 따르면 된다. 먼저 연필로 사전 준비 그림을 그리면 되는데, 젊은 레오나르도의 자화상을 그려보자. 단단하고 매끈하고 하얀 표면을 얻을 수 있도록 흰색 페인트나 석고반죽을 평평하게 바른 나무판을 준비한다. 그 다음 종이의 그림을 나무판 위에 따라 그리거나 복사지를 사용하여 옮긴다. 밑그림을 그리고 나면, 오일 물감으로 배경부터 칠하기 시작하여 천천히 몸을 칠한다. 많은 인내심을 가지고 바로 나무판 위에 색을 칠하고 섞는다. 이 과정은 시간이 오래 걸리며, 정성들인 유화를 한 점 그리는 데 수 일 혹은 수 개월이 걸릴 수도 있다. 이 유화 테크닉의 이점은 수 개월 혹은 수 년이 지나서도 색을 가볍고 얇게 입히는 방식으로 그림을 계속해서 개선시킬 수 있다는 것이다. 하지만 오늘날 화가가 되기 위해서 직접 그림을 그려야만 할 필요가 있을까? 마치 레오나르도가 새로운 방식들을 실험하고 위험을 감수하면서까지 모든 가능한 테크놀로지의 최대치를 사용하였던 것처럼, 오늘날 우리도 같은 방식으로 가능한 테크놀로지의 최대치를 사용해야 할 것이다. 바로 디지털 방식 말이다.

네[illegible]아트3 연구소의 로봇 손

94장
로봇 해부학

레오나르도 시대에 사람의 몸은 연구하고 이해해야 할 신비로운 장치였으나, 오늘날 우리는 이미 모든 면에서의 인간 해부학에 대한 지식을 가지고 있다. 테크놀로지 역시 보편화 되어 있다. 이 방대한 지식들에 접근하여 로봇과 안드로이드를 상상하고 만들어 내는 것이 가능해졌다. 오늘날은 상업 전자 부속품들과 3D 프린터를 사용하여, 많은 돈을 들이지 않고도 안드로이드를 만들거나 작동하게 할 수 있다. 단지 종이와 잉크, 그리고 끈과 나무만 사용할 수 있었던 레오나르도에게는 꿈만 같은 일일 것이다. 그럼에도 불구하고 그는 그 소소한 재료들로 역사 속의 첫 로봇들을 구상하고 설계하였다. 지금 우리는 로봇을 만들 수 있는 능력을 가지고 있다. 우리는 레오나르도 같은 과학자가 되는 방법을 배웠고, 무엇이든 만들 수 있는 도구들도 가지고 있다. 우리는 변명하지 말고 바로 일을 시작해야 한다. 아마 레오나르도라면 단 1초도 망설이지 않았을 것이다.

네오아트3의 가상현실 박물관

95장

디지털 건축물

레오나르도는 또한 건축가이기도 해서 도시 전체와 성들을 건축하는 것을 생각하곤 했다. 그의 건축 설계도들을 보면 단면도와 투시도로 건물들의 내부를 볼 수 있게 했다. 그는 입체적인 건축설계도에 대한 개념을 고안했다. 오늘날은 컴퓨터그래픽을 활용하여 가상현실을 통해 둘러볼 수 있는 가상건축물들을 만드는 것이 가능해졌기 때문에, 도시 전체와 건물들, 그리고 가상 박물관 등을 건설할 수 있게 되었다. 가상건축의 이점은, 가상벽돌 혹은 일부 건축양식들을 한 번 만들고 나면 대량생산하는 것은 비용이 전혀 들지 않는다는 것이다.

우리 역시 도시 전체를 기획해 볼 수 있으며, VR 기기를 통해 가상으로 탐험해 볼 수도 있다. 많은 비용을 들일 필요도 없고, 평범한 컴퓨터 한 대만 있으면 무료 프로그램들(Gimp, Blender, Unreal)을 사용하여 가상 건축가가 될 수 있다. 물론 시작하기 전에 자신의 꿈을 명확히 정하여 성공할 때까지 공부하고, 자료를 찾아보고, 실험해 봐야 한다.

평면도(Gimp), 설계도 또는 사진들로 시작해 보자. 3D 모델링 프로그램(Blender)을 이용하여, 아치형 벽돌들과 벽 같은 간단한 입체적인 물체들을 만들어 볼 수도 있다. 그 다음은 3D 인터렉티브(Unreal) 네비게이션 프로그램을 사용하여, 가상으로 3D 모형들을 조립한다. 이와 같이 우리는 끝도 없는 가상건축물 창고를 사용할 수 있게 되었다.

• 네오아트3의 긴 방(Long Room), VR 환경

• 네오아트3, TECHNOIDS 갤러리 MEK ART

• 네오아트3의 뒤집힌 가상 세상 •

96장
가상 세상

레오나르도는 그의 수기노트에 도시 전체를 설계하기에 이른다. 단순한 벽돌에서 시작하여 대형 건축물들까지 설계하였다. 오늘날 우리는, 훨씬 더 복잡한 건축물의 설계를 가능하게 하는 컴퓨터를 가지고 있다. 오늘날의 테크놀로지는 그림을 그리기 위한 도구들과 신체적 한계에 대한 걱정 없이, 무한대의 데이터를 운용할 수 있는 환경을 열었다. 현대의 건축가들은 무한한 정확성을 가지고 건축물들의 입체 모형들을 만들어 건물과 도시를 설계한다. 우리는 더 위대한 꿈을 꿀 수 있을까? 르네상스 시대에 알려졌던 세상은 현대의 세상에 비하면 정말 작았으며, 르네상스 시대의 도시들은 현대의 거대도시들에 비하면 마을 수준이었다. 오늘날 우리는 우주의 광활함에 대해 알고 있으며, 다른 행성들의 존재 또한 알고 있다. 그러므로 우리는 우주선들과 모든 행성들을 만드는 꿈을 꿀 수도 있다. 심지어 가상의 거주민들을 만들고 시뮬레이션하여 은하계까지도 만들어 볼 수 있다. SF물 같이 들리지만, 이것은 바로 현대의 비디오 게임에서 흔이 볼 수 있는 것이다. 우리는 모든 방법들을 고안할 수는 있지만 매우 어려운 일이이기도 하다. 하지만 레오나르도가 존재하지 않는 여인의 환상을 만들어 모나리자를 그렸던 것처럼, 불가능한 것은 아니다.

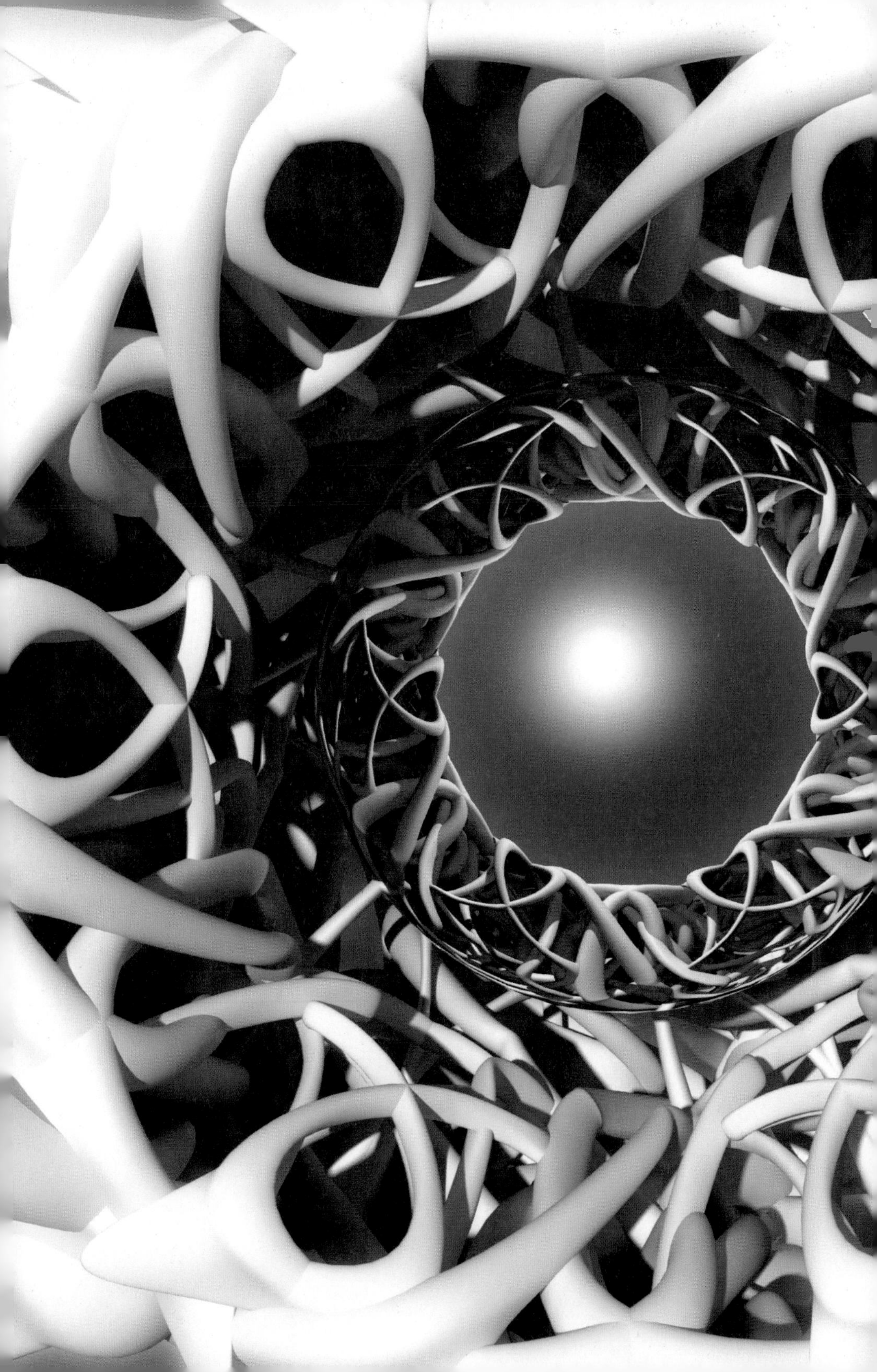

• 네오아트3 의 절차적 TECNO BIO GEMS

네오아트3의 가상생물 에조발바의 디지털 DNA(디지털 박물관)

97장
디지털 동물들

레오나르도는 동물들을 관찰하고, 자연을 연구하였다. 형태별로 목록을 만들고, 살아있는 유기체들의 행동을 연구하였다. 그는 자연을 관찰하면 비밀들을 발견하고, 영감을 얻어 새로운 것들을 만들 수 있다는 사실을 알게 되었다. 오늘날은 큰 동물에서부터 미생물에 이르기까지 생물학적 지식의 폭이 넓다. 모두가 인터넷 망의 지능적 사용을 통해 이러한 지식에 쉽게 접근할 수 있게 되었다.

레오나르도는 친구들에게 보여주고 놀래키려고, 도마뱀들을 잡아다가 다른 동물들의 날개와 깃털을 붙이고 색을 칠해서 용의 미니어처나 환상 속의 창조물들을 만들어 내는 것을 즐겼다고 전한다. 우리는 오늘날의 유전학과 생물학적 지식으로, 실제로 환상 속의 동물을 만들 수도 있을 것이다. 매우 어렵고 비용이 많은 드는 것은 물론, 아마도 무익한 일일 것이다. 하지만 우리도 레오나르도처럼 속임수를 써서, 가상으로 환상의 동물들을 만들어 볼 수 있다. 가상건축물들을 설계하는 방식으로, 가상세계 속에서 성장하고 살아가는, 디지털 DNA로 만들어진 가상의 동물들을 만들어 볼 수 있다.

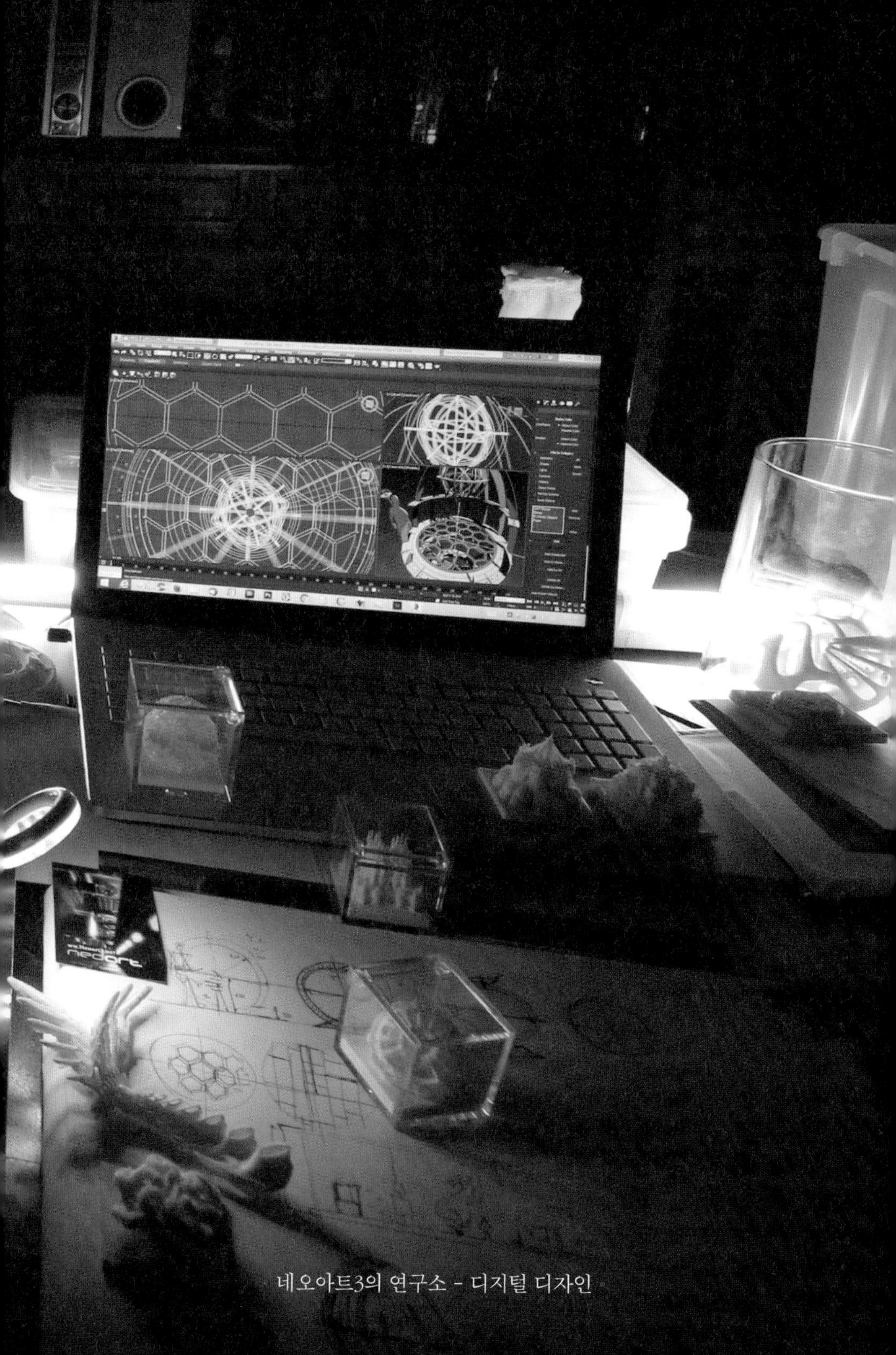

네오아트3의 연구소 - 디지털 디자인

• 네오아트3의 연구소 •

98장
창의력

레오나르도는 우리에게 창의력에는 한계가 없다고 가르치고 있다. 하지만 창의성은 무에서 창출되지 않는다고도 가르친다. 사람들은 삶 속에서 관찰하고 배운 것들을 토대로 상상하고 만들어 낸다. 이것은 공부를 더 할수록, 더 많은 것들을 관찰할수록, 더 정밀한 작업을 할 수 있다는 것을 뜻한다. 발명가는 두 가지의 다른 것으로 하나의 새로운 것을 만들어 내는 사람이다. 레오나르도는 주위의 자연을 관찰하고, 그것을 이해할때 까지 연구하고 탐색하였다. 이러한 연구 덕에, 자가방어가 가능한 아무 동물을 떠올려 그것을 역학적으로 "재구성"하는 것 만으로도 충분히 전쟁 무기들을 발명할 수 있었다. 이것은 그림을 그릴 때에도 동일하여, 더 깊이 공부할수록 더 많이 화자 되는 그림들이 탄생하곤 했다. 천재나 예술가는 닥치는 대로 규칙을 뒤집는 사람들은 아니지만, 레오나르도처럼 규칙들을 완벽하게 연구한 후에는 그것들을 뒤엎고 새로운 것들을 창조할 수 있게 된다.

만약 당신의 창의성이 "정체된" 상황 속에 있거나 더 이상 무엇을 해야 할지 모르겠다면, 나가서 잠시 산책만 하면 된다. 걷다가 한 나무 근처에 멈추어 서서 레오나르도가 되어 사물들을 관찰해 보라. 창의성은 공부와 지식 그리고 호기심의 양분을 먹고 자라나는 법이다.

오늘을 기획하고 창조하기

99장

기획하고 실행하기

레오나르도는 수많은 장치들, 예술품들, 그리고 건축물들을 설계했지만, 시간과 금전의 부족으로 모든 것들을 실제로 만들어 보지는 못했다. 르네상스 시대에는 장치나 모형 하나를 만드는 데 상당히 많은 시간이 필요했다. 밀라노 두오모 성당의 둥근 지붕을 설계하는 콘테스트에 참가했을 때, 그는 엄청난 비용을 청구하여 나무를 이용한 비싼 모형을 만들었다. 불과 몇 년 전만 해도, 모형들을 만들고 무언가를 설계하기 위한 도구들을 완비하는 것은 쉽지 않았다. 하지만 오늘날은 상황이 바뀌었고, 심플한 컴퓨터 한 대로도 돈을 들이지 않고 3D 모형을 만드는 프로그램을 사용하는 것이 가능해졌다. 만약 레오나르도가 3D 모형을 만드는 소프트웨어와 프린터를 가지고 있었다면, 얼마나 많은 것들을 만들어 냈을까!

무언가를 생각하고 설계하는 데 얼마나 많은 시간이 필요할까? 그것을 만들어 내려면 또 얼마나 많은 시간이 들까? 모두가 자신의 균형을 찾아야 할 것이며, 레오나르도 역시 자신의 균형을 찾았다. 하지만 레오나르도와 그의 제자들은 미완성으로 남겨진 것들과, 미처 시도해 보지 못한 것들로 인해 절망했다. 우리는 그에 비하면 더 나은 조건을 가지고 있다. 그에게서 방법을 배웠으니, 우리 모두는 이미 준비되어 있다. 오늘날 우리는 더 많은 지식과 도구들을 소유하고 있으며, 레오나르도가 가졌던 모든 가능성 또한 가지고 있다. 나머지는 전적으로 우리가 새로운 다빈치가 되기로 마음먹는지 그렇지 않는지에 달려 있다.

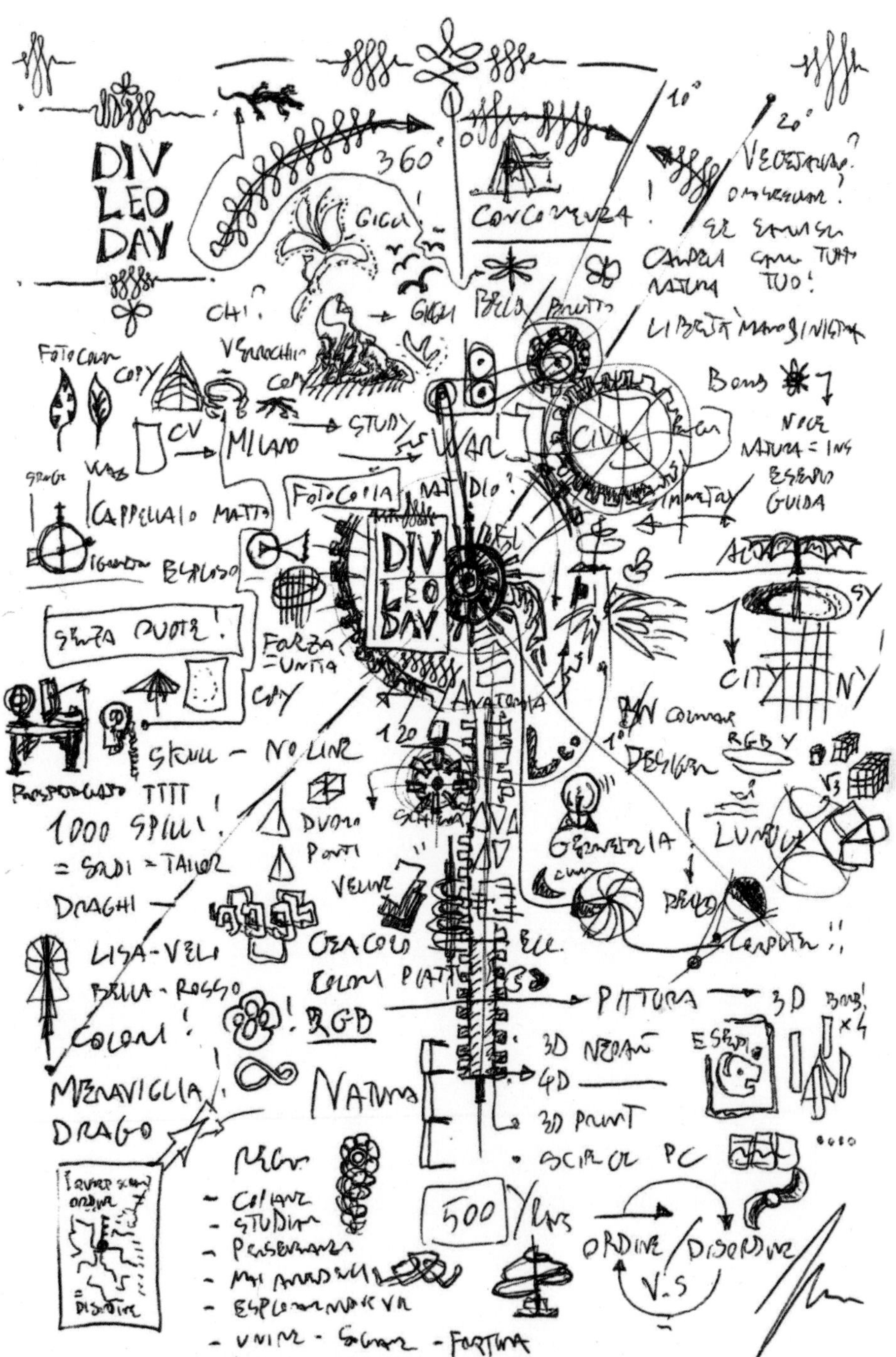

DIV
LEO
DAY
360°
10°
20°
CONCORRENZA
GIGLI
CHI!
COPY
CV
MILANO
STUDY
FOTOCOPIA
CAPPELLAIO MATTO
SENZA RUOTE!
FORZA
COPY
ANATOMIA
SKULL - NO LINE
TTTT
1000 SPILLI!
DRAGHI
LISA-VELI
COLORI!
MERAVIGLIA
DRAGO
RGB
NATURA
PITTURA
3D
4D
3D PRINT
500 YEARS
ORDINE / DISORDINE
V.S
CITY
NY
RGB Y
DESIGN
GUIDA

• 이 책의 기획안 •

100장
어떻게 하면 레오나르도 다빈치처럼 될 수 있을까?

레오나르도 다빈치처럼 되고 싶다면,
그처럼 행동하면 된다. 자연을 모방하고,
끊임없이 공부하고, 꿈꾸고, 절대 포기하지 말라.

먼저, 나처럼 꿈꾸는 사람들에게 도움이 되는 책을 번역할 기회를 준 자유문고에 감사를 표한다.

밀라노에 거주하는 나는 이 책을 번역하기 전에 저자인 마리오 타데이와 많은 만남을 가졌다. 한국의 서울역 구역사(문화역서울 284)에서 열린 〈다빈치 코덱스〉 전시를 위해서였다. 전시에 필요한 이탈리아 자료의 한국어 번역에서, 다빈치에 대한 이해가 높아야 작품의 캡션이나 터치스크린을 활용한 키오스크의 번역 등을 원활히 할 수 있기 때문이었다.

당시, 타데이가 밀라노 최대 중심가에 위치한 다빈치 전시장에서 직접 가이드를 해줬던 것이 아직도 기억에 생생하다. 그는 전시장 입구에서 다빈치의 큐브를 보여주며, "이 큐브를 열면 무엇이 들어 있는지 아냐?"고 물었다. 그리고는 장난기 넘치는 얼굴로 "그것은 비밀이며, 전시장을 다 둘러보고 난 다음에 답을 알려주겠다."고 했다.

타데이는 훌륭한 스토리텔러이다. 그에게 다빈치에 대한 설명을 듣는 내내 그의 방대한 지식과 열정, 그리고 다빈치를 닮아 있는 그의 생각과 사물을 보는 눈빛에 매료되어 시간 가는 줄 몰랐다. 그는 마치 자신이 다빈치가 된 것처럼 설명을 이어 나갔다. 그리고 그는 "누구나 전 세계가 추앙하는 세기의 천재인 다빈치처럼 될 수 있다."고 하였다! 그리고 다시 한 번 큐브를 가리키며 그 비밀을 곧 알려주겠다고 했다.

다빈치에 대해 처음 듣는 놀라운 사실들에 여러 번 놀라며 전

시 관람이 끝났을 때, 나는 참지 못하고 어서 비밀을 알려달라고 그에게 다그쳐 물었다. 그리고 그의 답변은 심플했다.

"호기심!"

이 책을 번역하면서 다빈치가 미친 사람처럼 몰두했던 연구들을 살펴보았는데, 그 시작은 호기심, 즉 '왜?'라는 질문에서 시작되었다는 것을 알 수 있었다. 왜 그런가라는 질문이, 어떻게 그럴 수 있는지를 알아내야만 하는 그의 숙제로 이어졌다. 그리고는, 보통사람들은 턱이 떨어질 정도로 놀라운 인내를 가지고 연구에 몰두했다.(놀랍게도 사실 이 집중력과 인내는 모든 사람들이 가지고 있는 능력이다. 역자는 주변에 비디오 게임을 밥도 먹지 않고, 잠도 안 자고 한다는 사람들을 보면 정말 대단하다고 생각한다) 하지만 뒤집어 생각해보면, 불타는 호기심은 우리가 인내라고 부르는 수많은 시간투자와 노력을 훨씬 쉽게 이끌어낸다. 호기심은 곧 열정이 되고 원동력이 된다. 타데이의 눈빛이 그랬던 것처럼.

책을 읽는 당신이나 당신의 자녀가 다빈치의 호기심으로 가득 찬 눈을 가지게 된다면 세상은 멋진 크리에이터들로 가득 찰 것이다. 요즘은 크리에이터가 각광 받는 세대이다. 자본과 권력이 있는 대기업들도 아이디어를 가진 아티스트들 없이는 제품을 팔지 못할 정도이니 말이다. 나는 타데이가 이 책에 친절하게 설명해 놓은 다빈치의 연구 방법론을 수학 공식이라고 말하고 싶다. 그리고 이 공식들이 크리에이터를 꿈꾸는 모든 이들에게, 500년이 지나서도 여전히 칭송받는 다빈치의 세상을 바라보는 눈을 선물하리라 확신한다.

책을 읽으면서 다빈치가 그림의 피사체를 바라볼 때, 그리고 연구대상을 바라볼 때의 눈빛을 상상해보길 권한다. 호기심이 가득한 눈빛!

밀라노에서
이동미

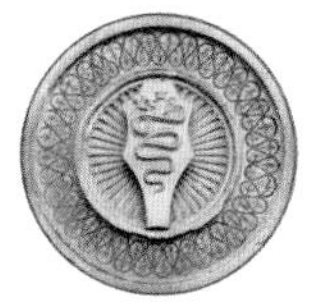

마리오 타데이

이탈리아의 명문인 밀라노 폴리테크니코 대학의 산업디자인과에서 비주얼 및 멀티미디어 커뮤니케이션 석사과정을 졸업하였다.

모던 시스템, 멀티미디어와 컴퓨터그래픽의 하드웨어와 소프트웨어 전문가로, 폴리테크니코 대학에서 CAD 소프트웨어 시스템, 멀티미디어와 컴퓨터그래픽을 가르쳤다.

ALIdesign의 창업자이자 Studiodd과 (주) Leonardo3의 파트너이다. L3의 기술 디렉터 겸 상임연구원이며, 레오나르도의 코덱스 및 장치 전문가이다.

레오나르도 다빈치를 30년 이상 연구하였으며, 그에 대한 새로운 사실을 밝힌 여러 저서를 발간하여 다수의 상을 수상하였다.

이동미

현재 이탈리아 밀라노에 거주하며, 밀라노 한이문화교류협회 노리 메이커스 대표이다.

*모든 이미지와 그림들은 레오나르도 시대의 원본 상태처럼 보이도록 디지털 작업을 하였다. 코덱스 노트들과 역사문건들은 마리오 타데이의 역사물 컬렉션에서 차용하였다.

다빈치의 비밀노트

초판 1쇄 인쇄 2017년 10월 20일 | **초판 1쇄 발행** 2017년 11월 1일

지은이 마리오 타데이 | **옮긴이** 이동미 | **펴낸이** 김시열

펴낸곳 도서출판 자유문고

(02832) 서울시 성북구 동소문로 67-1 성심빌딩 3층

전화 (02) 2637-8988 | **팩스** (02) 2676-9759

ISBN 978-89-7030-115-0 03370 값 15,800원

http://cafe.daum.net/jayumungo (도서출판 자유문고)